SOCIÉTÉ DES MISSIONS-ÉTRANGÈRES

HISTOIRE

DES

MISSIONS DE L'INDE

PONDICHÉRY, MAÏSSOUR, COIMBATOUR

PAR

ADRIEN LAUNAY

DE LA SOCIÉTÉ DES MISSIONS-ÉTRANGÈRES

TOME CINQUIÈME

GRAVURES ET CARTES

PARIS
ANCIENNE MAISON CHARLES DOUNIOL
P. TÉQUI, SUCCESSEUR
29, rue de Tournon, 29

1898

HISTOIRE

DES

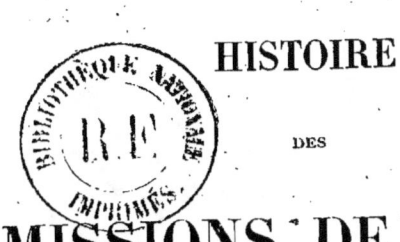

MISSIONS DE L'INDE

V

MISS. DE L'INDE. — T. V.

SOCIÉTÉ DES MISSIONS-ÉTRANGÈRES

HISTOIRE

DES

MISSIONS DE L'INDE

PONDICHÉRY, MAÏSSOUR, COÏMBATOUR

PAR

ADRIEN LAUNAY

DE LA SOCIÉTÉ DES MISSIONS-ÉTRANGÈRES

TOME CINQUIÈME

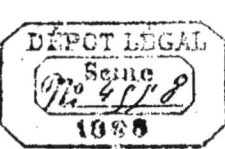

PARIS

ANCIENNE MAISON CHARLES DOUNIOL

P. TÉQUI, SUCCESSEUR

29, rue de Tournon, 29

1898

MISSION DE PONDICHÉRY

(COLONIE FRANÇAISE)

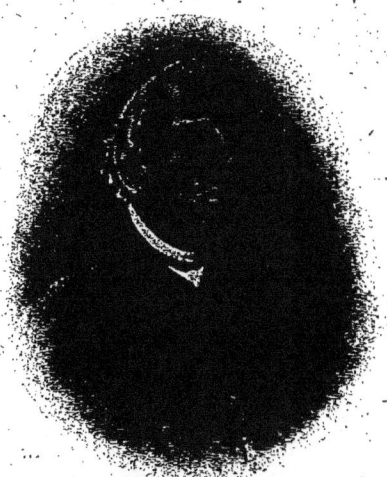

Mgr BONNAND,
Évêque de Drusipare, Vicaire apostolique de Pondichéry.

Mgr GODELLE,
Évêque de Thermopyles, Vicaire apostolique de Pondichéry.

Mgr LAOUËNAN,
Archevêque de Pondichéry.

PONDICHÉRY : ÉGLISE DE L'IMMACULÉE-CONCEPTION (CATHÉDRALE).

PONDICHÉRY : ÉGLISE DE NOTRE-DAME DES ANGES.

PONDICHÉRY : CARMEL.

PONDICHÉRY : HOSPICE DESBASSYNS DE RICHEMONT.

PONDICHÉRY : COUVENT DU SAINT ET IMMACULÉ CŒUR DE MARIE.

M. DUPUIS,
Fondateur de la Congrégation du Saint et Immaculé Cœur de Marie.

RELIGIEUSE DU SAINT ET IMMACULÉ
CŒUR DE MARIE.

VIRAMPATNAM : RUINES DU SÉMINAIRE.

PRÊTRE INDIGÈNE.

ULGARET : ÉGLISE.

VILLENUR : ÉGLISE.

MUTALPETT : ÉGLISE.

NELLITOPE : ÉGLISE.

MAHÉ : PRESBYTÈRE ET ÉGLISE.

KARIKAL : CARMEL.

KARIKAL : ÉGLISE.

KARIKAL : PETIT SÉMINAIRE-COLLÈGE.

KARIKAL : COUVENT DE SAINT-JOSEPH
DE CLUNY.

COTCHÉRY : ÉGLISE.

LA GRANDE ALDÉE : ÉGLISE.

KASSACUDY : ÉGLISE.

KURUMBAGARAM : ÉGLISE.

JEUNE FILLE DE HAUTE CASTE.

FEMME INDIENNE DE HAUTE CASTE.

INDIEN DE CASTE INFÉRIEURE.

ÉTUDIANT BRAHME.

MISSION DE PONDICHÉRY

(COLONIE ANGLAISE)

CUDDALORE : COLLÈGE SAINT-JOSEPH.

CUDDALORE : CHAPELLE
DU COLLÈGE SAINT-JOSEPH.

TRANQUEBAR : ÉGLISE.

KUMBAKONAM : ÉGLISE.

KUMBAKONAM : ÉCOLE MUNICIPALE,
TENUE PAR LES RELIGIEUSES.

PILLAVANDANDEY : ÉGLISE.

MANALUR : ÉGLISE.

MANALUR : PRESBYTÈRE.

CHETPETT : PREMIÈRE ÉGLISE.

CHETPETT : ÉGLISE ACTUELLE.

VETTAVALAM : CHAPELLE
DE NOTRE-DAME DE LOURDES.

VETTAVALAM : ÉGLISE.

AKKRAVARAM : ÉGLISE.

ALLADHY : ÉGLISE.

KANIAMBADY : ÉGLISE,
PROCESSION.

SHETTIAPETTY : ÉGLISE.

TINDIVANAM : ÉGLISE.

YERCAUD : ÉGLISE.

TOLUR : ÉGLISE.

VELLORE : ÉGLISE DE L'ASSOMPTION, PRESBYTÈRE ET ÉCOLE.

مصدر مهمات حال

استقبال بدانک

موازی دیک کا ے

زمین خنکی زرکوه

طریق العام به یادری

هلاه پوشان فرانسیس کا

پابندک زمین مذکور مصرف

سوی الله والذار نیم

سر تحریر تاریخ نورهم محرم سنه

FAC-SIMILÉ AU 1/3 DE GRANDEUR
D'UN ACTE DE DONATION (Voir t. I, p. XXII).

VELLORE : ÉGLISE DE LA NATIVITÉ
DE LA SAINTE VIERGE.

CONERIPATTY : ÉGLISE.

NANGATUR : ÉGLISE.

MOGAIYUR : ÉGLISE.

SALEM : ÉCOLE DES FILLES.
TOMBEAU DE M. HAUTIÈRE.

P.VENASAM : ÉGLISE.

MISSION DU MAISSOUR

Mgr CHARBONNAUX,
Évêque de Jassen, Vicaire apostolique du Maïssour.

Mgr CHEVALIER.
Évêque d'Hiérapolis, Vicaire apostolique du Maïssour.

Mgr COADOU.
Évêque de Mysore.

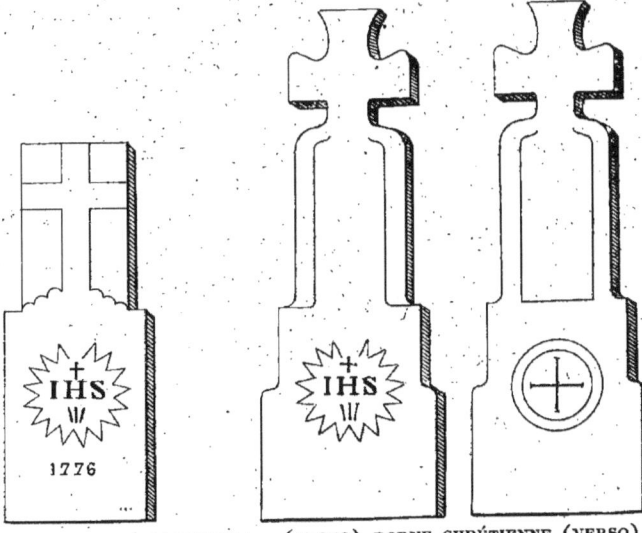

PIERRE TOMBALE DU R. P. RADJENDRA   (RECTO) BORNE CHRÉTIENNE (VERSO)
A GADANHALLY.   A GADANHALLY.

BANGALORE : ÉGLISE SAINTE-MARIE DE BLACKPALLY.

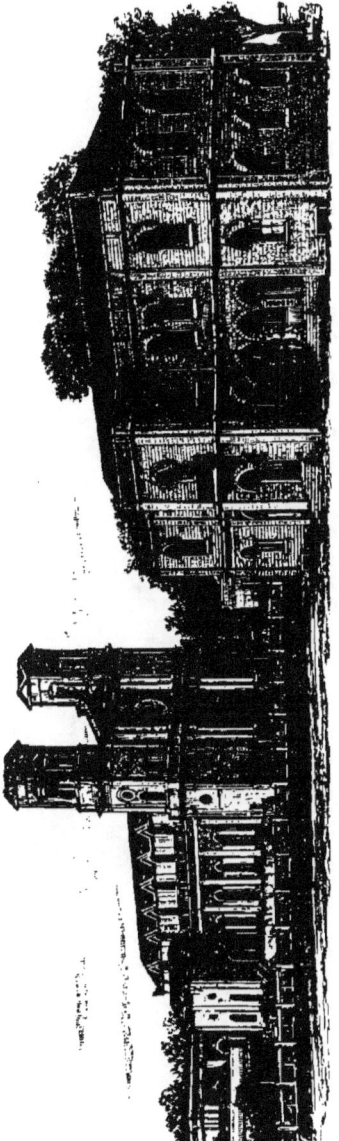

BANGALORE : ÉGLISE-CATHÉDRALE ET ORPHELINAT.

BANGALORE : HOPITAL SAINTE-MARTHE.

BANGALORE : ÉGLISE SAINT-FRANÇOIS-XAVIER.

BANGALORE : ÉGLISE SAINT-JOSEPH.

BANGALORE : ÉGLISE DU SACRÉ-CŒUR.

BANGALORE : NOVICIAT DES FRÈRES.

BANGALORE : SÉMINAIRE.

BANGALORE : ÉCOLE DES SŒURS DE SAINT-JOSEPH DE TARBES.

BANGALORE : COUVENT DES SŒURS
DE SAINT-JOSEPH DE TARBES.

BANGALORE : NOVICIAT DES SŒURS
INDIGÈNES.

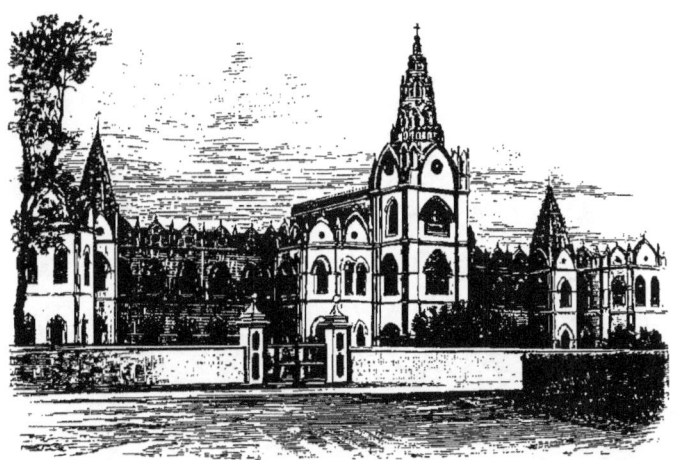

BANGALORÉ : PENSIONNAT DU BON-PASTEUR.

LA R. M. MARIE DE LA VISITATION.

BANGALORE : CHAPELLE DU COUVENT
DU BON-PASTEUR.

BANGALORE : COLLÉGE SAINT-JOSEPH.

BANGALORE : CIMETIÈRE DES MISSIONNAIRES.

MYSORE : DISPENSAIRE A L'HOPITAL
CIVIL.

MYSORE : MAISON DES SŒURS
DE SAINT-JOSEPH.

MYSORE : ÉCOLE PROFESSIONNELLE.

MYSORE : PENSIONNAT DU BON-PASTEUR.

MYSORE : COUVENT DU BON-PASTEUR.

MYSORE : ÉGLISE.

PRESBYTÈRE.

MYSORE : ÉCOLE DES GARÇONS.

GANJAM : ÉGLISE.

GANJAM : CLOCHER.

CHIKBALLAPUR : ÉGLISE.

SILVEIPURA : ORPHELINAT AGRICOLE.

SETTIHALLY : NOUVEAU COUVENT.

SETTIHALLY : ANCIEN COUVENT.

SETTIHALLY : ÉGLISE.

SETTIHALLY : PRESBYTÈRE.

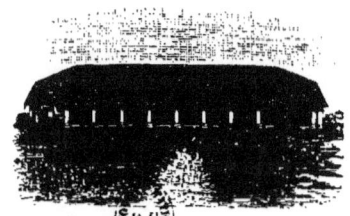

SETTIHALLY : HOPITAL.

SHIMOGA : ÉGLISE.

HONSUR : ÉGLISE.

HASSAN : ÉGLISE.

MATTIGHERI : ÉGLISE.

MATTIGHERI : PRESBYTÈRE.

MAGGHÉ : ÉGLISE.

SAGAR : ÉGLISE.

KOLAR : ÉGLISE ET PRESBYTÈRE.

NANDIGUNDA : ÉGLISE.

THIRTHALLY : ÉGLISE.

VIRARAJENDRAPETT : ÉGLISE.

SUNTICOPPA : ÉGLISE.

AMSTTY : CHAPELLE.

MERCARA : ÉGLISE.

FRASERPETT : ÉGLISE.

SIDRAPUR : CHAPELLE.

SOUSEIPALEAM : VILLAGE ET ORPHELINAT AGRICOLE

WYTRI : ÉGLISE.

ARSIKÉRÉ : ÉGLISE.

MANANTODDY : ÉGLISE.

WHITEFIELD : ÉGLISE.

NAGAR : CHAPELLE.

MARIAPURA : ORPHELINAT AGRICOLE.

MISSION DU COIMBATOUR

PORTIQUE DE L'ANCIENNE ÉGLISE DE KANAVAKAREI.

COIMBATORE : ÉGLISE-CATHÉDRALE.

COIMBATORE : SÉMINAIRE.

COIMBATORE : COLLÈGE SAINT-MICHEL.

COIMBATORE : ÉCOLE TOPAZINE
TENUE PAR LES FRANCISCAINES MISSIONNAIRES DE MARIE.

COIMBATORE : DISPENSAIRE.

COIMBATORE : CHAPELLE DU COUVENT
DES RELIGIEUSES INDIGÈNES.

RELIGIEUSE INDIGÈNE.

SAVERIARPALEAM : ÉGLISE.

PELIANCULAM : ÉGLISE.

KARUMATTAMPATTY : ÉGLISE.

PALLAPALEAM : ÉGLISE.

KARUMATTAMPATTY : ANCIEN SÉMINAIRE.

KODIVELI : ÉGLISE.

SIKRISPALEAM : ÉGLISE.

SINNAPALLAM : ÉGLISE.

SAVERIARPALEAM : ÉGLISE.
(district d'Erichambady)

ERICHAMBADY : ÉGLISE.

KARUR : ÉGLISE.

VALIPALEAM : ÉGLISE.

NERKAMBAI : VILLAGE CHRÉTIEN.

ERODE : ÉGLISE.

PULACHI : ÉGLISE.

COONOOR : ÉGLISE.

COONOOR : ÉCOLE DES FRÈRES DE SAINT-PATRICK.

COONOOR : ÉCOLE DE GARÇONS.

WELLINGTON : ÉGLISE.

OOTACAMUND : ÉGLISE.

OOTACAMUND : COUVENT DES FRANCISCAINES MISSIONNAIRES DE MARIE.

OOTACAMUND : ANCIENNE ÉGLISE, AUJOURD'HUI ÉCOLE.

OOTACAMUND : CHAPELLE
DES FRANCISCAINES MISSIONNAIRES DE MARIE.

MUNANTCHAVADI : ÉGLISE.
(District de Matur.)

MATUR : ÉGLISE.

SAVERIARPALEAM : ÉGLISE.
(District de Matur.)

PUKLIPALEAM : ÉGLISE.

PALGHAT : ÉGLISE.

VETTUPALEAM : ÉGLISE.
(District de Pukilipaleam)

PALGHAT : ÉCOLE DES FILLES.

NAYAMBADI : ÉGLISE, CHAR DE PROCESSION.

SITTUR : ÉGLISE.

DHARABURAM : ÉGLISE.

NAGLUR : ÉGLISE ET PRESBYTÈRE.

ATTICODU : ÉGLISE.

Mgr DÉPOMMIER.
Vicaire apostolique du Coïmbatour.

CARTE
de
L'INDE MÉRIDIONALE
pour servir à l'histoire
de la
MISSION MALABARE

Echelle

0   50   100   200 Kilom.

Dessiné et Gravé par K. Hausermann.

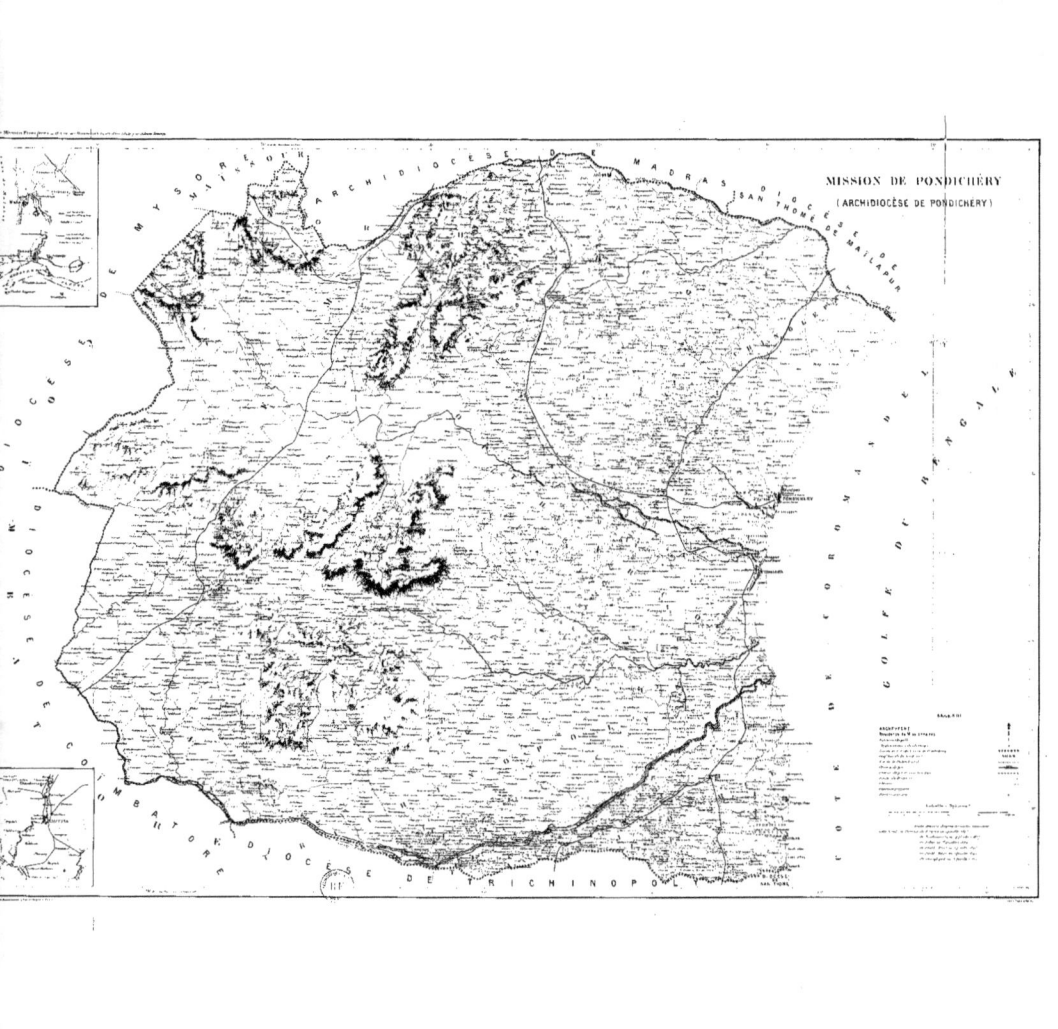

MISSION DE PONDICHÉRY

(ARCHIDIOCÈSE DE PONDICHÉRY)

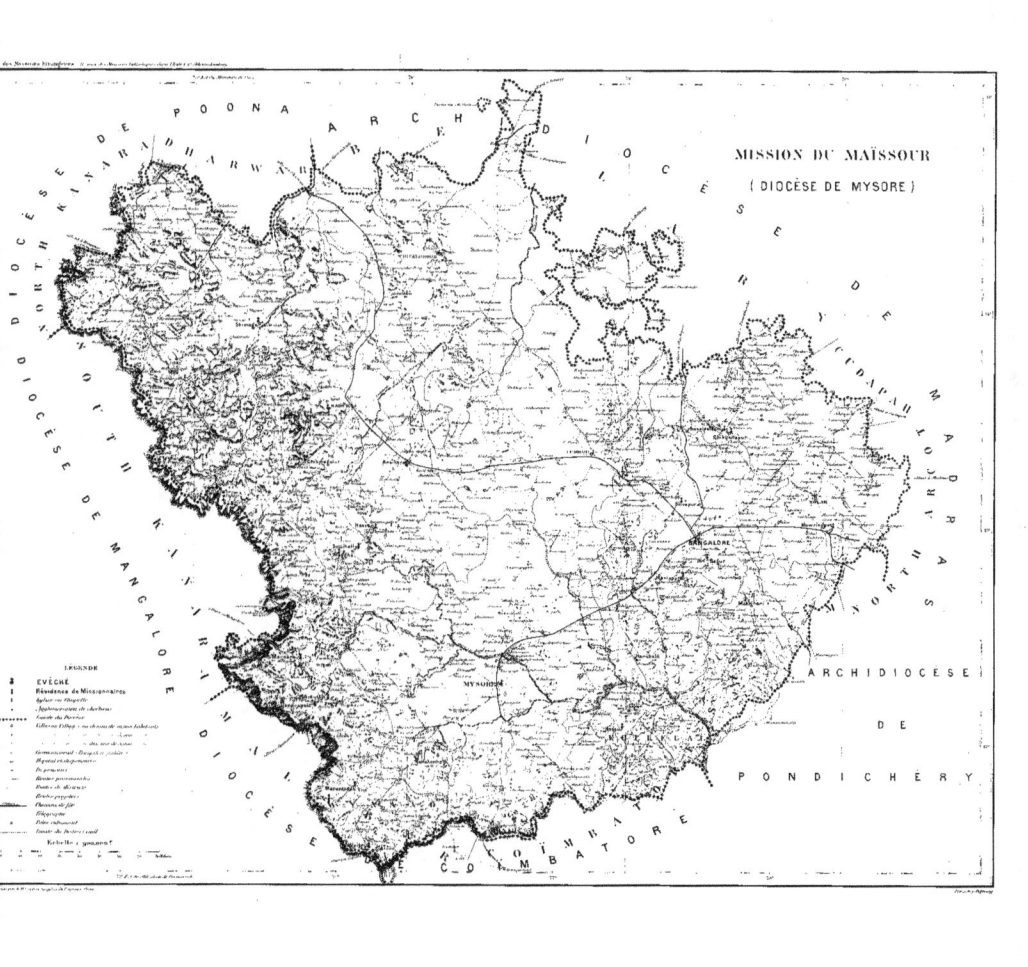

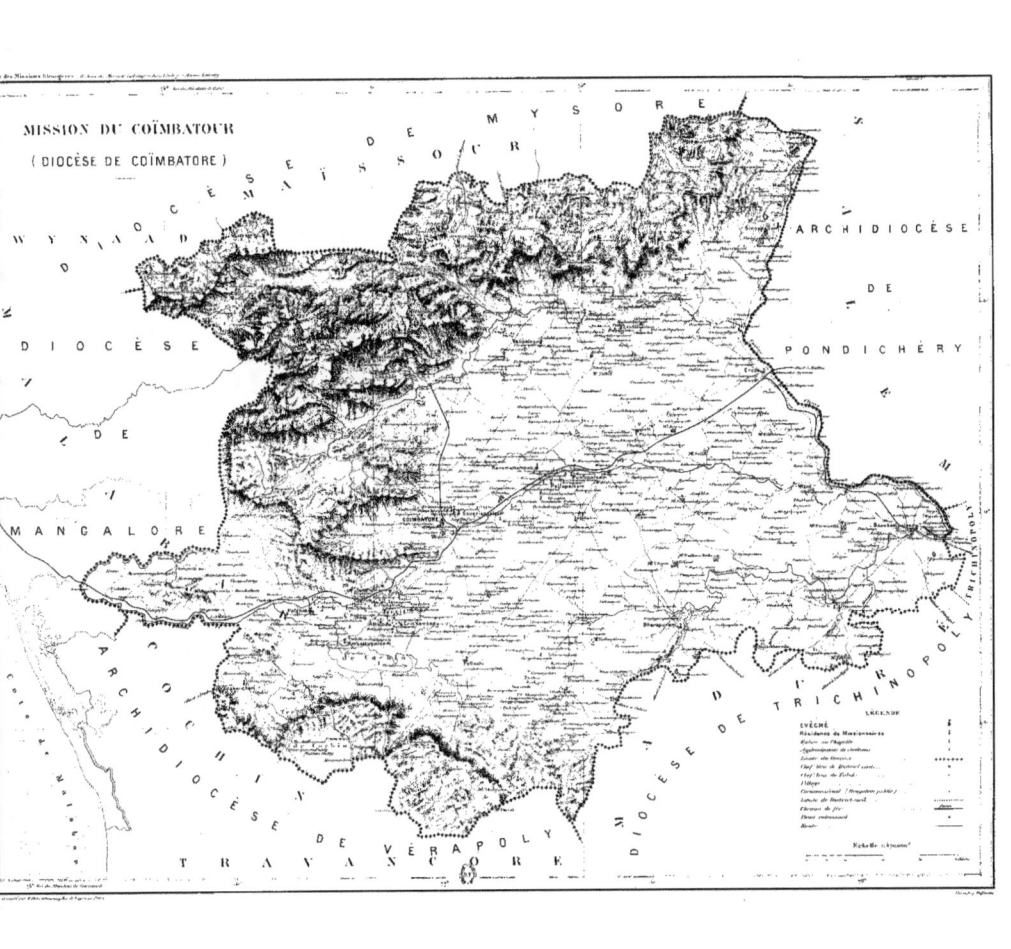

MISSION DU COÏMBATOUR

(DIOCÈSE DE COÏMBATORE)

TABLE DES MATIÈRES

Mission de Pondichéry (colonie française)   V
M⁫ᵍʳ Bonnand, Évêque de Drusipare, Vicaire apostolique de Pondi-
chéry   VII
M⁫ᵍʳ Godelle, Évêque de Thermopyles, Vicaire apostolique de Pon-
dichéry   VII
M⁫ᵍʳ Laouënan, Archevêque de Pondichéry   VII
Pondichéry : Église de l'Immaculée-Conception (cathédrale) . . .   IX
Pondichéry : Église de Notre-Dame des Anges   IX
Pondichéry : Carmel   XI
Pondichéry : Hospice Desbassyns de Richemont   XI
Pondichéry : Couvent du Saint et Immaculé Cœur de Marie . . .   XIII
M. Dupuis, Fondateur de la Congrégation du Saint et Immaculé
Cœur de Marie   III
Religieuse du Saint et Immaculé Cœur de Marie   XIII
Virampatnam : Ruines du séminaire   XV
Prêtre indigène   XV
Ulgaret : Église   XV
Villenur : Église   XVII
Mutalpett : Église   XVII
Nellitope : Église   XIX
Mahé : Presbytère et Église   XIX
Karikal : Carmel   XXI
Karikal : Église   XXI
Karikal : Petit séminaire-collège   XXI
Karikal : Couvent de Saint-Joseph de Cluny   XXI
Cotchéry : Église   XXI
La Grande Aldée : Église   XXIII
Kassacudy : Église   XXIII
Kurumbagaram : Église   XXIII
Jeune fille de haute caste   XXV
Femme indienne de haute caste   XXV
Indien de caste inférieure   XXV
Étudiant brahme   XXV

Mission de Pondichéry (colonie anglaise)   XXVII
Cuddalore : Collège Saint-Joseph   XXIX
Cuddalore : Chapelle du collège Saint-Joseph   XXIX
Tranquebar : Église   XXIX

Kumbakonam : Église. XXXI
Kumbakonam : École municipale tenue par les religieuses. . . . XXXI
Pillavandandey : Église. XXXI
Manalur : Église. XXXI
Manalur : Presbytère. XXXI
Chetpett : Première église. XXXIII
Chetpett : Église actuelle XXXIII
Vettavalam : Chapelle de Notre-Dame de Lourdes. XXXV
Vettavalam : Église. XXXV
Akkravaram : Église. XXXV
Alladhy : Église. XXXV
Kaniambady : Église, procession. XXXVII
Shettiapetty : Église. XXXVII
Tindivanam : Église. XXXVII
Yercaud : Église. XXXVII
Polur : Église. XXXVII
Vellore : Église de l'Assomption, presbytère et école. . . . XXXIX
Fac-similé (au tiers de grandeur) d'un acte de donation. (Voir
    t. I, p. XXII.). XXXIX
Vellore : Église de la Nativité de la sainte Vierge. XXXIX
Coneripatty : Église. XLI
Nangatur : Église. XLI
Mogaïyur : Église. XLIII
Salem : École des filles. Tombeau de M. Hautière XLIII
Pavenasam : Église. XLIII

Mission du Maïssour. XLV
Mgr Charbonnaux, Évêque de Jassen, Vicaire apostolique du
    Maïssour. XLVII
Mgr Chevalier, Évêque d'Hiérapolis, Vicaire apostolique du Maïs-
    sour XLVII
Mgr Coadou, Évêque de Mysore XLVII
Pierre tombale du R. P. Radjendra, à Gadanhally. XLIX
Borne chrétienne à Gadanhally. XLIX
Bangalore : Église Sainte-Marie de Blackpally. XLIX
Bangalore : Église-cathédrale et orphelinat. LI
Bangalore : Hôpital Sainte-Marthe. LI
Bangalore : Église Saint-François-Xavier LIII
Bangalore : Église Saint-Joseph. LIII
Bangalore : Église du Sacré-Cœur. LIII
Bangalore : Noviciat des Frères. LV
Bangalore : Séminaire. LV
Bangalore : École des sœurs de Saint-Joseph de Tarbes. . . LV
Bangalore : Couvent des Sœurs de Saint-Joseph de Tarbes. . LV
Bangalore : Noviciat des Sœurs indigènes. LV
Bangalore : Pensionnat du Bon-Pasteur. LVII
La Rde Mère Marie de la Visitation. LVII
Bangalore : Chapelle du couvent du Bon-Pasteur. LVII
Bangalore : Collège Saint-Joseph. LIX
Bangalore : Cimetière des missionnaires. LIX
Mysore : Dispensaire à l'hôpital civil. LXI

Mysore : Maison des Sœurs de Saint-Joseph. LXI
Mysore : École professionnelle. LXI
Mysore : Pensionnat du Bon-Pasteur. LXI
Mysore : Couvent du Bon-Pasteur LXIII
Mysore : Église LXIII
Mysore : Presbytère LXIII
Mysore : École des garçons. LXIII
Ganjam : Église. LXIII
Ganjam : Clocher LXV
Chikballapur : Église. LXV
Silveipura : Orphelinat agricole. LXVII
Settihally : Nouveau couvent. LXVII
Settihally : Ancien couvent. LXVII
Settihally : Église. LXVII
Settihally : Presbytère. LXVII
Settihally : Hôpital. LXIX
Shimoga : Église. LXIX
Honsur : Église. LXIX
Hassan : Église. LXIX
Mattigheri : Église. LXIX
Mattigheri : Presbytère. LXXI
Magghé : Église. LXXI
Sagar : Église. LXXI
Kolar : Église et presbytère LXXI
Nandigunda : Église. LXXI
Thirthally : Église. LXXIII
Virarajendrapett : Église. LXXIII
Sunticoppa : Église. LXXIII
Amutty : Chapelle. LXXV
Mercara : Église. LXXV
Fraserpett : Église. LXXV
Siddapur : Chapelle. LXXVII
Souseipaleam : Village et orphelinat agricole LXXVII
Wytri : Église. LXXIX
Arsikéré : Église. LXXIX
Manantoddy : Église. LXXIX
Whitefield : Église. LXXIX
Nagar : Chapelle LXXIX
Mariapura : Orphelinat agricole. LXXIX

Mission du Coïmbatour LXXXI
Portique de l'ancienne église de Kanavakarei. LXXXIII
Coïmbatore : Église-cathédrale LXXXIII
Coïmbatore : Séminaire. LXXXV
Coïmbatore : Collège Saint-Michel. LXXXV
Coïmbatore : École topazine tenue par les Franciscaines mission-
    naires de Marie. LXXXV
Coïmbatore : Dispensaire LXXXVII
Coïmbatore : Chapelle du couvent des religieuses indigènes . . LXXXVII
Religieuse indigène LXXXVII
Saveriarpaleam : Église LXXXVII

Pelianculam : Église LXXXVII
Karumattampatty : Église LXXXIX
Pallapaleam : Église LXXXIX
Karumattampatty : ancien séminaire XCI
Kodiveli : Église. XCI
Sikrispaleam : Église. XCI
Sinnapallam : Église XCI
Saveriarpaleam : Église XCI
Erichambady : Église. XCIII
Karur : Église. XCIII
Valipaleam : Église. XCIII
Nerkambai : Village chrétien. XCIII
Erode : Église. XCIII
Pulachi : Église. XCV
Coonoor : Église XCV
Coonoor : École des Frères de Saint-Patrick XCV
Coonor : École de garçons XCV
Wellington : Église. XCVII
Ootacamund : Église. XCVII
Ootacamund : Couvent des Franciscaines missionnaires de
    Marie. XCVII
Ootacamund : Ancienne église, aujourd'hui école. XCIX
Ootacamund : Chapelle des Franciscaines missionnaires de Marie. XCIX
Munantchavadi : Église (district de Matur) XCIX
Matur : Église. XCIX
Saveriarpaleam : Église (district de Matur). XCIX
Pukilipaleam : Église. CI
Palghat : Église. CI
Palghat : École des filles CI
Vettupaleam : Église. CI
Nayambadi : Église, char de procession. CIII
Sittur : Église, ... CIII
Dharaburam : Église. CIII
Naglur : Église et presbytère. CV
Atticodu : Église. CV
Mgr Dépommier, Vicaire apostolique du Coïmbatour. . . . . .
Carte de l'Inde méridionale pour servir à l'histoire de la mission
    Malabare.

FIN DU TOME CINQUIÈME ET DERNIER.

PARIS. — IMPRIMERIE TÉQUI, 92, RUE DE VAUGIRARD.

OUVRAGES DU MÊME AUTEUR

Histoire ancienne et moderne de l'Annam. 1 vol. in-8°. 7 fr. 50

La Société des Missions-Étrangères pendant la guerre du Tonkin. Brochure in-8°. (*Épuisé.*) 1 fr. 25

Nos Missionnaires. Précédé d'une étude sur la Société des Missions-Étrangères. 1 vol. in-12. 3 fr.

Le Séminaire des Missions-Étrangères pendant la Révolution. Brochure grand in-8°. (*Épuisé.*) 1 fr. 50

Atlas des Missions de la Société des Missions-Étrangères. 27 cartes in-folio, en 4 couleurs, avec 27 notices historiques et géographiques. (Séminaire des Missions-Étrangères, 128, rue du Bac, Paris.) 15 fr.

Les cinquante-deux vénérables serviteurs de Dieu, mis à mort en haine de la foi dans les missions de Cochinchine, Tonkin, Su-tchuen, Koui-tchou, Kouang-si, d'après les procès apostoliques. 2 vol. in-8°, 27 gravures. 6 fr.
Grande édition illustrée. 1 volume in-4°. 7 fr. 50

Histoire générale de la Société des Missions-Étrangères, depuis sa fondation (1658) jusqu'à nos jours. 3 volumes in-8°. 22 fr. 50
(*Ouvrage couronné par l'Académie des sciences morales et politiques.*)

Mgr Retord et le Tonkin catholique. 1 vol. in-8° illustré. 6 fr.

Mgr Verrolles et la mission de Mandchourie. 1 volume in-8° illustré. 6 fr.

Les Missionnaires français en Corée. 1 vol. in-12 illustré. 1 fr. 50

Carte des missions catholiques dans l'Indo-Chine française. Grand aigle. 4 fr.

Carte des missions catholiques en Chine. Grand aigle. 5 fr.

Carte des missions catholiques au Japon. Grand aigle. 5 fr.

La Mission de Birmanie, par Mgr BIGANDET. Traduit de l'anglais, par Adr. LAUNAY. 1 vol. in-8° illustré. 2 fr.

PARIS. — IMPRIMERIE TÉQUI, 92, RUE DE VAUGIRARD.

Launay (Adrien)

DÉPOT LÉGAL
Certifié
No 113
1881

O². k
075

BIBLIOTHÈQUE NATIONALE
R.F.
IMPRIMÉS

Launay (Adrien). Histoire des
Missions de l'Inde, Pondichéry, Maïssour, Coïmbatour, par Adrien Launay, ...
— Paris, P. Téqui. 1898. 5 vol. in-
8°.   O²K 107⁵

℣ (Société des missions étrangères)

TABLE ALPHABÉTIQUE ET ANALYTIQUE

DE

L'HISTOIRE DES MISSIONS DE L'INDE

(PONDICHÉRY, MAÏSSOUR, COIMBATOUR)

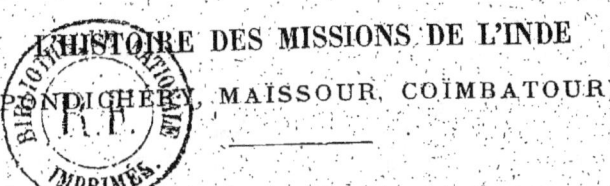

BIBLIOTHÈQUE NATIONALE R.F. IMPRIMÉS

Les chercheurs à qui cette *Table alphabétique et analytique* rendra service devront de sincères remercîments à M. Louis Boulanger, directeur au Séminaire des Missions-Étrangères, qui m'a grandement aidé dans ce travail. Je croirais manquer à mon devoir en ne lui offrant pas ici l'expression de ma très vive reconnaissance.

J'ai le regret de ne pouvoir ajouter à cette *Table* la liste des *Errata* corrigeant les fautes qui existent dans mon ouvrage.

Si, parmi les missionnaires de l'Inde, quelques-uns avaient la charité de me signaler ces fautes, je serais heureux d'en imprimer le relevé avec les corrections, afin que l'*Histoire des Missions de l'Inde* pût avoir toute l'utilité que je désire.

A. Launay.

A

Abercomby, général anglais. Protège Champenois contre les goanais, I, 172. — Conduit la 1re armée anglaise au Wynaad, 202.

Abraham (A.) prêtre, II, 378.

Abraham, prêtre, II, 446. — Professeur à Karikal, 596.

Abraham, prêtre. Accompagne Bonnand dans ses visites, III, 58, 60, 61. — Diacre, prêche à Vellore, 109. — Construit la chapelle de Valangayaman; 497.

Abstinence, du samedi. Demander la dispense pour les Européens et descendants d'Européens, synode de 1844, II, 282. — Doit être maintenu pour les Indiens, 282. — Réduction des jours d'abstinence dans le Vicariat de la Côte de Coromandel, III, 4. — Diversité des prescriptions dans les Vicariats de l'Inde, 351. — Dispenses obtenues lors du concile de Bangalore, IV, 390.

Accaré Kodively. Construction d'une chapelle, III, 119.

Accaré Paleam. Chapelle, III, 709.

Acharapakan. Rattaché au district de Nelliankulam, IV, 74. — Construction de l'église, 78. — Foltête en est chargé, 432.

Actes Pontificaux. La Compagnie française des Indes interdit leur publication, I, XXXIV. *Voir* : Clément XI, XII, XIV. — Grégoire XIII, XV, XVI. — Léon XIII. — Paul V. — Pie VI, VII, IX. — Hiérarchie. — Patronage. — Rites. — *Et les noms des missions dont il est question dans cet ouvrage.*

Adacambarei. Construction de l'église et du presbytère, III, 111. — Église et presbytère, 709.

Adagundhally. Renaudin construit la chapelle, III, 118.

Addendjur. Station chrétienne, I, VII.

Adeganader (de Souza), prêtre goanais. Travaille au Maïssour avec Dubois, I, 197.

Aden. Mission soumise au patronage portugais par le concordat de 1857, III, 317.

Adigard. Termine la construction de l'église de Mananthoddy, IV, 89.

Adikanader, prêtre. Construit la chapelle de Kadasinhally, I, 287.

Adjupura. Construction d'une chapelle, I, 287. — Eglise bâtie par Bigot, 413, 710.

Administration plan général d'. Sa nécessité d'après Bonnand, II, 647. — *Temporel*, 649 à 664. — Nécessité de biens propres pour la Société, 649. — Pour chaque Vicariat, 650. — Pour chaque église et établissement, 650. — Distinction des biens, 650. — De la conservation des titres, 651. — Droits d'administration du Vicaire apostolique sur les biens, et moyens qu'il doit employer, 652. — Entretien du clergé indigène, 653. — Création de ressources dans ce but, 654. — Mise en commun du viatique, 655. — Fondations pour les églises et moyens à employer, 659. — Cures pour les prêtres indigènes, 661. — Nécessité de revenus pour le culte, 661. — Fabriques, 662. — Prudence et union pour la conduite des œuvres, 664. — *Personnel*, 665 à 681. Evêque : de voirs envers les missionnaires, 665. — Eclat des cérémonies religieuses propre à relever son caractère, 665. — Ne s'immisce pas dans le détail de l'administration, 666. — Vicaires généraux, 666. — Régularité dans la rédaction des actes administratifs, 667. — Du secrétaire, 667. — Des pouvoirs à donner aux missionnaires, 668. — Du conseil de mission, 669. — *Missionnaires*, 670 à 678. — Règles de conduite, 670. — Ses fonctions, 571. — Les prêtres indigènes ne sont pas missionnaires apostoliques, 671. — Le missionnaire dans le ministère paroissial, 672. — Bonté qui lui est nécessaire, 673. — De la division des districts, 673. — De ses avantages, 674. — Zèle des missionnaires, 675. — Visites des missionnaires entre eux, 675. — Hiérarchie à établir, 676. — Du conseil extraordinaire, 678. — Les jeunes missionnaires doivent passer quelque temps à Pondichéry ; direction à leur donner, 678. — *Clergé indigène*, 679 à 681. — Sa nécessité, son but, 679. — Précautions à prendre avec les prêtres indigènes, 679. — Hiérarchie à établir, 680. — Sévérité envers les missionnaires, 680. — Catéchistes et évangélisation, 681. — *Spirituel*, 681 à 683. — Indication des sujets à traiter sur les églises, fêtes et sacrements. — *Etablissements divers* 684 à 685. — Questions non résolues sur les fondations, séminaires, collèges, couvents, 684. — Ecoles, hôpitaux, catéchisat, 685. — Appréciation du plan général par le Séminaire de Paris, II, 686. — Mode d'administration d'après M. Barreau, en 1802, I, p. 205. — Méthode de M. Charbonnaux, II, 93. — Règles pour l'admistration des chrétiens

(texte du synode de 1844), II, 275, 278. — Tolérance des usages non contraires à la religion, III, 27. — Comment doit se faire l'administration annuelle, III, 459, 450. — Décrets du concile de Bangalore, IV, 389.

Adugundhally. Eglise, III, 710.

Adur. Conversions, I, XXIV.

Aduré. Etat de l'église, III, 707.

Agappen, schismatique, III, 295, 299.

Agappen Samiar, prêtre goanais. Appelé à Erichambady par Joachim, II, 180.

Agaram. Origine de cette chrétienté, I, XIX.

Agarapattu. Bonnand y passe en 1845, II, 402. — Réclamations de Laouénan, IV, 327.

Agliardi, délégué apostolique. Proclame la suppression de la double juridiction, IV, 337, 338, 382-390. — Réponse aux habitants de Chandernagor, 402.

Agra. Luquet l'indique comme Vicariat apostolique, II, 339. — Aucune statistique de prêtres et des catholiques en 1853, III, 269. — Allocation au Vicaire apostolique par la Compagnie des Indes en 1856, 277. — Soumis au patronat par le concordat de 1857, 317. — Le Vicaire apost. consulté par la Propagande sur l'état des missions de l'Inde, 355. — Compris dans la visite apostolique, de 1860, 360. — Triste état de cette mission, 388. — Pas de prêtre indigène IV, 102. — De son érection en Vicariat, 379. — Erigé en archevêché, IV, 375, 392.

Aiguillon (d') jésuite. Propose de nommer Mosac préfet apostolique du Carnate, I, 13.

Aiyupuleam. L'église est épargnée durant la persécution de Tippu, I, 138.

Ajuti, auditeur de la Délégation lors de la proclamation de la hiérarchie, IV, 383, 393.

Akkravaram. Historique de la fondation de la chrétienté, I, 115, 283. — Construction et bénédiction de l'église, II, 109, 110. — Une des meilleures chrétientes du district de Salem, III, 81. — Prospérité du village chrétien en 1860, 115. — Construction d'un presbytère, 114. — Visite pastorale de Laouenan, 684. — Chapelle, 708. — Fondation d'une école de filles, IV, 261. — Bien que Fricaud y opère, 429. — Mort de Fricaud, 430. — Population catholique en 1884, 446. — Eglise (gravure), V, XXXV.

Alambady. Visité par Fricaud, II, 71. — Construction de la chapelle, IV, 86.

Alampakam. Chapelle et presbytère III, 707.

Alamparvel. Station rattachée à l'église de Kadapakam, I, XLI.

Appelé par les chrétiens d'Atticodu en 1848, III, 294. — Reçoit du Dewan l'ordre de quitter Atticodu, 298.

Amurdanader, prêtre indigène de Pondichéry. Ordonné en 1862, IV, 88. — Proposé en 1874 pour le titre de missionnaire apostolique, 98. — Est chargé du district de Tiruvady en 1885, 85.

Amutty, chapelle, IV, 86. (gravure VI.XXIII).

Anandappen, catéchiste. Convertit un brahme, I, XCII.

Anantapur. Chrétienté, I, XXIX.

Andalai. Chrétienté, I, VII. — Construction de l'église I, 201. — Etat de l'église et presbytère III, 707.

Andavelur. I, 285. *Voir* : Cottamangalam.

Andely. Visite pastorale de Bonnand, III, 53. — Inondation, 107.

Andiras Andreas, visiteur des Carmes. Admet le couvent des Carmélites de Pondichéry dans le Tiers-Ordre du Carmel, I, 125.

Andisuvani. Révolte excitée par les goanais, IV, 333.

André, prêtre indien. Ordination, I, 209. — Au Maïssour, 197. — Construit une chapelle à Bangalore, 202.

André (Saint). Indulgence pour cette fête en l'église d'Ulgaret, I, 92.

Andréa (d'), Jésuite de la mission malabare, I, 61. — S'enfuit, 163. — A Trichinopoly, 169. — A Pondichéry, 229. — Sa mort, succession, 441. — Caractère, 113.

Andréa (d'), cardinal. Opinion sur le concordat de 1857, III, 323.

Anekal. Origine de la chrétienté ; faveurs dont jouissent les chrétiens au XVIIIᵉ siècle ; conversions, I, 49, 50, 53. — Construction d'une chapelle, II, 112, 116. — Eglise, III, 710.

Angleterre. Situation des Anglais dans l'Inde en 1777, I, 484. — Lutte avec les Français et leurs alliés de 1778 à 1783 127, 133. — Texte de la capitulation de Pondichéry, concernant la liberté religieuse, 128. — Les Anglais détruisent les églises de Pondichéry XLII, d'Ariancoupam XLIII, de Karikal XLVI, d'Ulgaret XLVIII. — Victoires navales remportées sur eux par Suffren, 132. — Traité de Versailles, 133. — Les Anglais s'emparent de Pondichéry en 1793, 146. — Rendent Pondichéry à la France, 183. — Reprennent possession de Pondichéry en 1804, 185 ; en 1814, 254. — Etablissements à Madras et à Tranquebar, 6. — Conquête du Wynaad, 202. — S'emparent du Coorg, 278. — Leurs préventions contre les missionnaires, 87, 88, 129, 166, 173, 175, 179, 182, 422. — On demande son aide, par Erskine, 177. — Rapports avec les missionnaires en 1804, 207. — Continuent à manifester de la méfiance à leur égard (lettres de 1820),

259. — Au Maïssour, ils leur sont favorables, III, 67. — Bontés pour Bigot, I, 278. — Refusent de laisser séjourner Bocnaton et Jarrige au Coïmbatour. — Honneurs rendus à Dubois, 433. — Allocation et secours à des prêtres catholiques LXXIX, 191, 375 ; II, 119, 382 ; III 166, 554, 576, 578, 5.1. — Traitement accordé aux chapelains militaires, III, 92. — Facilité donnée à l'exercice du culte catholique dans l'armée IV, 76. — Peu de secours aux églises catholiques, 271. — Protègent les catholiques dans une émeute des musulmans de Bangalore en 1832, I, 299. — Impuissance des Vicaires apost. vis-à-vis des actes du gouvernement (Propagande 1868), 354. — Lettre du secrétaire du gouverneur général de l'Inde au Vicaire apost. de Bombay, II, 203. — Négociations avec Rome sur la situation des catholiques ; reconnaissance des Vicaires apost., III, 276, 280. — Ne s'occupent pas jusqu'en 1854 de l'instruction, II, 605, 608. — Commencent à favoriser les tentatives privées pour l'éducation des filles, 486. — Pas de subvention aux orphelinats catholiques III, 272. — Subvention pour l'orphelinat catholique de Bombay, 273. — Demandent communication des registres de baptêmes, mariages, sépultures, 602, 624. — Loi sur le mariage, 602, 609, 612, 615. — Acte de 1865 sur le privilège paulin, 616, 618. — Nouvelle loi de 1872 sur les mariages chrétiens, 619. — Nouvelle législation relative au mariage en 1886, IV, 282-283. — Attitude du gouvernement au sujet de l'érection d'un évêché à Pondichéry, 365. — Le schisme goanais, I, 172, 421, 433 ; II, 174, 176, 201, 202, 203, 212, 219, 221 ; IV, 329, 339, 344. — Les Anglais se montrent favorables aux schismatiques goanais, III, 290. — Refuseront peut-être aux Portugais l'exercice du patronage sur leur territoire, 328. — Révolte de 1857, III, 281. — Générosité du gouvernement pendant la famine de 1876 ; IV, 28. — Leurs victoires fortifient le protestantisme, I, 308. — Protection qu'ils accordent pratiquement aux protestants, III, 214, 218. — Secours aux temples protestants, 271, 321. — Participation et secours aux temples païens, I, 319. — Favorisent la religion hindoue, III, 35, 37, 49. — Différence entre les administrations anglaise et française, I, 319. — Leur action dans l'Inde au point de vue religieux, 320. — Appréciation qu'en donnent les Indiens, 485. — Laouënan ne pense pas qu'un bien résulte des efforts du gouvernement pour abolir les castes, III, 52. — Résultat de l'action anglaise IV, 453.

Anglicans. Etablissement à côté de Dindigul, II, 124.

Angur. Bénédiction de l'église, III, 112.

Aniery. Fondation de la chrétienté, I, XX. — Construction d'une chapelle, III 112.

Angèle (Sœur), supérieure de Karikal. Etablit la Sainte-Enfance, III, 159.

Anna, prêtre. Meurt en 1874, âgé de 60 ans, à Pondichéry, I, 442.

Anna. Sa maison pillée à Karikal, I, 189.

Anna, un des cabaleurs de Karikal, II, 85.

Anna Aloysius, prêtre. Ordination, III, 443. — Curé d'Ulgaret, 444.

Annammal, une des premières postulantes de la Consécration du Saint et Immaculé Cœur de Marie, II, 469, 471.

Annapulé. Trafic des offrandes faites à l'église, II, 73.

Annapullé. Veut bâtir une chapelle sans avoir recours à l'évêque, III, 128.

Anne-Marie, supérieure de l'école à Ariamupam, III, 541.

Annucanu. Etablit une école à Kumbakonam, II, 492.

Ansaldo, jésuite. A Pondichéry, I, 61. — Fondateur de la Congrégation de Saint-Louis de Gonzague, 65. — Essaie de fonder une école de filles, 124. — Vertus, 124. — Reste à Pondichéry en 1793, 163. — L'évêque de Maïlapur l'interdit, 173. — Supérieur des trois couvents de Pondichéry, 220. — Supérieur du Carmel, 111, 124, 215, 221. — Délégué par Champenois pour la visite apostolique de Madras, 182, 220.

Ansé. Chrétienté du district de Settihally, I, 57.

Anthappa, un de ceux qui bâtirent la chapelle de Kamanhally, I, LIV.

Antifellé (évêque d'). Vic. apost. de Bombay. Le Vicariat apost. de Madras lui est confié, I, 428.

Antoine, prêtre. Dét. biogr., II, 466.

Antoine (saint). Fête à Pillavadandey, II, 729.

Antonelli, cardinal, préfet de la Propagande. Lettres au sujet de la nomination d'un coadjuteur de Brigot, I, 73. — Conseils pour la juridiction à Pondichéry, 81. — Confirme l'attribution aux Capucins des Européens et créoles, à Champenois, des métis et noirs, 81. — Qu'en cas de difficulté au sujet des lois organiques, les missionnaires quittent le territoire de Pondichéry, 184. — Que Pavone demande des pouvoirs au supérieur de la mission malabare, 219.

Antonelli, cardinal, secrétaire d'Etat. Audience à F. Albrand. Il défend le concordat de 1857, III, 323. — Reconnaît s'être trompé, 328. — Est le seul à Rome à défendre ce concordat, 329. — Raisons qui l'ont amené à le conclure, 348.

Antony, catéchiste. Don à Vellore, III, 126.

Antony, prêtre de Goa. Prend part à la construction de l'église de Cuddalore, I, 287.

Antoni (Ch.). Prêtre de Pondichéry, II, 378.

Antoninader. Ordonné sous-diacre à Pondichéry, II, 446. — Livres publiés par lui, IV, 582, 583.

Antoninader. Prêtre du Coïmbatour, II, 440.

Aour. Au pouvoir des prêtres Goanais, I, 423 ; II, 176. — Le prêtre Sébastien se soumet au bref : *Multa præclare*, 200. — Statistique en 1842, 346. *Voir* Aur.

Apaopulé. Sa maison est brûlée, I, 189.

Apostasies. Celle des pallers de Kandamangalam, I, VII. — Dans le district de Periavalachery, I, X. — A Attipakam, causées par la bulle de Benoît XIV, XVI, CX, CXV. — Dans l'île de Ceylan, sur la côte de Malabar, causées ou soutenues par les Hollandais, CXII. — Apostasie dans le Tinnevelly après le départ des Jésuites, CXXIII-CXXVIII. — Persécution de Tippu, I, 139, 140. — Des chrétiens du Maïssour, 190. — Par suite des mariages, 311. — Valeur des catholiques qui passent au protestantisme, 315. — Un certain nombre de chrétiens au Madure se font protestants à cause de la conduite des prêtres goanais, 419. — Fautes et apostasies de certains chrétiens (1847 et 1849), III, 98. — Moyens de perversion des catholiques employés par un protestant à Palahally, 209. — Parmi les musiciens du rajah du Maïssour, 210. — Comment les ministres protestants gagnèrent une partie de la chrétienté de Tinnevelly, 214. — Familles du district de Periavalachery, 215. — Catéchiste de Nangalur, 685. — Dans le district de Calcavery, 685. — Châtiment et retour d'un apostat, IV, 36. — Comment les missionnaires ramènent les apostats après la grande famine, 58, 60, 62. — Apostasies au Coïmbatour après la grande famine, 63. — Reproches des païens aux chrétiens apostats, 64, 69. — Comment faut-il apprécier certains actes d'apostasie ? 525.

Apostolat. *Voir* Conversions.

Apostolat de la Prière. Les Vic. apost. en décident l'établissement ; diffusion, III, 562, 565.

Appady Mudeliar. Voulut faire tous les frais de l'enterrement de Lehodey IV, 418.

Appapuley, maître d'école. Rédige l'acte par lequel le chef d'Erichambady fait un don à l'église, III, 130.

Apparu (ou Saverimuttu), père d'une religieuse, II, 471.

Appodu. Conversion, IV, 40.

Arcadu. Station chrétienne, I, VII.

Arcambadu. Visite pastorale de Bonnand, I, 412.

Arcolini. Travaux dans le district de Sattiamangalam, I, 86, 87.

Arcot. Origine de la chrétienté, I, XXIII. Le nabab intervient pour faire rendre justice aux chrétiens, 53. — Administré par Baignoux, 61. — Etat de la chrétienté en 1777, 63. — Siège d'Arcot par les Français 121. — Prise d'Arcot par Haider Ali, 130. — Eglise et presbytère, III, 709.

Arkancottey. Chapelle et presbytère, III, 711.

Ariancupam. — Les premières carmélites y demeurent, I, XL. — Origine de la chrétienté, XLII. — Le pèlerinage de la Nativité XLIII. — Inventaire des biens possédés par les anciens Jésuites, 55. — Administré par Guirbaldi 61. — Etat en 1777, 6!. — Pigneau de Béhaine y habite, 67. — Indulgences accordées pour la fête de la Nativité, 91. — Schwendiman curé, 112. — Le presbytère transformé en caserne, 165. — Fêtes de la Nativité de la Sainte Vierge, 211. — Biens qu'y possède la mission en 1821, 233. — Défense aux païens d'y faire des démonstrations religieuses, 358. — Difficultés entre Supriès et l'administration, 377. — Bonnand y prépare la retraite de 1844, II, 259 — Eglise II, 166, 379. — Les chrétiens refusent de participer à la révolte au sujet du séminaire, 428. — Ecole d'instituteur, 622. — Reconstruction du presbytère, III, 111. — Eglise et presbytère, 706. — Ouverture d'un catéchisat, 157. — Ecole de filles, 541. — L'école du Saint-Cœur de Marie, 250. — Population catholique et besoins du culte en 1859, 264.

Aricatla. Ancienne chrétienté du district de Chikballapur, I, 63. — Triste état de cette chrétienté en 1777, 63. — Antipathie des gentils contre les chrétiens, 263.

Ariur. Révolte, IV, 327.

Ariyalur. Construction de la chapelle, IV, 83.

Arlanda. Prêtre de Pondichéry, II, 378. — Encourage Leroux dans ses projets de réforme, 426. — Donne lecture à la cathédrale de la pastorale de Bonnand sur la révolte, 429. — A la cathédrale de Pondichéry, III, 150.

Arlanda (Pierre), prêtre de Pondichéry. Ordination, I, 256. — Au Coïmbatour; difficulté avec le collecteur anglais, 282.

Arlandanader (P.), Dét. biogr. IV, 411.

Arlappa (Jean), comment il obtint de Dieu la fin de la sécheresse, I, 202; 293.

Arlopacavunden. Catéchiste de Brisard, III, 84.

Arni. Persécution, I, XIX. — Construction de l'église, II, 109, III, 413. — Eglise et presbytère, 709. — Didier chargé du district, IV, 42. — Retour des apostats, 62. — Population catholique en 1884, 446.

Arnoldin, capucin, à Pondichéry, I, 185.

Arnoult. A Vellore, I, 113. — Mort, 222.

Arokiam. A Mysore et à Settihally, difficultés avec les chrétiens, I, 277. — Interdit, 104, II, 169, 170, III, 293, 642. — Invité à venir à Pondichéry refuse, II, 168. — A Prattacudy, 174. — Détient la grande église, à Trichinopoly, 175. — Dét. biogr., III, 293. — A Atticodu, 294, 295.

Arokiam, prêtre de Pondichéry. A Nangatur, IV, 31. — A Velantanguel, 38. — Livres publiés par lui, 182.

Arokiassamy, un des cabaleurs de Karikal, II, 77.

Arrivet. Au Coïmbatour, III, 439.

Arselar. Limite du Maduré, II, 324, 327.

Arsikeré église (grav.). V, LXXIX.

Artaud, jésuite. Conversion qu'il opère, I, XXXIX.

Arul, prêtre de Pondichéry. Visite les chrétiens de Shimoga, I, 285. — Lutte à Karumattampatty contre les goanais, II, 177. — Assiste au synode de 1849, 643.

Arul, prêtre de Pondichéry. Ordination, dét. biogr.. II, 378, 446, IV, 98. — Travaux, II, 634, III, 120, 463, 496, IV, 19, 23, 50. — Sa libéralité et sa douceur, III, 463. — Missionnaire apostolique, IV, 98, 107. — Publie plusieurs ouvrages tamuls, 277.

Arul. Prêtre du Coïmbatour, II, 383, IV, 439. — Au Séminaire, II, 449, 450. — Dét. biogr., II, 452, IV, 92.

Arul, prêtre syriaque. — A Prattacudy, obéit à peu près au bref *Mulla præclare* II, 201.

Arulapen. Convertit Bimaskrina I, LIV.

Arulappen, médecin. Un des premiers chrétiens fixés à Valipàleam I, XCIII.

Arumbelur. Rattaché au district de Polur, IV, 41.

Arumpakam. Origine de la chrétienté, IV, 11.

Arunassalam. Sa conversion, III, 475.

Arracutty. Délégué à Darras par des néophytes, IV, 14.

Asagalur. Chapelle, III, 119.

Assur. Chapelle, III, 112.

Ateliers de charité, I, 335.

Atticodu. Origine de la chrétienté, I, 95 Réception de Bonnand, II, 99. — Emigration des chrétiens, 122. — Joachim y vient favoriser les troubles, 180. — Eglise et presbytère, 287. — Ressources de l'église vers 1845, 397. — Erigé en district 741. — Le district de Sittur en est détaché, 741. — Visite pastorale de Godelle, III, 68. — Construction de l'église, 120, 124, 424, 101, 711. — Révolte des chrétiens en 1848; ils appellent les goanais, 204-299. — Construction de la chapelle de Sinna-Koulpaleam, 645. — Lefèvre est chargé du district, 645. — La famine de 1876, IV, 44. — Ecole de garçons, 244. — Ecole par les sœurs de la Présentation, 276. — Population catholique en 1884, 448. Eglise (grav.), V, CV.

Attipakam. Origine de la chrétienté, I, XVI. — Etat de la chrétienté en 1777, 63, 73. — Champ(enois on fait la visite, 86, 113. — Travaux de Baignoux, et de Saint-Amour, — Misère, 117. — Pillage de l'église, 119. — Administré par un prêtre de Goa, 179. —

Population catholique en 1803, 204.
— Barreau, 22⁰. — Bigot, 256, 274.
— La famine de 1831, 292. — Jame
quitte ce poste pour Sarugany, 447.
— Administré par Roger, II, 72. —
Ecole de garçons, 141. — Etat du
district en 1843, 381. — Bolard, 458
— Est district en 1859, 741. — Bon-
nand fait la visite pastorale, III, 58.
— Le choléra de 1854 épargne la
chrétienté, 103. — Prieur, 103. —
Construction de l'église, 114, 709. —
Archiconfrérie de Notre-Dame des
Victoires, 144, 147. — Apostolat de la
Prière, 565. — Ligeon essaie un
orphelinat agricole, 573. — Dons pour
le denier de Saint-Pierre, 592. — Vi-
site pastorale de Laouënan, 683. —
Conversions, IV, 8. — La famine, 32.
— Conversions après la famine, 73.
— Presbytère en 1878, 83. — Fricaud,
429. — Foltête, 432. — Population
catholique en 1884, 446.

Attipattu. Conversions par Darras, IV, 17.

Attucudy. Doit être rattaché à Pillavadandey, II, 739. — Eglise et presbytère, en 1857, III, 707, 708.

Atur. Troubles par les goanais, IV, 33.
— Sicé à Atur, 430. — Population
catholique en 1884, 446.

Aulagne. Départ pour les Missions, I, 228.
— Supérieur du séminaire 255.
— A Bangalore, malade, 278. — Oc-
cupations, II, 87. — Encourage Dupuis à publier des livres, 124. — Au
synode de 1844, 260. — Commence la
construction de l'église Saint-François-Xavier, à Bangalore, III, 117.
Dans l'association de prières pour la
conversion des païens, 141. — Mort,
IV, 435. — Dét. biog., 592.

Aumôniers militaires. Voir Chapelains.

Aumont, procureur à Pondichéry. Dét.
biog., I, 9.

Aur. Mottet y est placé, I, 168. Voir Aour.

Austruy. Départ, I, 73. — Chargé d'Attipakam, 73. — Qualités, 187. — A
Oleru, 187, 200. — A Punganur, 229.
A Vellore, 260. — Connaissance de
la langue télugu, 261. — Opinion sur
les chrétiens de l'Inde, 435. — Mort,
443. — Dét. biog., IV, 589.

Auvé. Construit l'église de Nelliankulam,
IV, 86.

Ava. (Vicaire apostolique d'). Reçoit la
juridiction sur Malacca, II, 184.

Ava (Vicariat d') Statistique des prêtres
et des catholiques en 1853, III, 269. —
Soumis au patronat par le concordat
de 1857, 317. — Compris dans la visite apostolique, 360.

Avalanganur. Se révolte, IV, 327.

Avangallur. Construction de la chapelle,
IV, 84.

Avrial. Au Coïmbatour, II, 383. — Assiste
au sacre de Godelle, 763. — Démarche
pour avoir un Vic. apost., III, 488. —
Mort, IV, 439. — Dét. biog., 593.

Ayaleru. Administré par Jarrige, I, 276.

Ayampaleam. Origine de cette station, I,
97. — Conversion, 98. — Chapelle,
III, 711.

Ayampemmal. Entraîne des païens à se
convertir, IV, 16.

Ayampett. Chrétienté relevant de l'ancienne mission du Maduré, I, IV, XIV.
— Bonnand y passe, II, 102. — Raisons de le rattacher à Pondichéry,
312. — Mathian y est envoyé, 431. —
Cédé à Pondichéry, II, 314, 381, III,
311. — Chapelle, III, 115, 707. — Occupé par les Anglais, I, 173, II, 157,
III, 289, 293, 620, 641, IV, 327, 328. —
Mouvement vers le catholicisme, III,
86. — Dons pour le denier de Saint-
Pierre, 592. — Eglise et presbytère,
707. — Réclamations de Laouënan,
IV, 327. — Suppression de la juridiction goanaise, 375.

Ayavunader, séminariste. Mort III, 416.

B

Baccabouram. Etat de la chrétienté, I,
63.

Bâcle. A Pondichéry, III, 438.

Badenier. Arrive dans l'Inde, II, 378. —
Jugement sur lui, 401. — Fonde à
Prattacudy un couvent du Saint et
Immaculé Cœur de Marie, 491. — A
Cottapaleam, sur le Colimaley, III,
85. — Travaux, III, 496, IV, 83, 86,
261.

Bagatavahally. Chrétienté du district de
Chikballapur, I, 63.

Baghianader, prêtre de Pondichéry, II,
416.

Bahur. Chapelle, III, 496. — Propriété de
l'église donnée par le gouvernement
français, 496. — Les sœurs du Saint
et Immaculé Cœur de Marie y fondent
une école, IV, 259.

Baignoux, jésuite. Chargé d'Arcot et de
Veilore, I, 61. — Accompagne Champenois, 113. — Travaux à Attipakam,
114.

Bains. Discussions des missionnaires sur
l'usage des bains, I, 107, 108, 111, 302,
303. — Les missionnaires s'abstiennent
de ceux qui ont une apparence su-
perstitieuse, III, 27.

Balcou. Arrivée dans l'Inde, II, 377. — A
Vellore, 1876, IV, 37. — Dét. biogr.
mort, 432, 591.

Baldenader. Prêtre de Madras, II, 68.

Baldeyrou. Ouvrages publiés par lui, IV,
588.

Ballabouram ou Chikballapur, I, 63.

Bally. Arrive dans l'Inde, II, 378. — Au
sacre de Godelle, 733. — Construit
l'église et le presbytère de Kurumbagaram, III, 115. — Le promo-
teur du Tiers-Ordre à Pondichéry,
149. — Mortification, 149. — Mort,
IV, 431. — Dét. biogr., 591.

Bangalore. Historique de l'ancienne chrétienté, I, L. — Population catholique
en 1803, 204. — Vuichard, 241. —
Jarrige, 274. — Dupuis et Aulagne,
277. — Émeute des musulmans contre
les chrétiens, 297-300. — La chrétienté en 1835, 415. — Dupuis, Aulagne et Gailhot, II, 86. — État du
district en 1843, 382. — Nécessité de
missionnaires, 269, 276. — Fondation
de la paroisse Saint-François-Xavier,
122. — Propagande protestante, 122,
127; III, 206, 554. — On songe à y
faire venir des Frères des Écoles chrétiennes, II, 143. — Les Européens
ressortent de l'église de Shoolay, 689.
— Honoraires donnés par les chrétiens pour les mariages, 694. — Le
district de Kamanapally en est détaché en 1850, 741. — Construction de
l'église de Blackpally et d'autres chapelles, I, 201 ; II, 119, 120 ; III, 117, 498,
499, 500, 703, 710 ; IV, 86. — Conversions, récit de Bareille, III, 87, 477.
— A un chapelain militaire, III, 92,
94. — La proclamation de la hiérarchie IV, 383, 391, 392. — Population
chrétienne en 1884, 447. — État des
écoles pour garçons et pour filles en
1896, 538. — Cathédrale (grav.), V,
LI. — Églises du Sacré-Cœur, de Saint-
François-Xavier, de Saint-Joseph,
(grav.), V, LIII, de Sainte-Marie de
Blackpally, XLIX. Voir : Bon-Pasteur; Collège de Saint-Joseph ;
Sacré-Cœur (église) ; Saint-François-Xavier (église) ; Saint-Joseph
(église) ; Saint-Joseph de Cluny ;
Saint-Joseph de Tarbes ; Sainte-
Marie de Blackpally (église); Shoolay (paroisse).

Bansard. Arrivée dans l'Inde, II, 377. —
A Karikal, sa mort, III, 407. — Dét.
biogr, IV, 591.

Baptêmes. Baptêmes d'adultes à Pondi-
chéry en 1703, en 1724, I, XXXII. —
D'un Indien à Paris, 1720, XXXV. —
De parias à Pondichéry en 1754,
XXXIX. — Rites supprimés par les
Jésuites 106, 107, 109. — Les permis-
sions par Benoît XIV, 109. — A At-
tippakam (1778-1781), 114. — Durant
la famine en 1734, en 1738, 117, 120.
— Registres de Baptêmes, 416, II, 278,
III, 602. — Moyens à prendre pour
procurer le baptême aux enfants
païens, synode de 1844, II, 256, 285.
Autres décisions du synode 277.
— Opération césarienne, 278. —
Baptêmes sous condition, 278, 293,
295, 644, 687. — Baptême des enfants
de païens in articulo mortis, 284. —
Réponse relative au baptême des
femmes adultes 293. — Rebaptiser des
hérétiques, 293, 295. — Règles données par le synode de 1849 II, 644. —
Donner avec solennité le baptême
des adultes, 687. — Les rites de l'É-
glise sont fidèlement observés, III, 26.
— Baptême des chutres et des parias
45 — Baptêmes de Brahmes à Pondichéry, 1852, 73. — Traits édifiants
racontés par Lehodey, 75 ; par Pierre
77. — D'enfants de païens, peu nom-

breux, raisons, 95. — Circulaire de
Bonnand pour exhorter les missionnaires à l'œuvre des baptêmes d'enfants de païens, 96. — Instructions
de Rome (8 septembre 1869), sur l'administration du baptême 457, IV, 4.
— Baptêmes d'enfants de païens III,
95, 480, 489. — Statistique générale
en 1845, III, 378, 381, 383. — Statistique
de 1849 à 1853, III, 96. — Augmentation
de 1856 à 1860, 97. — En 1836 et en
1861, 426. — Quelques faits, de 1861, à
1873, V, 480-489. — Statistique des baptêmes d'adultes durant la grande famine, V, 52. — D'enfants de païens,
in articulo mortis, 52. — Statistique
générale de 1850 à 1886, 577.

Baptiseurs. Zèle particulier d'un baptiseur, III, 487. — Leur valeur en général, 488. — Histoire d'un baptiseur
488.

Baptiste, capucin, à Pondichéry. Recouvre
une partie des propriétés de l'église
de Kadapakam, I, 188.

Baptistes. Situation en 1896, IV, 529, 530.

Baramal. Pourra être érigé en Vic. apost.,
II, 722.

Barbé. Arrivée dans l'Inde, II, 377. — A
Karikal, 407. — Au Colimaley, III, 83.
— Quitte Cottapaleam, 85. — Construit le presbytère de Vaduguerpatty,
496. — Souhaite la direction de toutes
les écoles de Karikal, 519. — Supérieur
du collège-séminaire de Karikal, IV,
114, 173.

Barbier. A Pinneipundy, I, XXI. — A
Kortampett, XXII.

Barbosa du Bocage, ministre du Portugal. Proteste contre la note du cardinal Jacobini, annonçant la prochaine abolition de la double juridiction, 1884, IV, 335, 337.

Bardou. Au Coïmbatour, II, 383. — Démarche pour avoir un Vic. apost.,
III, 436. — Construit l'église de Palghat, 500. — Construit celle d'Érode,
502. — Termine l'affaire de la chapelle Saint-Antoine d'Atticodu, 645.
— Principaux postes qu'il occupe,
704. — Sacre, 704. — Bienfaits de son
administration, 704. — Travaille à
fonder un hôpital catholique, IV, 169.
— Démarches pour faire venir à
Coïmbatour les sœurs du Bon-Pasteur, 274. — Publie une esquisse de
règlement pour la mission du Coïmbatour, 289. — Au sacre de Coadou,
305. — Opinion sur les baptêmes
pendant la famine, 63. — Signe le
mémoire au gouvernement de l'Inde
sur les maux causés par le patronat,
330. — Évêque de Coïmbatore, 382,
383. — Opinion sur le recrutement
du clergé indigène, 477.

Bardouil. Départ, I, 238. — A Viriur,
II, 102. — Répare l'église de Yeriur,
114. — Commence un dictionnaire
télugu, 135. — Aux synodes de 1841
et de 1849, 260, 643. — Fondation
d'écoles de filles à Yeriur et à Viriur, 487. — Dans l'association de

prières, III, 141. — Succès contre le schisme, 293. — A Colanur, 641. — Vertus, I, 256 ; II, 400 401 ; III, 642, 669 ; IV, 424. — Aveugle, 425. — Affection des chrétiens pour lui, 426. — Sa mort, 424. — Dét. biogr., 590.

Bareille. Arrivée dans l'Inde, II, 377. — Aide Chevalier à former les Frères de Saint-Joseph, 692. — Prend part aux négociations pour faire venir des sœurs de Saint-Joseph de Tarbes au Maïssour, IV, 161. — Ouvrages publiés par lui, 587.

Bareto. Prêtre goanais à Trichinopoly, I, 423. — Bonnand l'exhorte à se soumettre, II, 167, 163. — Discute avec Garnier, 171. — Objections contre le bref *Multa praeclare*, 199.

Barnabo, secrétaire de la Propagande. Visite que lui fait Charbonnaux, III, 66. — Transmet l'ordre aux Vicaires apost. de publier le concordat, 344. — Appréciation sur le concordat de 1857, 316, 322, 328, 330, 348.—Félicite Jarrige à l'occasion de ses noces d'or, 440. — Annonce aux Vicaires apost. la nomination de d'Amorin à Goa, 674. — Accusé par l'ambassadeur du Portugal à Rome, de travailler contre le patronat, 635.

Baroche. Lettre sur la publication du bref pour le sacre de Laouënan, III, 675.

Baron. Opinion sur les Hollandais, I, 6. — Administrateur de la Compagnie des Indes, sa valeur d'après Pallu, 7.

Barralon. A Vaduguerpatty, IV, 83. — Construit la chapelle d'Uvanur, 83.

Barran, supérieur du Séminaire des Missions-Etrangères. Réfute le mémoire de Brésillac sur la nécessité de réformer la Société, II, 726.

Barré. Au Maïssour, 1864, III, 439. — Dans le Wynaad, IV, 24. — Construit l'église de Closepett, 88. — Fonde la ferme d'Hossur, 138. — A la ferme de Suseipaleam, 142. — A Saint-François-Xavier de Bangalore, 304.

Barreau, dans la mission malabare, I, 79. — Prête serment de soumission à la Compagnie des Indes, 88. — Difficultés avec les goanais, 170. — A Salem, 190. — Tableau de la vie des missionnaires, 204. — A Attipakam, 229. — A Karikal, 285. — Supérieur du collège de Pondichéry, 328. — Mort, 441. — Dét. biogr., IV, 590.

Barrot. Au Coïmbatour, II, 7. — Commence l'église d'Erichambady, 121. — A Atticoun, III, 214.

Barthet. A Chandernagor, IV, 399-402.

Bastian. Aide à construire l'église de Shimoga, y est enterré, I, 203.

Basvapatna. Anciens souvenirs dans cette chrétienté, I, 58. — Chapelle, 287.

Batchala ou Batshala. Les rettys chrétiens de Tatchur viennent s'y établir, I, XXV.

Baulez. Arrivée à Pondichéry, III, 438. — Ouvrages publiés par lui, IV, 277, 580, 582, 583, 586.

Baycherry. Chapelle, III, 498.

Bayol. Arrivée à Pondichéry, III, 438.

Beauclair, *Voir* : Bigot.

Beauté. Arrivée à Pondichéry, III, 439. — Chargé du district de Salem, IV, 59. — Fonde un petit cercle catholique à Pondichéry, 136. — Procureur à Marseille, 434.

Bederally. Chapelle, III, 498.

Bedier. Gouverneur de Pondichéry, II, 715.—Bons rapports avec la mission, III, 228.

Bedin, jésuite. Quitte Prattacudy pour Tanjore, II, 344.

Begur. Origine de la chrétienté, I, 53 ; église, 203 ; III, 436, 498, 710 ; IV, 88.

Belevendren, prêtre. Mort, I, 443.

Bellanger (de Lespinay), premier français fixé à Pondichéry, I, XXX.

Bellarmin, cardinal. Blâme, puis approuve la conduite de Nobili, I, 105.

Bellary. Arrivée de prêtres goanais, III, 290. — Les religieuses du Bon-Pasteur, viennent s'y fixer, 552.

Bellecombe (de) gouverneur de Pondichéry, I, 34. — Lettre sur la conduite à tenir envers les jésuites et l'évêque de San-Thomé, 51. — Seconde les efforts de Vernet pour faciliter la réunion des Jésuites aux Missions-Etrangères, 53. — Signe l'acte de réunion, 55. — Conduite envers Brigot, 66, 70.—Approuve la nomination de Vernet comme procureur à Paris de la mission malabare 71. — S'oppose à la cession de Karikal aux Capucins, 78. — Défend Pondichéry, 128. — Rapport sur l'état de l'Inde au point de vue militaire et commercial, 483.

Belligudlu. Chapelle, III, 708.

Bénarès. Mort de Bonnand, III, 389.

Bénédiction de médailles, croix, chapelets (pouvoirs) I, 212. — Le pouvoir de bénir les linges d'autel doit être laissé aux missionnaires, II, 688. — Est approuvée la coutume de bénir avec une statue III, 14.

Bengale. Grégoire XVI y établit un Vicariat apostolique. I, 183, 224. — Nombre des ministres protestants salariés, en 1850, III, 270. — La Propagande demande l'avis de Bonnand sur la délimitation, II, 298. — Le Vicaire apostolique reçoit de la Cie des Indes, une allocation mensuelle, III 278. — Soumis au patronat, 317, 653. — Division en deux Vicariats, IV, 379. — Statistique des prêtres et des catholiques en 1853, III, 269. — Le Vicaire apostolique signe la lettre collective de 1870, au Pape, pour l'abolition du patronat, 651. — Pas de prêtres indigènes en 1875, IV, 102. — Erection des deux Vicariats en diocèse, 392. — Bengale central préfecture apostolique, 375.

Benigna. Supérieure des religieuses de Loretto, II, 530. — Godelle refuse de la laisser aller à Ootacamund 530. — Fonde le couvent de Vellore. III, 550. — Remet ce couvent aux religieuses du Bon-Pasteur ; sa mort, 551.

Benjamin, vice-préfet apostolique. Signe avec Champenois un accord de transmission mutuelle de pouvoirs, I, 80, 81.

Benoît, capucin. Curé de la paroisse blanche, I, 81.

Benoît, prêtre à Pondichéry. Commence l'église de Dharapuram, II, 120.

Benoît XIII. Confirme par un bref de 1727 les décrets de ses prédécesseurs et le mandement de Tournon sur les Rites malabares. I, 108.

Benoît XIV. Publie la bulle *Omnium sollicitudinum* sur les Rites malabares, I, 108. — Application et conséquences de la bulle VII, XVI, II, 250, 278, 281. — Les chrétiens reprochent aux missionnaires l'usage de la salive et de l'insufflation dans le baptême, 290. — La bulle continue d'obliger. (Note de la Prop. sur le synode de 1844), 293.

Bergez. A Pondichéry, II, 378. — Travaux, III, 114, 496. — Qualités, 669, IV, 249. — Action sur la Congrégation du Saint et Immaculé Cœur de Marie, 249, 264. — Supérieur du grand Séminaire, 256. — Livres publiés par lui, 583, 584.

Bernard, évêque de San-Thomé. Reconnaît les pouvoirs de Brigot, I, 86, 177.

Bernis (de), cardinal, ambassadeur à Rome. Approuve la Propagande répugnant à donner le titre de Vic. apost., au Supérieur de la mission malabare, I, 33, 37, 38.

Béroulle. Au Coïmbatour, III, 439. — Travaux, IV, 44, 46.

Bertail. Au Coïmbatour, II, 383. — Au sacre de Godelle, 733. — Mort, III, 425. — Dét. biogr., IV, 593.

Bertho. A Pondichéry, III, 438.

Berthon. Au Coïmbatour, II, 383. — Démarche pour avoir un Vicaire apostolique, III, 436. — Récit de conversions, 484. — Travaux, 120, 500, 585, 586.

Bertrand, supérieur des Jésuites au Maduré. Opinions fausses sur les conséquences de la bulle. *Omnium sollicitudinum*, I, 110, 128. — Se recommande à Bonnand, II, 21. — Juridiction au Maduré, 16s, 197. — Empoisonné par les goanais. 75. — Demande au gouvernement français de s'entremettre dans l'affaire du schisme, 2 6. — Lutte au Marava, 219. — Accompagne Bonnand au Marava, 225. — Offre le secours des Jésuites à Bonnand qui refuse, 258. — Assiste au synode de 1844, 259, 260. — Invite Bonnand à faire la dédicace d'une église à Trichinopoly. — Négociations sur les limites de la mission du Maduré, 324. — Ne désire pas que le Maïssour soit confié aux Jésuites,

334. — Exprime le désir d'être chargé du collège royal, 540. — Demande à fonder une école à Tranquebar, 587. — Installe un collège à Négapatam, 587. — Commence des pourparlers avec l'administrateur de Karikal pour y fonder un collège, 588.

Beschi, jésuite. Travaux, I, VIII, IX, XXII. — Valeur de ses ouvrages, II, 133. — Réimpression d'un de ses ouvrages, II, 634.

Besson. Au Maïssour, II, 381. — Mort, IV, 434. — Dét. biogr., 593.

Bettachini. Vic. apost. de Jaffna. Différend avec le Vic. apost. de Colombo, III, 62.

Beyries (de), supérieur du Sém. des M.-E. Demande la nomination de Champenois comme coadjuteur de Brigot, I, 74.

Bible. Publication, diffusion, utilité et inconvénients, I, 309, 311-314.

Bienfaisance. (Bureau de). Réformes faites par Desbassyns, I, 349-352.

Biens. Droit d'administration du Vicaire apostolique sur les biens, II, 650, 652, III, 393-401. *Voir :* **Administration**.

Bigot. Dét. biogr. I, 238, 251, 252, II, 179, IV, 593. — Note l'origine des paroisses dont il est chargé, I, 95. — Supérieur du séminaire, 256. — A Attipakam, 274, 292, 293. — Quitte Attipakam pour Mysore en 1833, 277. — Aumônier de l'expédition anglaise dans le Coorg, 278. — Obtient au Coorg une propriété pour réunir une centaine de chrétiens, 279. — Raconte la mort édifiante d'un chrétien, 279. — Construit l'église de Seringapatam, 288. — Assistant au sacre de Bonnand, 404. — A Mysore, qualités et défauts 417. — A French-Rocks, coopération des soldats chrétiens au culte païen, II, 53. — Travaux, 88, 89, 109. — Constructeur d'églises au Maïssour, 112, 113, 120, 121, III, 116, 117. — Compose un traité de religion, II, 135. — A Ootacamund, ses démêlés avec Joachim, 178. — Consulté sur l'opportunité d'une réunion générale, 252. — A Verapoly et Cochin pour traiter les affaires du district de Palghat, 254. — Au synode de 1844, 167. — Deuxième assistant au sacre de Charbonnaux, 361. — Construit le premier séminaire de Bangalore, 448. — Conviendrait comme Vicaire apostolique du Coïmbatour 730. — Accompagne Bonnand dans une visite pastorale, III, 56. — Tentative d'empoisonnement à Blackpally, 89 — Dans l'association de prières pour la conversion des païens, 141. — Fonde un orphelinat de garçons à Blackpally, 166. — Sa mort, 412-414.

Bijanagaram. *Voir :* **Bisnagar**, I, 11.

Bimakrisna, son baptême, I, LIV.

Binot, commandant la garnison envoyée à Pondichéry en 1804. Rapport sur la conduite des troupes et sur la capitulation, I, 185.

Biolley. Au Coïmbatour, III, 439. — Chargé d'Ootacamund, IV, 121.

Birmanie. Comprise dans la visite apostolique, III, 360. — Visite apostolique par Charbonnaux, 391. — Le Vicaire apostolique signe en 1870 la lettre collective au Pape demandant l'abolition du patronat, 651.

Bisnagar. Royaume compris dans l'ancienne mission du Carnate, I, 11.

Blackpally. Etymologie de ce nom, I, 50. — Origine de la chrétienté, prêtres qui en sont chargés, 50, 54, 137, 201, 287, IV, 436, 437. — Soulèvement des mahométans contre les chrétiens, I, 298, 300. — La paroisse de saint Joseph en est détachée, II, 741. — Bigot rebâtit le presbytère, III, 116. — Archiconfrérie de N. D. des Victoires, règlement rédigé pour la paroisse, 145. — Orphelinat de garçons, 166. — Eglise et chapelle, 710. — Construction de l'église par Kleiner, IV, 86. — Ecole des religieuses de Sainte-Anne, II, 523, III, 557. Voir : Sainte-Marie de Blackpally.

Blainville. (Céloron de), directeur de l'Intérieur. Correspondance avec Laouënan au sujet du transfert du collège à la mission, IV, 404.

Blanchard. Au Coïmbatour, III, 439. — Récit de conversions, 483.

Blot. Opinion sur les Hollandais, I, 6. — Sa valeur d'après Pallu, 7.

Bochaton. Départ, I, 238. — Au Coïmbatour, les Anglais refusent de l'y laisser séjourner, 281. — Attaqué et blessé par des voleurs, 295. — Discussion avec des brahmes, 296. — A Blackpally, émeute des mahométans, 298. — Ses doléances sur la manière dont se célèbrent les fêtes de la Passion, 301.

Boipatla. Manente faillit y être arrêté, I, XXVII. — Chrétienté dans le district de Guntur, XXIX.

Boiret, directeur du Sém. des M.-E. Raisons qui lui font refuser de reconnaître Vernet comme procureur de la mission malabare, I, 72. — Fait des démarches pour la nomination du coadjuteur de Brigot, 73. — Démarches en faveur des missionnaires de l'Inde, 175, 178. — Opinion sur les conséquences des lois organiques, 184.

Bolard. Dans l'Inde, II, 377. — A Attipakam, 458. — Construit un presbytère et commence une église à Nangatur, III, 145.

Bombay. Résidence du Vicaire apostolique du grand Mogol, I, 16. — Le Coorg sous la juridiction du Vic. apost., 81, 82, II, 723. — Le Vic. apost. soutenu contre les goanais par le général Abercromby, 173. — Ecrit au gouverneur général de l'Inde à propos du bref Multa præclare, II, 502. — Luquet l'indique comme Vicaire apostolique, 339. — Vicaires apostoliques, Wheelan et Hartmann, 723. — Statistique des prêtres et des catholiques en

1853, III, 269. — Nombre de ministres protestants salariés en 1850, 270. — Orphelinat catholique et subventions, 273, 277. — Agissements de Torrès, II, 241, 654. — Agissements de Matta, 304, 305, 306, 664. — Soumis au patronat par le concordat de 1857, 317. — Le Vic. apost., consulté par la Propagande sur l'état des missions de l'Inde, 353. — Compris dans la visite apostolique de 1860, 360. — Bonnand voudrait que la France y eût un consul, 387. — Le Vicaire apostolique signe, en 1870, la lettre collective demandant l'abolition du patronat, 651. — Etat du clergé indigène en 1873, IV, 102. — Le Vicaire apostolique offre le Dharwar au Maïssour qui, après essai, refuse de s'en charger, 292. — Le concordat de 1886 ne le délivre pas totalement du patronat, 346, 375. — Division du Vicariat apostolique, 379. — Erigé en archevêché, 375, 392.

Bombuchéry. Dans la paroisse St-François Xavier de Bangalore. Erection d'une chapelle par Jarrige, III, 500.

Bonjean. Au Coïmbatour, II, 383. — Favorable à l'établissement des sœurs de Loretto aux Nilgiris, 526. — Travaux, 743, III, 146, 151, 301. — Vues sur l'utilité des catéchistes, 151. — Raisons qui lui font quitter la Société des Missions-Etrangères, 396. — Eloge de Bonnand, 396. — Assiste à la réunion de Trichinopoly, relative à la double juridiction, IV, 316. — Appelé à Rome pour les affaires du patronat, 338.

Bonnand. Dét. biogr., I, 238, 241-246 ; IV, 589. — De France à Pondichéry, I, 247, 249, 250. — Dans le district de Pirangipuram, 260, 261, 263, 264, 266, 267, 270. — Pensées pieuses, dévotions, 271, 272. — Construit plusieurs chapelles, 286. — Famine de 1831, 289. — Discussion avec un brahme, 296. — Opinion sur l'onction des fils du taly et le port du pottu des femmes, 305. — Visite Chikballapur, 311. — Jugement que porte sur lui Charbonnaux, 393. — Nommé coadjuteur, hésitations, accepte, 333, 401. — Ordonnance royale agréant sa nomination épiscopale, III, 677. — Sentiments sur les chrétiens tamuls à son retour à Pondichéry, 400, 401. — Expédition de Sarugany, 401. — Sacre, 403. — Après son sacre ne reçoit pas l'autorisation de venir à Pondichéry, 404 — Coup d'œil sur ses dix premières années d'épiscopat, II, 4. — Ses débuts administratifs, 5-60. — Reçoit la juridiction sur les Maldives, 24-29. — Lettre aux chrétiens révoltés de Karikal, 74, 78. — Pose la première pierre de l'église de Nellitope, 108. — Bénit l'église d'Akkravaram, 110. — Remerciements aux dames de Caen, 11. — Formation qu'il donne aux jeunes missionnaires, 378. — Confiance dans les missionnaires, 395, 398 ; III, 101. — Circu-

laire sur les attributions du Conseil, 396. — A Salem, révision du règlement de la Société, III, 368. — Le Séminaire indigène, II, 2 5, 423, 429, 439, 442, 454, 46 . Voir Séminaire. — Explique pourquoi il y a peu d'ordinations d'indigènes, 4 2. — Sur la conduite à tenir envers les prêtres indiènes, 463. — Négociations pour l'acceptation et l'ouverture du collège royal, 540, 541, 546, 55 , 570, 571, 572, 576, 579. — Songe à installer un collège à Karikal, 587. — Opposé à l'établissement d'une école tenue par les Jésuites à Karikal, 588. — Sur l'utilité des travaux des missionnaires professeurs, 586. — Règle les droits du curé de Karikal et du supérieur du collège, 593. — Désire un collège au Coïmbatour, 623. — Utilité des petites écoles de village, 6 9, 620. — Nécessité et difficulté de l'éducation des filles, 468, 487, 489. — Démarches près de l'Impératrice Eugénie en faveur du couvent du Saint et Immaculé Cœur de Marie, 483. — Lettre sur cet Institut, 486. — Propose aux sœurs de St-Joseph de Cluny d'accepter un établissement à Karikal, 499. — Eloge des l'établissement des sœurs à Pondichéry, 502. — Songe à utiliser les sœurs de St-Joseph pour former des institutrices indigènes, 5 3, III, 517. — Rapports avec les sœurs de St-Joseph de Cluny, II, 505-507. — Qu'on accepte à Coïmbatour les religieuses de Loretto, 524, 526. — Instruction dans l'Inde en 1858, jugement sur l'influence des écoles protestantes et gouvernementales, 615. — Erige canoniquement en monastère le Carmel de Pondichéry, III, 136. — Exhorte à répandre l'archiconfrérie de Notre-Dame des Victoires, 143. — Sur la publication d'un nouveau catéchisme, 129, 131. — Décide d'installer une imprimerie à Pondichéry, 136. — Sur la fondation d'une école de catéchistes, 144. — Sur l'utilité de faire venir des Frères 141, 142. — Dénonce la propagande protestante, 123, 127, 178. — Requête pour rentrer en possession de Merkanam et de Cheyur, 145. — Sur l'œuvre de Mme Smith, 149. Voir : Smith. — Ligne de conduite sur la séparation à l'église des femmes patanavers et pariates, 161. — Sur l'utilité d'une retraite générale, 252 — Lettre de blâme à un prêtre indigène. 743. — Demande pour les missionnaires et les européens les mêmes réductions de jeûnes et abstinences que pour les Indiens. III, 45. — Publication du concile de Trente, 6-11. — Circulaire au sujet de la croyan e à l'Immaculée Conception, 15. — Réflexions que lui suggère le décret de béatification du Bienheureux de Britto, 21. — Manière d'administrer les chrétiens, 40-51. — Chrétiens révoltés au Coïmbatour, I, 6, 39. — Lettres à ses missionnaires sur les moyens d'obtenir des conversions, 70-72. — Conseils à Pierre qui demande à aller

évangéliser le Colimaley, 82. — Approuve le projet d'une association de prières pour la conversion des infidèles, 14u. — Circulaire sur l'établissement d'un catéchisat, 152. — Circulaire sur l'œuvre de la Propagation de la Foi, 158. — Sentiments sur la Sainte-Enfance, 95. — Exhortation pour l'œuvre des baptêmes d'enfants, 86. — Son action pour l'établissement des orphelinats, 163, 165. — Lors de l'inondation de 1858, fait appel à la charité de la colonie, 105. — Bénit l'église de Vellore 109 ; l'église de Nellitope, 112. — Lettre aux chrétiens d'Ulgaret partis à l'île Maurice, 125. — Correspondance avec l'administration civile sur les inconvénients qu'il y aurait à autoriser un chrétien à construire une chapelle près de la cathédrale, 129. — Lettre au gouverneur demandant du secours pour l'église de Kurumbagaram, 131. — Sur la fondation d'un hôpital, 169, 175. — Son projet d'hôpital repris par Godelle, 588. Voir Hôpital. — Allocution aux membres de la Société de Saint-Vincent-de-Paul, 177. — Accepte la remise de la léproserie, 180-183. Lettres à Leroux critiquant ses nombreux plans alors impraticables, 190, 191, sur la fondation d'une congrégation de Frères catéchistes, 189 ; de religieux, 192, 193, 201. — Compliment au gouverneur Durand d'Ubraye lors de sa première visite à la cathédrale, 233. — Correspondance au sujet de la nomination de Richon à la cure de Karikal, 236. — Demande de rendre au curé de Karikal l'administration du cimetière 243. — Démarches auprès de Calan pour obtenir une subvention en faveur de l'église de Nellitope, 261. — Approuve les idées de Lefaucheux sur le besoin d'augmenter les crédits du culte dans la colonie, 265. — Lettre à la Propagande pour demander l'érection définitive des Vicariats apostoliques, 706. — Bref le nommant Vic. apost. de Pondichéry, 710. — Motif d'ériger en Vicariat apostolique le Maïssour uni au Coïmbatour, 332. — Demande que le futur Vicariat du Maïssour soit confié aux Missions-Etrangères, 333-345. — Propose Charbonnaux pour supérieur de ce futur Vicariat, 334 et 336. — Démarches pour la nomination et le sacre de Charbonnaux, 268, 348, 349, 351, 355, 357, 358, 359, 360. — Envoie Jarrige comme provicaire au Coïmbatour, 362. — Préfèrerait que de Brésillac soit coadjuteur de Pondichéry, 338. — Sacre de Brésillac, 355. — Songe à prendre de Brésillac comme coadjuteur pour s'occuper du Coïmbatour, 724. — Noms qu'il propose à la Propagande pour la succession de Brésillac, 728. — Administrateur du Coïmbatour, 728. — Demande Godelle comme coadjuteur, 730. — Pourparlers avec le gouvernement français pour le sacre de Godelle, 731. — Consécration de

Godelle 732. — Demande modification de l'ordonnance royale de 1840 relative au sacre d'évêques 732. — Dupuis provicaire 724. — Projette de nommer des provicaires secondaires ou vicaires forains, 735 — Motifs de placer un ou deux missionnaires par district, 737, 739. — Demande à ses missionnaires des comptes-rendus sur leur district, 741, 742, 743. — Lettre au gouverneur de Pondichéry à propos de la juridiction sur les Indiens, II, 17. — Lettres exposant les motifs de supprimer la Préfecture apostolique, 711, 715. — Disposé à accepter la préfecture apostolique, 720. — Synode de 1844, 255-295. — Respect et affection qu'ont pour lui ses missionnaires, 287. — Plan de division du sud de l'Inde en Vicariats apostoliques, 298. 299. — Sur la hiérarchie ecclésiastique dans l'Inde, 300, 308, 310, III, 359. — Contre la publication de l'ouvrage : Eclaircissements sur le synode de Pondichéry, 367, 369. — Expose les motifs du retour de Luquet en Europe 301, 303. — S'oppose au retour de Luquet à Pondichéry, 358. — Tient en 1849 un 2e synode, 636, 638. — Adresse de concert avec Charbonnaux et de Brésillac une lettre à Pie IX, (1849), 645. — Projet de mise en commun du viatique, 658. — Rédige un plan général d'administration 646-686. *Voir* Administration. — Appréciation par le Séminaire de Paris de son plan général, 686. — Songe à établir des conseils de fabrique, 695. — Rites. Application de la Bulle *Omnium sollicitudinum*, II, 10. *Prescrit sub gravi* à ses missionnaires de s'en tenir aux coutumes sur les Rites et usages des castes, III, 17, 18, 25, 36. — La Propagande l'approuve, 51. — Lettres et participation des soldats aux fêtes païennes, II, 37, 42, 44, 50, 55. — Consulte Rome sur l'expulsion des églises des musiciens coopérant aux superstitions, 57. — Correspondance avec le ministre de la marine, il réclame contre les arrêtés réglementant l'administration des pagodes et faisant coopérer les agents catholiques à l'idolâtrie, III, 250, 257. *Voir* Coopération. — Obtient un décret du gouverneur abrogeant les arrêtés sur l'intervention administrative dans les biens des pagodes, 259. — Rapport à l'administration française au sujet des empiétements des païens de Mutalpett, 238, 241. — Réclame inutilement près du gouverneur contre l'autorisation de bâtir un temple protestant à Pondichéry, 246. — Schisme portugais ; insuccès à Sarugany, I, 422. — Au Maduré, 423-425. — Lutte contre Texeira, II, 162-165. — Correspondance avec les prêtres goanais, 165-167. — Rapport à la Propagande sur l'attitude des prêtres goanais à l'égard de Texeira, 167. — Lettre aux chrétiens pour la publication du bref *Multa præclare*, 186. — Lettre aux prêtres goanais les exhortant à se soumettre au bref,

198. — Sa tranquillité au milieu des discussions du schisme goanais, 213. — Conseils et direction à ce sujet, 214. — Visite pastorale au Maduré, 219-237. — Félicitations du Cardinal Fransoni au sujet de sa visite pastorale du Maduré, 234. — Demande que les goveurs soient déclarés schismatiques et excommuniés, 235. — Ses craintes en apprenant la nomination de Silva y Torrès, demande de nouveaux brefs, 238, 240. — Pastorale pour montrer les empiétements de l'archevêque de Goa et de Texeira, 246. — Sur les progrès du schisme, 289, 290. — Lettre à Goust, lui conseillant d'agir très prudemment avec les chrétiens de Cottapaleam pour ne pas les pousser au schisme, 292. — Lettre à la Propagande, indiquant deux moyens de combattre le schisme, 301. — Ordonne des prières publiques pour obtenir la cessation du schisme 302. — Signe l'accusation portée à Rome contre de Matta, 305. — Publie le bref *Probe nostis*, 310. — Mandement pour détourner les fidèles de l'obéissance aux schismatiques, 311. — Lettre à la Propagande sur les inconvénients du concordat signé avec le Portugal, 316, 320, 333. *Voir* Concordat. — Demande au séminaire de M.-E. d'envoyer un directeur plaider la cause des Vicaires apostoliques de l'Inde, 322. — Lettre à Godelle l'encourageant à propos du concordat, 347. — Juridiction sur le Maduré, II, 20. — Sentiments à l'égard des Jésuites, 22. — Rappelle Mehay et Mousset du Maduré, 233. — N'accepte dans son Vicariat que des prêtres de la Société des Missions-Etrangères, même pour une retraite, 233. — Refuse l'offre de Bertrand de lui donner des Jésuites pour la mission de Pondichéry, 233. — A Trichinopoly, II, 319. — Reconnaissance des Jésuites pour ses bons offices, 317. — Demande à Bertrand d'envoyer des missionnaires au Coïmbatour, refus de ce dernier, 330. — Son action pour la délimitation du Maduré, 312, 313, 314, 318, 323, 328, 329, 344, 345. — La Propagande accédant à ses désirs, désigne le Vettar comme limite, 351. — Le Maduré reste sous son autorité supérieure, 341. — N'est pas choisi par Canoz comme consécrateur, 346. — Lettre que lui écrit Roothan après la séparation du Maduré, 347. — Obligeance à l'égard des missionnaires de Saint-François-de-Sales d'Annecy, II, 341, 361. — Difficultés avec O'Connor au sujet des registres de baptêmes et de mariages, III, 602. — Visites pastorales immédiatement après son sacre, I, 405-418, II, 97-105. — De 1816 à 1853, III, 6, 53-61. — Honneurs qui lui sont rendus sur le territoire français, 61. — Visiteur apostolique à Ceylan, III, 62. — S'occupe des divisions religieuses dans l'île de Ceylan, 29. — Au sujet du sacre de Cajetano, 32. — Sacre Bettachini. —

Visite apostolique, 351-408. — Nomination de visiteur, 52-360; — Lettre aux Vicaires apostoliques annonçant sa visite, 363. — Choisit Laouënan et Dépommier comme assesseurs, 367. — Au Coïmbatour, 369. — Au Maduré, à Jaffna, 375. — A Negombo, Colombo, Kandy, 377. — Efforts inutiles pour obtenir la soumission du vicaire général de Cochin, 378. — A Quilon et à Verapoly, 378. — A Mysore, 378. — A Bangalore, 379. — Premières atteintes de sa maladie, 386. — Utilité pour la France d'avoir un consul à Bombay, 387. — Différence entre les réceptions de la part des chrétiens du sud et du nord, 388. — Visite à Hyderabad, à Bombay, 387. — Refuse de se reposer à Agra, A Benarès, sa mort, épitaphe, 389. — Jugement de Zaleski sur son œuvre de visiteur apostolique, 391. — Transfert de ses restes à Pondichéry (1896), 463. — Services funèbres, éloges, 392-397, 445. — Portrait (grav.), V, VII. — Son action dans la colonie française (Moniteur officiel), III, 397. — Parallèle entre Retord et Bonnand par Maury, 398. — Déclaration laissée par lui au sujet des biens de la mission; réclamations de sa famille, 399-403. — Désir fréquent du martyre, I, 410. — Portrait physique, II, 335. — Son caractère, 395. — Humilité, 141. — Bonté, 395, 399, 405. — Activité 128, 234, 399, 416. — Rapports avec ses prêtres, 399. — Douceur, 402. — Fermeté, 406, 407. — Direction particulière à ses missionnaires, 408, 411. — Rapports avec les chrétiens, 412. — Sa manière de faire les visites pastorales, 414. — Son règlement dans ses voyages, 415. — Rapports avec le séminaire de Paris et les autres missions, 417. — Rapports avec les Européens et les autorités de Pondichéry, 417. — Lettre au Séminaire de Paris à l'occasion du martyre d'Imbert, 418. — Relations avec Retord, 417. — Sa valeur d'évêque, 5, 6. — Le dernier mot de son « Journal », III, 386. — Parallèle entre l'état des missions du Sud de l'Inde en 1836, au début de son épiscopat et en 1861, à sa mort, 426. — Voir le vol. II tout entier et le vol. III jusqu'à page 432.

Bonnétraine. Arrivée au Maïssour, III, 439. — Visite au camp de Mysore, IV, 43. — A Mysore aide Neveu à fonder un orphelinat, 132. — Fonde Silveipura, 135. — Construit l'hôpital de Sattihally, 532.

Bon-Pasteur. Charbonnaux appelle au Maïssour des Religieuses de cette Congrégation, leur arrivée, II, 448, 509, 510. — Récit du voyage, 511-515. — Débuts du pensionnat, 517. — Achat de l'ancienne résidence du gouverneur militaire de Bangalore, 517. — Mort de religieuses, 519. — Contrat entre la mission et les religieuses, 519. — Accepte la charge de l'Institut indigène de Sainte-Anne, 521. — Charbonnaux durant son voyage en France,

négocie l'extension de l'œuvre, III, 167. — La Sainte-Enfance établie, 162, 166. — Conversions, 477. — Achèvement de la chapelle, 498, 499. — A Vellore, 551. — A Bellary, 552. — Arrivée de la Mère Marie de la Visitation, 552. — Subventions obtenues du gouvernement anglais, 554. — Etat des écoles en 1872, 555. — Eloges que leur adresse Pie IX, 556. — Nouvelles constructions, 555. — Ecole industrielle, 556. — L'œuvre du Refuge en 1865. et en 1872, 569, 572, 575 ; en 1879, IV, 126. — Etablissement à Kenghéré, 577. — Démarches de Dépommier pour les faire venir à Coïmbatore, IV, 273. — Nouvelles démarches de Bardou, 274. — Coudou, aumônier du Bon-Pasteur, 305. — Les religieuses chargées des camps lors de la famine, 43. — L'orphelinat de Bangalore pendant et après la famine, 149. — L'hôpital Sainte-Marthe, 1884, 158. — Fondation du couvent de Mysore, 269. — Fondation d'un refuge à Mysore, 126. — Fondation des religieuses Madeleines, 127. — Obtiennent l'ancien muséum de Bangalore, 129. — Difficultés occasionnées par l'arrivée des sœurs de Saint-Joseph de Tarbes à Bangalore, 165. — Règlement de la situation par rapport à la Congrégation de Saint-Joseph de Tarbes, 272. — Statistique des couvents et œuvres au Maïssour en 1886, 483. — Etat de la Congrégation au Maïssour, en 1896, 457. — Etat de ses écoles en 1896, 538. — Ses hôpitaux en 1896, 532. — Pensionnat et chapelle à Bangalore, V, LVII. — Pensionnat et couvent à Mysore (grav.), V, LXI.

Bon-Secours. Voir : Notre-Dame de Bon-Secours.

Bontemps, gouverneur de Pondichéry. — Attachement à la mission, IV, 294. — Ses sentiments sur le rappel des missionnaires au collège de Karikal, IV, 519, 522. — Visite le collège de Karikal, 523. — Fonde l'école Sainte-Eugénie à Pondichéry et la confie aux religieuses du Saint et Immaculé Cœur de Marie, 540. — Accorde une subvention aux Religieuses pour leur faire enseigner le français, 542. — Projet d'hôpital, 588, 590. — Félicite Laouënan de sa nomination comme Vicaire apostolique, 573. — Correspondance au sujet de la publication des bulles de Laouënan, 574, 675, 678. — Demande au gouvernement de confier à la mission la préfecture apostolique, IV, 350. — Eloge, 294.

Bordereau. Dans l'Inde, II, 377. — A Canguvély, III, 84.

Boré. A Pondichéry, III, 438. — Sa mort, sa charité, IV, 422. — Dét. biogr., 591.

Borey. A Tindivanam, famine, IV, 31, 50, 62.

Borges. Prêtre goanais, nommé Vicaire apostolique au Maduré par le gubernador de Cochin, II, 209.

collation de la tonsure aux séminaristes, 451. — Plan pour créer des ressources dans les paroisses, 459. — Visite pastorale, III, 68. — Nomme provicaires Métral et de Gélis, et part pour l'Europe III, 94. — Motifs de son voyage. II, 725, III, 32, 33, 40. — La Propagande refuse d'entrer dans ses idées, 51. — Envoie en 1852, puis en 1855 sa démission de Vicaire apostolique du Coïmbatour, II, 727. — Présente un mémoire sur la réforme de la Société des Missions-Etrangères, 725. — Réfuté par Barran, désapprouvé par la Propagande, 726. — Fonde la Société des Missions Africaines, 727. — Jugement sur lui, 338, 362, 370, 421, 727. — Son portrait par Luquet, 420.

Breuille (de la), jésuite. Evangélise Caruvepundi, I, XXV. — Enseigne la philosophie à Pondichéry, XXXII.

Brigitte (sainte). Pouvoir d'appliquer les indulgences de, II, 16.

Brigot. Dét. biogr., I, 36, 47, IV, 589. — Proposé par Davoust et les directeurs du Séminaire des Missions-Etrangères comme supérieur de la mission malabare. — Sa nomination, ses pouvoirs, I, 35, 36, 38, 43, 79, 81, 89, 483, 485, III, 677. — Limites qu'il assigne à la mission malabare, I, 11. — Union avec les anciens jésuites, 49, 55, 59. — Obtient une pension sur une abbaye de Normandie, 66. — Ne reçoit pas de Bellecombe les honneurs accoutumés, 70. — Nomme Vernet procureur au Séminaire des Missions-Etrangères, 71. — Son coadjuteur, 73, 75. — Cession de Chandernagor aux Capucins, 75. — Empêché par le gouverneur de céder Karikal aux Capucins, 78. — Avait demandé le titre de Vicaire apostolique, 478. — Sacre évêque Louis de Jésus, 84. Consulte Rome au sujet de la séparation des castes dans les églises, 99, 100, 102, 103. — Affaiblissement de sa santé, 113. — Son journal, sa mort, appréciation sur son épiscopat, 149, 150, 228.

Brisard. Arrivée dans l'Inde, II, 377. — Sur le Colimaley, III, 8', 83, 84. — Jugement par Bonnand, II, 401. — A Tombolopatty, III, 84. — Commence les églises de Kandamangalam et de Mikkelpatty, 112. — Succès contre le schisme, 292. — A Prattacudy, lutte contre les goanais, 641. — A Salem la famine, IV, 31, 423. — Sa mort, 424. — Livres publiés par lui, 583. — Dét. biogr., 591.

Britto (Emmanuel de). Administre Cangupatty et y meurt, I, X.

Britto (Bienheureux Jean de). Travaux, I, V, VI VII VIII, X, XVII, XIX, XXI, XXII, LXXXV, LXXXVII. — Sa Béatification renouvelle la discussion sur les rites, III, 20, 21.

Brochenet. A Pondichéry, III, 438.

Brochery. A Pondichéry, II, 278.

Broquet, Frère coadjuteur jésuite. Enseigne le pilotage à Chandernagor, I, 61.

Brunel. Un des premiers prêtres des Missions-Etrangères, meurt en traversant l'Inde, I, 5.

Brunie, préfet apostolique de Pondichéry. Propose de transférer à la Congrégation du Saint-Esprit la préfecture et tout le territoire de la colonie, IV, 348, 350. — Quitte Pondichéry, 355.

Bruyère. Au Coïmbatour, II, 383. — Construit des églises. III, 119, 120, 424. — Tâche d'apaiser une discussion entre les chrétiens d'Erichambady, 130. — Difficultés avec les schismatiques goanais, 294. — Sa mort, 428. — Dét. biogr., IV, 593.

Burdiat. Arrivée dans l'Inde, II, 378. — III, 409. — Dét. biogr., IV, 591.

Burguerieu, directeur au Séminaire des Missions-Etrangères. Prend part aux négociations pour la cession de la mission malabare, I, 20, 35, 44, 59. — Conseils pour l'union avec les anciens jésuites, 67.

Burudakuntha. Ancienne chrétienté du district de Chikballapur, I, 62.

Busson, jésuite. A Pondichéry, I, 61. — Supérieur du séminaire de Pondichéry, 118. — Mort, 148.

Bussy. Combat les Anglais, I, 133. — Sa tombe, I, 327.

C

Cadagatur. Chapelle et presbytère, III, 708.

Cadakankunam. Habité par les vanniers, I, 97.

Cadeshimapallé. Eglise, III, 710.

Cadic. Mort, IV, 444. — Dét. biogr., 594.

Caguti. Ancien village chrétien, I, 61.

Cajetan Viegas, prêtre de Goa. Administre Akipattam et Conancupam, I, 179.

Cajetano (Mathieu), missionnaire à Negombo, attitude vis-à-vis de Bonnand lors de la visite apostolique, III, 377.

Cajunangalam. Station chrétienne, I, VII.

Calacravady. Conversion, IV, 36.

Calamangalam. Inondation, III, 107.

Galastri. Visite du poste par Bonnand, I, 339.

Calatampattu. Conversion, IV, 18.

Calcavery. Origine de la chrétienté, I, XV. — Cas de possession, II, 69. — Visite pastorale de Champenois en 1794, II en charge Dubois, 168. — Dubois obtient des Anglais une allocation, 191. — Chapelle et presbytère, III, 708. — Dons pour le dernier de saint Pierre en 542. — Motifs donnés par Laouënan aux apostasies 685. — Visite pastorale de Laouënan 685. — Vanhée est chargé du district — la famine, IV, 31.

Calcutta. Erection, en Vicariat aposto-lique I, 428. — Indiqué par Luquet comme Vicariat apostolique, II, 339, IV, 379. — Carew voudrait le faire ériger en siège métropolitain de toute l'Inde, II, 309. — Libertinage des prêtres goanais, 158. — Pétition des catholiques au gouvernement anglais à propos de la bulle *Multa præclare*, 202. — Le Vicaire apostolique de Cal-cutta a administré 10 ans, Chander-nagor, 712. — Traitement de l'évêque protestant, III, 271. — Fondation d'une école par La Martinière, 274. — Soumis au patronat par le Con-cordat de 1857, 317. — Visite aposto-lique par Charbonnaux 390. — Aucun prêtre indigène en 1875, IV, 102. — Erigé en archevêché, 375. — Les goa-nais y gardent certains postes d'après le concordat de 1886, 375. — Léon XIII confirme l'établissement de cette pro-vince ecclésiastique, 392. — Nouvelle délimitation de l'archidiocèse par les Lettres aposliques du 7 juin 1887, 392.

Caliâpen. Vœu à Notre-Dame du Scapu-laire ; conversion I, 115, 116.

Calicut. Histoire, I, 61, 112. — Bonnand s'y arrête, III, 378.

Calixte III. Constitution relative au pa-tronat I, 23.

Callacudhy. Laouënan offre de laisser cette station aux goanais, IV, 328.

Calladitidel Mort de Jame, I, 446. — Sta-tistique en 1842, II, 346. — Difficultés suscitées par les goanais, IV, 333.

Callers. Apostasie des callers du district de Kandamangalam, I, VII.

Calipetty. Chapelle et presbytère, III, 711.

Callacudhy. Se révolte, IV, 328.

Calmels. Dét. biogr., I, 345. — Mis en possession de la paroisse blanche, 347. Traitement, 344. — Préfet apostolique de Pondichéry, 343, 491. — Conduite pour le sacre de Bonnand, 404. — Veut la juridiction sur les indigènes II, 17. — Veut donner la juridiction à chaque missionnaire employé au collège. I, 572. — Refuse à Hébert le titre de supérieur des missions fran-çaises de la côte de Coromandel I, 404. — Prétend avoir juridiction sur toute la colonie. Déclaration du gouverne-ment qui remet les choses au point, 348. — Réclame une cloche d'une ancienne église 368. — Démarches pour faire attribuer à son église le legs du Père Félix, 452. — Assiste au sacre de Laouënan, III, 681. — Pro-jets d'écoles et de fondations, II, 141, 143.

Calmette, jésuite. A Chikballapur. Ob-tient de deux brahmes convertis une copie exacte des quatre védas ; mort, I, LXII.

Calpaleam. Chapelle et presbytère, III, 112, 114. 707 ; IV, 83.

Calpundy. Conversions, IV, 17.

Galvé (Ecole) : historique, IV, 174-179.

Camajore, capucin. Supérieur de la mis-sion de Patna, I, 181.

Camballadinné. Eglise pillée par les Mahrattes, I, CXVIII.

Cambuliputtur. Conversions, IV, 18.

Cameleputtur. Conversions, IV, 18.

Camman. Mort de Daniel, prêtre indien, I, 219.

Campbell, gouverneur de Madras. Accuse les missionnaires d'être des espions du Tippu Sahib. I, 87.

Campbell, missionnaire protestant. Ad-versaire résolu de l'observation de la caste, IV, 513.

Camper. *Voir :* Du Camper.

Canaka-Raya. Donne aux Jésuites un terrain à Ulgaret, I, XLVII.

Canara. Les missionnaires de ce pays sont pensionnés par le roi de Portu-gal, I, 117.

Canarins, I, 169.

Candapenvalassu. Chapelle, III, 711.

Candicuru. Conversions, I, 261.

Cangareypettey. Construction de la cha-pelle, III, 406.

Cangsiburam. Evangélisé par Mauduit. Persécution, I, XXV.

Cangupatty. Administré par Emmanuel de Britto, I, X.

Canguvely. Construction de l'église, III, 114, 122, 123, 708. — Bordereau en est chargé, 84. — Visite pastorale de Laouënan, III, 685.

Canicundamal. Etat de l'église, III, 99.

Cannampaleam. Chapelle, III, 711.

Canapandel. Conversions, IV, 13.

Canoz. Vic. apost. du Maduré, II, 346. — Consécration épiscopale, 347. — Négo-ciations pour la délimitation du Ma-duré, 344, 346. — Au sacre de plusieurs évêques, 360, 733 ; III, 679, 703 ; IV, 306. — Proteste contre le bill de 1866 re-latif au privilège Paulin, III, 618. — Etablit l'apostolat de la prière, 563. — Affaire du patronage et de la double juridiction, III, 248, 646, 651 ; IV, 3 6, 328. — Au concile de Bangalore pour la proclamation de la hiérarchie, 383.

Cao. Vicaire apostolique d'Ava et Pégu, II, 184.

Capaccini, nonce en Portugal. Jugement sur de Torrès, II, 239, 248.

Cannanore. Les Hollandais s'en emparent et y interdisent le catholicisme, I, 112. — Exploitation agricole des pro-testants, 614.

Capellani cardinal, Préfet de la Propa-gande. Lettre à Langlois sur la no-mination d'un préfet apostolique, I, 344.

Capinagatti. Village chrétien au XVIII· siècle, I, 64.

Caprotti. Au concile de Bangalore, IV, 385.

Capucins. A Pondichéry, I, XXX. — Dif-ficultés et accord avec les jésuites,

2

XXX, XXXI, XLI, 100, 460. — Font venir les Ursulines. XXXVII. — A Kadakapam, XXV, XXXIX, II, 147. — Opinion sur l'interdiction de célébrer les fêtes païennes le dimanche, I, XXXIII. — Allocation qu'ils reçoivent de la Compagnie à Pondichéry, XXXVI. — Désirent la mission Malabare, I, 12, 13, 15, 39. — Répugnance des Jésuites de Pondichéry à se soumettre à un préfet apostolique capucin, 41. — Demandent la paroisse de Karikal qui leur est refusée, 78. — Le gouvernement français demande que le supérieur à Pondichéry soit nommé préfet apostolique 31. — Juridiction sur les seuls européens et créoles, 80, 341. — Bonne entente avec les missionnaires à Pondichéry, 81. — A Madras, reçoivent chez eux Champenois fugitif, 163. — A Chandernagor, 75, 249.

Carapallé. Etat de la chrétienté, 1, 415.

Caravatti. Chrétienté abandonnée par les prêtres goanais, III, 652.

Carew, vic. apost. du Bengale. Voudrait faire de Calcutta la métropole de l'Inde, II, 309. — Favorable au transfert du Tanjore à Pondichéry. 313. — Favorable à l'érection en Vicariat apostolique du Maïssour réuni au Coïmbatour, 334. — Question des chapelains militaires, III, 92.

Carey. Eglise et presbytère, III, 496, 708.

Carli, vic. apost. d'Agra. Cherche à convertir un prêtre goanais, II, 158. — Sur la nomination des chapelains par la Compagnie des Indes, III, 280. — Sur les titres des Vicaires apostoliques, 281.

Carmel. Celui de Pondichéry et Cœur doux son fondateur, I, XXXIX, XL, 214. — Etat matériel et spirituel en 1777, 51. — Ansaldo, 124, 125, 221. — Pénurie de religieuses et d'argent, 215, 230, 233. — Construction de la chapelle, 126. — Supplique à Letondal pour lui exposer sa misère, 214. Ecole à Pondichéry, II, 467. — Dupuis, 468. — Inventaire des biens en 1853, III, 135. — Poupelin le soutient, 133, 134. — Erection canonique du monastère, 136. — Richon, Gouyon, IV, 108, 413. — Renevier rebâtit le couvent, 110. — Faits extraordinaires qui accompagnent la mort de quelques religieuses, 1, 221. — Statistiques à différentes époques, I, 215 ; II, 9, 346, 379 ; IV, 447, 457. — Le Carmel de 1846 à 1861, III, 133, 136. Carmel de Karikal, fondation, IV, 111, Carmel de Pondichéry et de Karikal (grav.), V, XI, XXI.

Carmen, chef de Valoppur. Cabale contre les missionnaires, III, 82.

Carmes. Dirigent la mission de Verapoly, I, II.

Carnate. Limites de cette mission, I, 11, 12. — Nom donné jusqu'en 1836 à la mission de Pondichéry, 31. — Premiers apôtres, IV. — Les chrétientés relevaient de l'évêché de Maïlapur,

I, IV, 21. — Famine de 1734, 117. — Population catholique en 1748, 113. — Conséquences de l'abandon de la mission par les Jésuites, 123. — Situation politique au XVIIIᵉ siècle et au commencement du XIXᵉ, 120, 121, 179.

Carpudy. Rattaché au district de Polur, IV, 41.

Carpur. Station chrétienne, I, VII.

Carrazé. A Pondichéry, III, 438.

Caruvapundi. Notes sur les chrétienté I, XXV, 11, 64, 101, 146, 204. — Visite de Bonnand, 405. — Etat du district en 1848, II, 381. — Incident durant une visite pastorale, 427. — Chef-lieu de district, 741. — Etat des églises et presbytères en 1857, III, 709. — Construction de l'église, 112. — Dons pour le denier de Saint-Pierre, 562. — Visite pastorale de Laouënan, 683.

Carvalho, (Antonio). Doit être regardé comme interdit, II, 170, 188, 189.

Casamayor, résident anglais au Maïssour. Affabilité pour Jarrige, I, 277.

Cas réservés. Opinion exprimée dans le plan général d'administration, II, 668.

Cassacudy. Eglise, III, 110, 706.

Castanier, jésuite. Difficultés avec les goanais, IV, 331.

Castes. Origine de cette institution, classes principales, I, 99, 103. — Questions relatives aux castes, III, 1-52; 366. — Les Indiens ne peuvent comprendre une société sans caste, 49, 50, 225. — Conduite de Nobili et des Jésuites, I, 105, 126. — Les chrétiens de basse caste exclus de la confrérie de Sainte-Anne au Coorg, 70. — Difficultés soulevées par les chrétiens à cause des castes. I, 114, 313; 374, 381, 386 ; II, 102, 161, 410, 411, 428, 438 ; III, 34, 421, 245, 374, 69 ; — Les castes et le synode de 1844, II, 282, 289, 290; 295. — Les castes et les séminaires, I, 117 ; II, 425, 427, 435, 454, 465 ; IV, 92. — Les castes dans les écoles, II, 292, 516 ; III, 580 ; IV, 177, 263. — Opinion et circulaire de Bonnand, III, 18, 27, 28, 29, 33, 36, 41, 44, 48. — Conclusion de l'exposé de Bonnand. Utilité qu'il voit à l'observance des castes et inconvénients qu'il y aurait à les abolir, III, 51, 52. — Opinion de Charbonnaux, 52, 224. — Opinion de Charbonnaux, 66. — Affaire Hurtrel, 245. — Règles observées au Maïssour pour les usages de caste, 383. — Opinions de Brésillac et des missionnaires du Coïmbatour, II, 636, 637, 725, 730 ; III, 68, 438. — Les protestants et les castes, 222, 223, 229. — Mandement de Laouënan sur la fusion des castes dans les écoles publiques, IV, 263. — Influence de la caste sur les conversions, 62, 468, 485, 512. — Séparation des castes dans les églises, 483. — Femme et fille de haute caste, Indien de caste inférieure, (grav.), V, XXV.

Castelli, cardinal, Préfet de la Propagande. Décret attribuant aux Capucins les Européens et créoles, à Brigot les Indiens et les métis, I. 80.

Casuel. De la paroisse de Virarajendra-pett, I, LXXVII. — Règlement fait au Coorg par le P. Nunès lors de célébration de certaines fêtes, 82. — Coutumier du Maïssour, II, 693. — Instruction de la Propagande, IV, 3.

Catan. Sa conversion, IV, 11.

Catanars, I, 169.

Catéchisme. Nécessité d'en publier un, II, 129. — Préparation d'un nouveau, 130. — Rédaction définitive, 131. — Nouveau catéchisme rendu obligatoire dans tout le Vicariat de Pondichéry, 132. — Utilité d'en composer un uniforme, II, 10, 129, 131 ; IV, 3. — Manière de le réciter dans le pays télugu, II, 132. — Soin spécial à l'enseigner, III, 452. — Œuvre des catéchismes établie à Pondichéry en 1859, 162. Voir : Catéchistes.

Catéchistes. Fondation faite par Mme Dupleix pour l'entretien de 24 catéchistes. I, XXXIX ; II, 145. — Règlement pour eux au Coorg, I, 75. — Utiles pour la conversion des païens, III, 73, 151 ; IV, 479, 521. — Nécessité d'en former, II, 144. — Règles de la procure, 694. — Projet d'une maison pour former des catéchistes, II, 278, 288, 295 ; III, 151. — Projet d'une Congrégation de Frères catéchistes, 169. — Projet d'un catéchistat, II, 145, 147, 254, 256, 283, 380 ; III, 151, 152, 156, 158. — Zèle de quelques catéchistes, 80. — Qualités qu'ils doivent avoir, I, LXXV. — On demande pour eux une retraite annuelle, II, 283, 645. — Difficulté d'en trouver et d'en former, 618, 681, 694, 739. — Nécessité de fonder des revenus dans les églises pour l'entretien des catéchistes, 681. — Manuel pour eux, par Charbonnaux, 435. — Statistique à différentes époques, II, 9, 378; III, 152 ; IV, 446, 448, 449, 457, 579. — Détails sur quelques catéchistes, I, LIII, 264, 266, 267, 410, 412 ; III, 300, 683. — Notice sur deux catéchistes de la mission du Coïmbatour, IV, 121.

Catéchuménats. Instructions de la Propagande, IV, 4. — Traits édifiants à Settihally, 124. — Exercices de piété, 16. — Les Franciscaines en établissent, 126. — Divers catéchuménats, 15, 23, 32, 572.

Catéchumènes. Connaissance de la religion qu'il faut exiger d'eux, II, 691 ; III, 452; IV, 522. — Faut-il leur proposer tous les articles de la bulle ? II, 278, 295. — De la manière de les instruire, IV, 522. — De la conduite à tenir avec eux, 523. — Secours donnés par la procure, recommandations de Laouënan sur l'emploi de ces secours, 6. Voir : Conversions.

Cathéry. Chapelle et presbytère, III, 708.

Catholicisme. La domination des Portugais a été plus favorable à sa diffusion dans l'Inde que celle des Anglais, I, 320. — Influence des Français, 321. — Edit de tolérance en faveur des non-catholiques, 95. — Etat comparé du catholicisme et du protestantisme dans le sud de l'Inde en 1858 ; III, 203. — Comparaison entre ses ressources et celles du protestantisme, 216. — Attaques des protestants contre l'Eglise catholique dans l'Inde anglaise, 266, 267, 280. — Mémoire de Strickland et de Persico, 267-275. — Proclamation du 1er novembre 1858 affirmant le principe de liberté religieuse dans l'Inde, 287. — Son triste état dans certains Vicariats de l'Inde motive la visite apostolique, 351. — Maux qui entravent sa marche dans l'Inde. (Lettre de la Propagande) 353. — Ses progrès dans les trois missions de l'Inde, de 1846 à 1861, 426. Voir : Chrétiens, Chrétientés, Conversions.

Cauna (de). Procureur par intérim de la Société des Missions-Etrangères, à Pondichéry, I, 9.

Cavanur. Se révolte, IV, 327.

Cavarei (caste des). Le premier converti de cette caste, I, 283.

Cavilpettu, église, III 497.

Cercle catholique. A Pondichéry, IV, 126.

Ceylan. Population catholique en 1658, mal que lui font les Hollandais, I, CXII. — Introduction du protestantisme, 308 ; IV, 106. — Participation des Anglais aux superstitions païennes, I, 321. — Difficultés dans cette île, II, 29. — Le catholicisme gardé par les prêtres goanais, 156. — Les goanais, III, 290, 304, 306, 652. — La foi y est conservée par un prêtre indigène, IV, 106. — Erection du Vicariat apostolique, I, 428 ; II, 183, 224 ; IV, 380. — Visites apostoliques, II, 29, 223 ; III, 62, 375. — Le protestantisme, III, 204, 218. — Fondation par Léon XIII d'un séminaire général indigène, 189. — Etablissement de la hiérarchie, IV, 382.

Champenois. A Pondichéry, I, 48. — Procureur de la mission, 71, 115. — Appréciation sur lui, 74, 75, 113. — Son sacre, I, 75 ; III, 677. — Demande le titre de Vicaire apostolique, I, 175, 428. — Visites pastorales, 86; 145, 168. — Opposé à la cession de Karikal aux Capucins, 78. — Juridiction, 80, 81, 167, 485. — Envoie au gubernador de San-Thomé un traité sur les pouvoirs des Vicaires apostoliques in genere, 85. — Consulte Rome sur les difficultés opposées à son administration par l'évêque de Maïlapur, 88. — Demande l'appui de Cossigny pour l'évangélisation du Maïssour, 144. — Fonde un petit collège à Pondichéry, 121. — La politique révolutionnaire, I, 153, 154, 159, 160, 162. — Se retire à Porto-Novo, à Tranquebar, 103. — Rentre à Pondichéry, 164. — Difficultés avec les Goanais et les Anglais, I, 170, 172, 173, 175, 177, 448. — Conseille

à Dubois d'user d'indulgence avec les apostats, 194, 196. — Pour la conservation des séparations entre castes dans les églises, 100, 108. — Visiteur apostolique, I, 179, 182. — Son coadjuteur, 216, 217, 218. — Sage administration, 215. — Règlement de vie, 223. — Caractère de son épiscopat, 228. — Déc. biogr., IV, 589.

Chanchapallé. Eglise, III, 710.

Chandernagor. Etymologie de ce nom, I, XLIII. — Histoire politique, XLIII, 128, 133, 156, 234. — Les Jésuites, 14, 45, 61, 77 46, 468. — Hôpital, population de la ville, travaux des missionnaires, XLIV. — Cession aux Capucins, 5. — Relève du préfet apostolique, II, 12. — Les Capucins, I, 76, 77, 81, 249. — Administré par le Vicaire apostolique de Calcuta, II, 712. — La Congrégation du Saint-Esprit, I, 348 ; II, 713 ; IV, 399, 400, 402. — Serait-il utile à la mission du Thibet ? II, 714, 719. — Fait partie du territoire actuel de Pondichéry, I, I. — Suppression de la préfecture, IV, 397. Laouënan veut conserver le traitement du curé, 373. — Population totale, I, XLIII ; IV, 446. — L'école des filles en 1887, IV, 249.

Chanemougam. Rapports de Laouënan avec lui, IV, 355.

Chant liturgique. Instruction de la Propagande, IV, 4.

Chapelains militaires. Chapelains français, I, XXXVI. — A Karikal, XLVI. A Bangalore, II, 86, III, 92. — Nombre et traitement des chapelains militaires anglais, III, 92, 167, 270, 271, 278, 280 ; IV, 76. — Gaillot à Bangalore, II, 119. — Opinion de Carew, d'O'connor, III, 91, 94. — Sur la publication officielle de leur nomination, III, 280. — Règle de conduite par le coutumier de Maïssour, II, 688, 695. — Bigot, I, 278. — Le gouvernement n'obtient qu'avec difficulté qu'on lui communique le relevé des mariages de catholiques anglais, III, 621. — Chevalier, 94, 703. — Difficulté de leur ministère, IV, 76. — Droits, 77.

Charbonnaux. Dét., biog., I, 238, 250, 251 ; II, 349. — Ses travaux et ses divers postes, 290, 292, 297, 304, 399 ; II, 91, 92, 113, 127, 349 ; III, 216. — Comment il procède dans l'administration des chrétientés, II, 93, 94. — Tenté de découragement, I, LXXX, 408, II ; 91, 93 ; 349. — Angoisses sur l'inobservance de la bulle *Omnium sollicitudinum*, I, 303, 304. — Ses réclamations au sujet de la participation des cipayes chrétiens à la fête des outils, 374. — Ses sentiments à l'égard des Indiens et du clergé indigène, II, 355, 356, 466. — Nomination de coadjuteur et consécration, II, 268, 334, 336, 339, 348, 351, 352, 355, 357, 359, 360, 362, 381, 707, 725 ; III, 63, 677. — Consulté sur l'opportunité d'une réunion générale II, 252. — Approuve que les Vicaires apostoliques s'adressent collectivement à Rome pour dénoncer les actes de Matta, III, 305. — Prêche à chacune des sessions du synode de 1849, II, 643. — Part prise aux synodes, 260, 268, 286, 294. — Mémoire sur les obstacles causés par la double juridiction, III, 646, 651. — En Europe en 1853, 65-67. — Visites pastorales, 63. — Voyages à Rome 656, 663, 689, 690, 691. — Audience par le rajah de Mysore, II, 113 ; III, 468, 470 ; IV, 293. — Contribue à faire nommer Bowring résident anglais du Maïssour, III, 468. — Rédige le coutumier du Maïssour, II, 648, 649, 686 ; III, 368. — Demande une rectification de limites ; II, 381. — Demande des comptes rendus à ses missionnaires, 738, 744. — Obtient une réduction du nombres des jeûnes, III, 1, 14. — Visites pastorales, 63, 64, 65, 68, 695. — Visite apostolique, 370, 390, 391. — Essaie de fonder un catéchisat, 157. — S'occupe de fonder un séminaire, II. 447. — Le rebâtit IV, 97. — Appelle des Religieuses. (*Voir* : **Bon-Pasteur**) II, 507, 518, 618. — Jugement sur les écoles protestantes, 617. — Quête pour la Sainte-Enfance, III, 165, 576. — Dons pour le denier de Saint-Pierre 592. — Etablit l'apostolat de la prière, 563. — La loi anglaise sur le mariage, le privilège Paulin, 30, 31, 59, 598, 599, 601, 607-609, 612, 618. — Signe la lettre adressée à la Propagation de la Foi par les évêques de la Société, 569. — Ouvrages publiés par lui. II, 135, 635 ; IV, 585, 587, 588. — S'occupe de l'évangélisation du Nagar et du Wynaad, III, 72, 73. — Actes divers, II, 349, 361, 363, 645, 732 ; III, 393, 413, 490, 679. — Qualités que doit avoir, d'après lui, un Vicaire apostolique dans l'Inde, II, 363. — Ses qualités, III, 435, 696-699 ; IV, 592. — Jugement sur lui, II, 351, 419, 420, 633, 716. — Portrait (grav.), V, XLVII.

Chaumont. Démarches à Londres en faveur de Champenois, I, 176. — Dissipe les doutes d'Hébert sur la validité de son sacre, 229. — Désapprouve l'opinion de Dubois sur l'impossibilité de convertir les Indiens, 316. — Mort, 431.

Chellambaram (ou Chidambaram). Projet d'une église, III, 112. — Achat d'un terrain, 497.

Chemin de la Croix. Pouvoir d'ériger, II, 16.

Cherreau, un des premiers prêtres des Missions-Etrangères. Mort, I, 5.

Cherry, collecteur à Salem. Bons procédés pour les missionnaires, II, 732.

Chetpett. Fondation de la chrétienté, IV, 8, 32, 34, 35, 36, 39, 40. — Erigée en district séparé, 38. — Retour des apostats, 62. — Conversions après la famine, 73. — Population catholique, 78. — Construction de la chapelle de Notre-Dame de Lourdes, 78, 83, 84. — Population catholique, 446. — Première église, église actuelle (grav.) V, XXXIII. *Voir* : **Darras**.

Chettur ou **Chittur**. Visite de Bonnand, I, 412.

Chevalier. Arrivée dans l'Inde, II, 6. — A Mysore, 127. — A Kadasinhally, III, 91. — Parle d'une réunion générale des missionnaires, II, 251. — Au synode de 1844; II, 260. — Construit plusieurs églises, II, 120 ; III, 116, 117. — Chapelain militaire, cordialité et libéralité, 94, 703. — Accompagne les sœurs du Bon-Pasteur de Pondichéry à Bangalore, II, 513. — Fonde une congrégation de Frères enseignants, II, 6 6 ; III, 533. — Envoie des Frères au collège de Cuddalore, IV, 232. — Au sacre de Godelle, II, 733. — Essai de séminaire, 447. — Vicaire apostolique, sacre, III, 703. — Sa dernière visite pastorale au Wynaad, 302. — Suspend les secours aux missionnaires pour l'œuvre des conversions, IV, 51. — Communique la circulaire de Laouënan, 55. — Consacre le Maïssour au Sacré-Cœur, 118. — Propose un texte de catéchisme, II, 170. — Ouvrages publiées sous sa direction, IV, 584, 585, 587. — Sa mort, 303. — Jugement sur lui, III, 367, 694. 703, 704 ; IV, 304. — Dét. biogr., IV, 592. — Portrait V, XLVII.

Chevreau, ordonnateur des établissements français dans l'Inde. Signe l'acte de réunion des Jésuites aux prêtres des M.-E., I, 55.

Cheyur. Historique de cette station, I, XXV, XXXIX, XLI, 131, 188 ; II, 108, 145, 147 ; III, 709.

Chicca-Arsinkeré. Persécution de Tippu, I, 137.

Chidambaram. *Voir* : **Chellambaram.**

Chikballapur. Historique de cette chrétienté, statistique, I, ! IV, LVIII, LXII, 63, 142. 287, 415 ; II, 112, 741; III, 117, 118, 710 ; IV, 447. — Ferme de Suseipaleam, 112. — Église (grav.), V, LXV.

Chikmagalur. Chapelle, III, 500. — Presbytère, IV, 88.

Chinapattam. Église, III, 710.

Chincharrapallé. Église, III, 710.

Chingleput. Fait partie du territoire de Pondichéry, I, I. — Notes sur les anciennes chrétientés du district, XXIV.

Chinnapa. Un de ceux qui bâtissent la chapelle de Kamanhally; I, LIV.

Chinnapatna. Église, I, 203.

Chisholm, colonel anglais. Lettre III, 92.

Chitaldroog. Notes sur la chrétienté, I, LXIII ; III, 500, 696 ; IV, 43.

Chittagong. Luquet l'indique comme Vicariat apostolique, II, 339.

Chittur (taluk). Appartient à la mission actuelle du Coïmbatour, I, II.

Chittur. Population catholique en 1884, IV, 448.

Choiselle (J.-B.), frère jésuite. Tient une pharmacie à Pondichéry, I, 61.

Choiseul. Obtient de Louis XV l'abolition de la Cⁱᵉ de Jésus, I, 12.

Choléra. Dans les missions de l'Inde, I, 289 ; III, 103 ; IV, 435.

Chomilier. Arrivée dans l'Inde, II, 378. — Mort, IV, 411. — Dét. biogr., 591.

Chrétiens. Valeur des chrétiens, défauts, qualités, quelques faits de révolte, I, XXI, LX, LXVIII, LXIX, LXXXV, XCVIII, 116, 195, 206, 211, 279, 410, 411, 417, 432, 433 ; II, 10, 65 ; III, 34, 55, 58, 70, 73, 91. 97, 98, 99, 242, 384, 384 ; IV, 485. — Mesures prises par le conseil supérieur de Pondichéry pour favoriser les chrétiens, I, XXXIII. — Livres nécessaires pour eux (synode de 1844), II, 275. — Règles pour leur administration (synode de 1844), 276. — Sanctification du dimanche, 281. — Leurs rapports avec les protestants, 281, 243, 617; III, 210, 487. — Conserver pour eux l'obligation de l'abstinence du samedi (synode de 1844), II, 282. — Utilité de les associer à l'administration des biens des églises, 662. — Amendes imposées par les chefs de caste (coutumier du Maïssour), 694. — Construction des églises, 693, 696, 792; III, 124, 292. — Motifs du succès qu'ont auprès d'eux les prêtres goanais, I, 171. — Belle réponse d'un chrétien d'Atticodu aux goanais, III, 294. — Leur croyance à l'Immaculée Conception, 16. — Penchant aux rites superstitieux, 27. — Relations avec les païens, I, 261. — Différence entre les télugus et les tamuls, 400. — Excommunication des chrétiens scandaleux, IV, 465. — Comment il faut les instruire, III, 447, 449, 450, 453, 454. — Font trop de dépenses pour les mariages, II, 687. — Nature et niveau de leur piété, IV, 485. — Relations avec le prêtre, I, CXXVI, 301 ; II, 414 672, 673, 727 ; III, 100, 292 ; IV, 464, 493. — Qualités nécessaires aux missionnaires pour traiter avec eux, I, 208. — Coutumes pour les enterrements, IV, 493. — Situation sociale, 493. — Vie moyenne, comparaison avec les païens et les musulmans, 494. — Faut-il délaisser un peu les anciens chrétiens pour s'occuper davantage des païens? 577. — Le catholicisme en fait naturellement des alliés de la France (mémoire Lefaucheux), III, 765. — Statistique à différentes époques, I, CXII, 204 ; II, 346, 378, 381, 383 ; III, 426 ; IV, 577-579.

Chrétientés. Historique des chrétientés avant 1776, I, III, XCVIII. — Mission de Pondichéry, III, XLVIII. — Mission du Maïssour, XLVIII, LXXXII. — Mission du Coïmbatour, LXXXIII, XCVIII. — Chrétientés syriaques, CXIII. — Avantage du système paroissial institué par les anciens missionnaires portugais, CXXV. — Organisation des chrétientés en 1777, 62. État des chrétientés du nord de la mission malabare en 1777, 63. — Différence entre les chrétientés chutres

et pariates, 411. — Mode d'administration des chrétientés, I, 205, 274 ; II, 93. — Nécessité de registres pour tenir compte des églises, biens, etc., II, 660, 743. — Avantages de la division des districts, II, 673, 738, 741 ; III, 453. — Règles lorsque deux missionnaires sont chargés de l'administration d'une même chrétienté (coutumier du Maïssour), II, 680. — Règles pour les visites (coutumier du Maïssour), 690. — Bonnand songe à établir des conseils de fabrique, 695. — Fondation de nouvelles chrétientés de 1810 à 1836, I, 283. — De 1836 à 1846, Fondations de nouvelles chrétientés à Pondichéry, II, 121. — Au Maïssour, 122. — Au Coïmbatour, 122. — Nouvelles chrétientés de 1846 à 1861, III, 75-97 ; de 1861 à 1872, 458-489 ; de 1873 à 1886, IV, 6-76. — Utilité de missions dans les chrétientés, 256, 277. — Différence entre les chrétientés du sud et du nord, III, 389. — De l'instruction à donner par les missionnaires lors de l'administration annuelle, III, 449, 452. — Vie chrétienne, IV, 485.

Chrisnapuram. Bonnand visite les ruines de cette chrétienté, I, 414. — Chapelle, III, 708.

Chrisnarapally, presbytère, III, 117.

Chutres ou Sudras, caste répandue dans le sud de l'Inde, I, CIII. — Peuvent seuls être pris comme domestiques par les missionnaires (synode de 1844), II, 282. — Différence entre les chrétiens chutres et parias, I, 411. — Conversions, XXXII. — Plus faciles à convertir que les parias dans le Gondavir et le Palnar, 263. — Difficultés de les convertir, III, 452, 466. — Révolte de ceux de Pondichéry, 692. — Difficultés de caste avec les parias à Viriur, II, 102.

Chyrra (de), vic. apost., de Verapoly. Sacre Canoz, II, 347. — Assistant au sacre de Brésillac, III.

Cicé, juge de paix à Karikal. — Raconte la révolte, I, 189.

Cimetières. La Propagande approuve, qu'on tolère dans les sépultures les distinctions de castes, I, 102. — Transféré hors de la ville de Pondichéry, 326. — Le gouvernement anglais ne s'occupe pas des cimetières catholiques, III, 271. — La Compagnie des Indes décide d'accorder, pour les catholiques, un terrain séparé dans les cimetières militaires, 279. — Difficultés par les chrétiens de caste au sujet de celui de Mudeliarpett, 504, 505. — Désaffectation de l'ancien cimetière de Kijevely, 507, 508. — Police des cimetières à Pondichéry, III, 503 ; IV, 296. — Cimetière des missionnaires à Bangalore (grav.), V, LIX.

Cinnani, jésuite. Au Maïssour, I, 49, 54.

Cirou. Sa carrière apostolique, mort, III, 439, 500 ; IV, 437. — Dét. biogr., 593.

Clarammal, prieure du Carmel de Pondichéry. Mort, III, 134.

Clément VIII. Lettre apostolique In supremo pour le patronat portugais, II, 182.

Clément IX. Constitution Speculatores domus Israel sur les pouvoirs des Vic. apost., I. 85.

Clément X. Brefs déclarant les Vic. apost. exempts de la juridiction des évêques portugais, I, 25. — Constitution Decet romanum Pontificem sur le pouvoir des Vic. apost., 85.

Clément XI. Brefs sur les Rites, I, CVII, CVIII, 25.

Clément XII. Constitutions sur les Rites, I, CVIII.

Clément XIV. Bref Dominus ac Redemptor supprimant la Compagnie de Jésus, I, 13.

Clément, prêtre de Pondichéry. Livres publiés par lui, IV, 581-583.

Clémot. Au Maïssour II, 388. — Supérieur du séminaire de Bangalore, III, 444. — Aide les sœurs de Saint-Joseph de Tarbes à ouvrir une école, IV, 271. — Organise les fêtes pour la proclamation de la hiérarchie, 383.

Clergé indigène. De la mission malabare, I, 18, 208. — N'était pas regardé comme possible par les anciens Jésuites du Carnate, 62. — Nécessité, but, II, 660, 661, 671, 679. — Difficultés de son recrutement, I, 280 256, 258 ; II, 422, 454. — On parle au synode de 1844 de faire des prêtres parias, II, 289. — Sa formation, I, 210 ; II, 270, 294, 295, 423 ; III, 43, 366, 369. — Circulaire de 1840 de la Propagande sur sa formation et les égards à lui rendre, II, 461. — Instruction de la Propagande, IV, 3. — Sa place hiérarchique, II, 463, 680, 736. — Rôle d'après le plan général d'administration, 679. — Ne doit pas être incorporé à la Société des Missions-Étrangères, 464. — A les mêmes facultés que les missionnaires à la tête d'un district, 465. — Nécessité de fonds dans chaque Vicariat pour son entretien, II, 458-466, 650, 653 ; III, 264. — Motif pour lequel il a un viatique inférieur à celui des missionnaires, II, 465. — L'Instruction Neminem, IV, 102. — Règles de la mission de Pondichéry pour les prières en faveur des prêtres défunts, 464. — Projet d'une maison sacerdotale pour eux à Pondichéry, 685. — Relations entre eux et les missionnaires français, II, 412, 434, 461, 463, 465, 466 ; IV, 3, 93, 97. — Titre de missionnaire apostolique, 95, 98, 107, 108. — Question de préséance, 101, 107. — Opinion de Luquet, II, 299. — L'ouvrage « Lettres à Mgr de Langres » modifie les sentiments de Charbonnaux, 356. — Moyen de le recruter, II, 257, 378, 422, 446, 454, 455, 546, 571, 577, 623 ; III, 46 ; IV, 476, 548. — Diverses ordinations, I, 256 ; II, 422, 446, 449, 452 ; III, 43, 426, 443. — Dét. biog. sur certains d'entre eux à Pondichéry,

II, 456; III, 87. — Valeur et services, I, 256. — Qualités, IV, 91; 478. Défauts, 479. — Retraites annuelles, 479. — Utilité de lui donner une éducation plus relevée, opinion de Laouënan, 71. — En 1874, on renouvelle à Pondichéry la règle de leur faire subir un examen; IV, 290. — Etudes, 90. — Réorganisation du grand séminaire de Pondichéry en 1877, 91. — Etat à Pondichéry en 1886, 92. — Au Maïssour, son développement de 1877 à 1886, 92. — Son développement au Coïmbatour de 1873 à 1886; incident provoqué par l'esprit de caste, 92. — Commencement d'un fonds pour le grand séminaire par les prêtres indigènes de Pondichéry, 92. — Statistique dans les trois missions en 1873, 90. — Statistique en 1875, 101. — De 1874 à 1886, 579. — Plan d'un séminaire général par Leroux, III, 188. — Fondation d'un séminaire général par Léon XIII, 189. — Un prêtre indigène (grav.), V, XV. *Voir* : Séminaire.

Clermont-Tonnerre(marquis de)ministre de la marine. Allocation de 5.000 fr. à la mission malabare, I, 324, 325.

Closepett. Construction d'une église, I, 203; II, 120; III, 710; IV, 88.

Coadou. Au Maïssour, travaux, II, 381, III, 73, 117. — Provicaire, 704. — Opinion sur la sincérité des conversions de la grande famine, IV, 63. — Propage la dévotion au Sacré-Cœur, 118. — Résumé de son apostolat, 304. — Aumônier du Bon-Pasteur, 305. — Directeur spirituel, 305. — Evêque, 305, 382. — Aux fêtes du transfert du gouvernement au rajah du Maïssour, 298. — Consacre l'église de Blackpally, 87. — Visites pastorales, 306. — Signe le mémoire au gouvernement de l'Inde sur les maux du patronat, 330. — Au concile de Bangalore, 383. — Opinion sur le recrutement du clergé indigène, 476. — Caractère de son épiscopat, 306. — Portrait (grav.) V, XLVII.

Cocampaleam. Révolte, IV, 327.

Cochin. Dét. hist., I, LXXXIII, CXXIV, 24, 25. — Un synode approuve de Nobili, CV. — Les Hollandais, y interdisent le culte catholique, CXII. — Créé évêché, II, 182. — Soumis à la juridiction du Vicaire apostolique de Verapoly, 184, 224. — Les mariages mixtes avec les protestants y sont proscrits, I, 310. — Difficultés avec les missionnaires français, 423, 425, 427; II, 200; III, 578. — Le patronage y est confirmé par le concordat de 1857, 313; par le concordat de 1886, IV, 346, 37.

Cocudy. Difficultés avec le prêtre goanais, I, 284. — Eglise, III, 707; IV, 78.

Codamancoudy. Inondation, III, 107.

Codauzé. Chapelle, III, 708.

Codively. Eglise et presbytère, III, 711.

Godur. Magny et Bourgoin y travaillent, I, 196.

Coelho (Bonaventure), prêtre du Maïssour. — Dét. biogr., II, 449, 558.

Cœurdoux, jésuite. — Conversion de parias, I, XXXIX. — Fonde le Carmel de Pondichéry, XXXIX, 214. — Signataire de l'accord entre les Jésuites et les Capucins, XLI. — A Pondichéry, 61. — D'après quelques-uns le fondateur du couvent de Saint-Louis de Gonzague, 65. — Sa mort, 148.

Coïmbatore. Chrétienté administrée par Pacreau, II, 95. — Résidence du supérieur, 741. — Erigé en district, 385, 741. — La cathédrale, III, 118, 496, 507. — Etablissement de l'apostolat de la prière, 565. — Le catéchiste Sinnapen; son zèle, sa mort en 1875 IV, 121. — Fondation par Kondy en 1877 d'un orphelinat de garçons, 146. — Fondation d'un catéchuménat, du dispensaire et de l'hôpital par les Franciscaines, 126, 169, 170. — Ouverture d'une école de filles, 276. — Cathédrale (grav.) V, LXXXIII.

Coïmbatour. Limites de la mission. — Territoire qu'elle comprend, I, II, III; II, 339. — Histoire politique, I, XLVIII, 61. — Notes sur les anciennes chrétientés, XLVIII, LXXXIII. — Persécution sous Tippu Sahib, 138. — Confiée au Vicaire général de Cranganor, 159; 319. — Le gouvernement anglais y laisse en paix les missionnaires, 179. — Les chrétiens demandent des prêtres à Hébert, 281. — Les premiers missionnaires des Miss. Etrang., 197. — Relevait ecclésiastiquement du Maïssour, II, 319. — Doit-il ou non appartenir au Madurè? 320, ou être uni au Maïssour? 332. — Pourrait être Vicariat apostolique, 337, 339. — Erigé en Vicariat apost., 329, 343, 708; 710. — Episcopat de Brésillac. — De Godelle — Administration de Gélis et de Pierron. — Episcopats de Dépommier et de Bardou. *Voir* : Bardou, Brésillac, Dépommier, Gélis (de), Godelle, Pierron. — Travaux des missionnaires et conversions au Coïmbatour de 1791 à 1810, I, 197. — De 1810 à 1836, 283-285. — De 1836 à 1846, II, 95, 127, 319. De 1873 à 1886, IV, 44, 47, 52, 63, 75. — Moyens de conversion, III, 73. — Constructions d'églises de 1791 à 1810, I, 203. — De 1810 à 1836, 288. — De 1836 à 1846, II, 121. — De 1846 à 1861, III, 119. — Etat des églises, chapelles et presbytères en 1850, 711; de 1860 à 1872, 500; de 1873 à 1886, IV, 89. — Règlements II, 695, 702; IV, 92, 289. — Ressources II, 389-393, 567, 592; IV, 291. — Rites malabares; débats et difficultés, III, 19-40. — Conclusion, 51, 373, 438. — Le clergé indigène et le séminaire II, 383; 449; IV, 92, 101. — Congrégations enseignantes et écoles de filles de 1844 à 1861, II, 523-537; de 1861 à 1832, III, 558-580; IV, 275. — Collège et écoles de garçons de 1844 à 1861, II, 627, 633;

de 1861 à 1872, III, 528-540. — De
1868 à 1886, IV, 244-273. — Œuvres
de prières, III, 565 ; IV, 118, 121. — De
charité, III, 566-569. — Orphelinats,
578 ; IV, 130, 146, 150; 169, 172. — Le
schisme goanais de 1836 à 1845, II,
177-180 ; en 1848, III, 294; 303 ; en
1860, 642-645. — Extinction de la
double juridiction, IV, 393. — Érigé
en évêché, 375, 388-393. — Etat du
Coïmbatour en 1846, II, 376, 383, 389,
391, 741. — Observations sur quelques
points de discipline lors de la visite
apostolique, III. 369. — Statistique
de 1873 à 1886, IV, 577-579. — Statistique générale en 1886-1887, IV, 448.
— Etat actuel et questions générales,
IV, 452-555. — Liste des missionnaires mort au Coïmbatour, IV, 593.
— Ouvrages publiés par les missionnaires, 588.

Coïndacuritchy. Chapelle et presbytère,
III, 707.

Golamanikam. Chapelle, IV, 83.

Golanur. Historique de cette chrétienté,
II, 741 ; III, 58, 289, 641, 683, 709.

Coladanempatthy. Station, se révolte,
IV, 327.

Colbert. Lettre à lui de Pallu sur Blot et
Baron, I, 7.

Golei. Fondation et division du district,
I, XVII.

Golgan. vic. ap. de Madras. Obtient des
distinctions honorifiques de Rome pour
quelques prêtres indigènes, IV, 108.
— Fonde une congrégation de femmes,
262. — Démarche auprès du vice-roi
au sujet du privilège Paulin, 285. —
Au concile de Bangalore, 384.

Colimaley. Evangélisation et statistique,
III, 59, 60, 82, 83, 84, 85, 163, 408, 708.

Collacudy. Chapelle, III, 707.

Collancodu. Appartient à la mission actuelle du Coïmbatour, I, II. — Le rajah de ce pays accueille favorablement
les chrétiens, XCVI.

Collatuvampatty. Chapelle, III, 707.

Collegal. Population catholique, IV, 447.

Collège. De l'admission des protestants
dans les collèges et internats catholiques, instructions de la Propagande, 225. — Leur utilité au point de
vue des conversions, 238, 546. —
Bangalore : Collège de Saint-Joseph,
établissement, II, 143, III, 379 ; état
en 1864, 528 ; statistique en 1886,
IV, 448 ; en 1896, 538. — Chandernagor : Etat florissant du collège
sous la direction du P. Barthet, IV,
460. — Coïmbatore : projet de l'établir, II, 622 ; état, III, 531 ; IV, 449 ;
affilié à l'Université de Madras,
IV, 539 ; état en 1887, 244 ; en
1896, 540. — Collège, (grav.) V,
LXXXV. — Cuddalore : Fondation,
IV, 231, 235 ; état à différentes
époques, 206, 237, en 1896, 536, à Ti-
runapalavur : 237, grav. V, XXIX. —
Ecole préparatoire à Karikal : Dé-

tails, II, 594 ; III, 132, grav. V, XXI.
— Négapatam : par les Jésuites, II,
540. Pondichéry. Collège : En 1777,
le collège n'existe plus, I, 65. —
Ouverture d'une école tamule-fran-
çaise, vers 1890, 211. — Fondation
d'un collège par Champenois pour les
enfants des colons, 121. — Réinstal-
lation du collège après la Révolution, 210. — Fermeture du collège
en 1812; réouverture du collège par
la mission en 1817; allocation de
5000 francs donnée par la colonie,
328. — Décret portant la création
d'un collège royal (26 oct. 1826), 333.
— Etat du collège royal en 1846, II,
538. — Le collège est offert à la
mission, 540. — Le collège est
accepté, 546. — Question de juridiction sur le collège, 572. — Réclamations de certains indiens contre le
collège, 573. — Nombre de prêtres
employés dans l'éducation, III, 515.
— Efforts de la mission depuis 1814
pour le développement de l'éducation, 514. — Opposition de la commission d'instruction publique à une
tentative de réduire le nombre
des missionnaires au collège, II,
580. — Progrès du collège sous la
direction des missionnaires, 581. —
Programme des concours pour les em-
plois d'interprètes (1er avril 1853),
440. — Arrêté confiant le collège à
la mission, 62. — Arrêté réorganisant la commission d'instruction publique, 567. — Approbation du règlement intérieur du collège royal confié
aux missionnaires par le gouverneur
Puyol, 570. — Règlement intérieur en
1885, IV, 573. — Programme des
épreuves à subir pour les candidats
aux bourses du collège colonial et
du pensionnat, 570. — Observations
faites en 1873 sur l'enseignement
donné au collège et réponse de Laouénan, 179. — Laouënan rend le collège à l'administration, 1879, 201.
— Programme des épreuves pour les
candidats aux bourses, 570. — La
congrégation du Saint-Esprit au collège, 204. — La mission reprend le
collège, 1887, 403. Voir : Instruction.

Colombo. Luquet l'indique comme Vicariat apost., II, 339. — Différend entre
les Vicaires apostoliques, III, 62. —
Statistique du protestantisme en 1858,
202. — De Matta y communique avec
les schismatiques, 306. — Soumis au
patronat d'après le concordat de 1857,
317. — Visite apostolique de 1860,
377. — Le Vicaire apostolique signe
la lettre collective demandant l' ho-
lition du patronat, 651. — Etat du
clergé indigène en 1875, IV, 102. —
La réunion de Trichinopoly règle les
difficultés relatives à la double juridiction dans ce Vic., 318. — Erection
en Vic. apost., 380. — Erigé en archevêché, 375, 382, 391. Voir : Ceylan.

Colonie française. Voir : Compagnie
Française, Pondichéry Colonie.

Coloudéappa. Donne un terrain aux Missions-Etrangères, à Pondichéry, I, 89.

Coluoaren. Conversion, IV, 39.

Columunikam. Chapelle et presbytère, III, 707.

Combacadhu. Station révolté, III, 35. — Punition, 39.

Combacadu-Pudur. Chapelle, III, 711.

Combret. Arrivée au Maïssour, 1873, III, 439.

Comédies. L'interdiction d'y assister cause une révolte à Palghat, III, 99.

Commandements de Dieu. Décisions du synode de 1844, II, 280; de l'Eglise, 282.

Commissi nobis. Bref apostolique affermissant l'autorité du Vic. apost. du Bengale, II, 183.

Communauté. (Régime de la). Projets d'établissement dans la mission de Pondichéry, II, 655-658.

Communions. (Premières). Solennité, II, 95, IV, 68. — De l'utilité qu'il y a à les faire solennelles, II, 279. — Statistiques des communions pascales en 1845, dans la mission de Pondichéry, 378.

Compagnie anglaise des Indes. Opinion de Pallu, sur quelques agents, projets, I, 5, 6, 7. — Alliance avec le rajah du Coorg. LXVII. — Serment de soumission prêté par plusieurs missionnaires, 88. — Faveurs obtenues par Dubois, XXIX, XLVII, 198, 199, 200; II, 380. — Libéralités durant la famine de 1831, 293. — Droit sur le terrain de l'église d'Ootacamund, II, 141. — Ses agents détruisent l'église de Velangany, 210. — L'instruction, 605, 606. — Attitude à l'égard des catholiques, III, 266. — Mémoire de Strickland et Persico en faveur des catholiques, 266. — Défauts de son administration, 286. — Suppression, résultats de ce changement au point de vue catholique, 287.

Compagnie française des Indes. Faveurs accordées aux chrétiens, restrictions apportées au culte païen, I, XXXIII, XLII, 53. — Règlement de 1733, sur le culte catholique, XXXIV. — Reconnaissance de la cure de la ville blanche, XXXVI. — Autorisation d'un établissement d'Ursulines à Pondichéry, négociations avec l'évêque de Mailapur, XXXVII. — Edit défendant le travail du dimanche, XXXVIII. — Obtient Chandernagor du grand Mogol, XLIII. — Acquiert du roi de Tanjore la possession de Karikal, XLIV. — Autorise les Jésuites à s'établir à Karikal, XLIV, XLV. — Fait reconstruire l'église de Karikal, XLVI, 6. — Concessions à Ariancupam, XLII, XLV-XLVII. — Plusieurs jésuites, dans un mémoire à M. de Sartine, demandent qu'on rende la mission malabare indépendante de la Cie, 15. — Texte de l'accord avec les Jésuites pour leur établissement à Chandernagor, 461, 468.

Compagnie de Jésus. Négociations de son Général avec le séminaire des Missions-Etrangères pour la délimitation du Maduré et de Pondichéry, II, 324. Voir Bertrand, Canoz, Jésuites, Maduré.

Comptes-rendus. Questionnaire à remplir, II, 741 à 745. — Demandes par les Vicaires apost., 743, 744.

Conalay. Chapelle et presbytère, III, 708.

Conancudy. Projet d'érection en district séparé, II, 740.

Conancupam. Historique de cette chrétienté, I, IV, 179; II, 276, 312, 314, 344, 381; III, 311. — Occupé par les goanais, II, 157, 203, 343; III, 289, 290, 293; IV, 327, 378.

Conancuritchy. Chapelle III, 114.

Concile de Bangalore, pour la proclamation de la Hiérarchie, IV, 386, 389, 392.

Concile de Trente. Publication du concile pour les mariages, III, 6. — N'a été promulgué que sur les côtes et non à l'intérieur, 7. — Publication du décret Tametsi dans les Vicariats de Coromandel, Maïssour, Coïmbatour, etc., II, 366.

Concile du Vatican. Les Vicaires apostoliques au concile, III, 687, 689.

Concordat. Texte du concordat de 1857, III, 312. — Craintes excitées par le concordat, 316. — Fr. Albrand à Rome, 322-330. — Désapprouvé à Rome, 328. — Le cardinal Barnabo écrit aux Vicaires apostoliques que le concordat n'a rien changé à leur juridiction 330. — Devant la Chambre Portugaise, 331, 333. — Lettres de Bonnand à la Propagande sur le Concordat, 332, 336, 341. — Ordres donnés par le gouvernement de Lisbonne pour l'extinction du schisme, 344. — La Propagande ordonne en 1860 aux Vicaires apostoliques de publier le concordat, 344, 345. — Raisons du concordat: laisser faire au Portugal l'épreuve de ses forces, 348. — Pie IX n'approuve pas le Concordat: motifs qu'en donne Laouënan, 349. — Nouvelles négociations entre Rome et le Portugal IV, 330. — Nomination de d'Amorin archevêque de Goa, III, 624. — Commission apostolique de Saba, 632, 634. — Le roi de Portugal accuse Rome de ne pas observer les conventions de ce concordat, 638. — En 1870 les Vicaires apostoliques en demandent l'abolition, 646. — Situation faite aux chrétiens par son application, 647. — Concordat de 1886 et ses conséquences, 31-409. — Laouënan à Rome, son rôle, 338. — Négociations finales, 341. — Texte de ce concordat, 345. — Etablissement de la Hiérarchie, 375-403.

Condanur. Les mahométans expulsent Jarrige I, 297.

Condavir. Antipathie pour le christianisme, I, 263. — Population catholique en 1803, 204.

Condelur. Rattaché au district de Polur, IV, 41.

Condreikalpaleam. Chapelle et presbytère, III, 711.

Coneicudy. Chapelle et presbytère, III, 707.

Coneripatty. Gandy chargé de ce district la famine, IV, 31. — Église (gravure) V, XLI.

Confession. Règles pour la confession des femmes, II, 15. — Bi-mensuelle, 16. — Usages particuliers à Kumbakonam, 105. — Observations du synode de 1844, 279. — Cas réservés d'après le plan général d'administration, 668. — Pratique de deux confessions avant l'absolution, coutumier du Maïssour, 690.

Confréries. Confrérie de Sainte-Anne au Coorg. I, LXIX. — Du Sacré-Cœur à Pondichéry, 211. — Pouvoir d'ériger des confréries, II, 16. — Association de prières entre les missionnaires de Pondichéry, IV, 117. — Instructions de la Propagande, 4. — Règlement de la Confrérie du Sacré-Cœur à Pallapaleam, 118. — Dans la mission de Pondichéry, 447. — Au Maïssour, 448. — Au Coïmbatour, en 1886, 448, 449. — En honneur parmi les chrétiens, 487.

Congrégations. Voir : Bon-Pasteur, Carmel, Franciscaines, Immaculée Conception, Lamennais, Loretto, Madeleines, Notre-Dame de Bon Secours, Présentation, Sainte-Anne, Saint et Immaculé Cœur de Marie, Saint-Esprit, Saint-Joseph (Frères), Saint-Joseph de Cluny, Saint-Joseph de Tarbes, Saint-Louis de Gonzague, Saint-Patrick. Questions posés dans le plan général d'aministration II, 684. — Résumé des efforts tentés par les trois missions de 1844 à 1861, 536. — Plan d'un ordre religieux par le prêtre Lazare pour la conversion des païens, III, 189. — Plans divers de Leroux, 190. — Projet d'un ordre religieux par le P. Gnanapragassanader, 191. — La Congrégation de St-Thomas, projet de Bonnand, 192. — Utilité, d'après Godelle, d'un ordre religieux d'hommes dans les missions de l'Inde 192. — Projet d'un institut de Frères par Pottier, 536. — Dépommier essaie d'amener les Trappistes au Coïmbatour, 1870, 566. — Godelle songe à confier aux Petites-Sœurs des Pauvres, l'hôpital qu'il projette à Pondichéry, 1865, 588. — Formation d'instituts composés d'indigènes. (Instruction de la Propagande) IV, 3. — Écho des décrets contre les Congrégations à Pondichéry, 260. — Fondation d'une Congrégation de femmes en 1888 à Madras, par Colgan, 203. — Statistique en 1884, pour Pondichéry, 448 ; Maïssour, 448 ; Coïmbatour 449.

Congurupaleam. Évangélisé par le Bx, Jean de Britto, I, LXXXVII.

Connecudy. Fondation du village chrétien, I, 284.

Conrardy. Arrivée à Pondichéry, III, 13.

Conseil épiscopal Composition d'après le concile de Bangalore, IV, 389.

Conseil de Fabriques. Projet et règlements pour eux, II, 695, 697, 702, 704. — Laouënan en institue un à la cathédrale de Pondichéry, III, 692.

Conseil de mission. Ses attributions, II, 396, 397, 669, 678. — A établir dans les missions pour la gestion des revenus, IV, 3.

Conugulu. Église, III, 710.

Conversions. Propositions faites par les Jésuites de Pondichéry, pour restreindre le culte païen et augmenter les conversions, I, XXXII, — Obstacles par la caste à la conversion des païens, I, C, IV, 512. — Motifs et valeur, 260, II, 256, 270, 283, 284, IV, 514, 521. — Difficultés, moyens, I, 116, 206, 211, 263, 277, 316, 417 ; II, 356 ; III, 69, 72, 73, 380 ; IV, 74. — Dans un certain nombre de chrétientés, I, XLIII, XLVI, LI, LIII LXXXV, 112, 114, 260, 261, 262, 266, 277 ; III, 79, 86, 87, 463, 476, 477, 541 ; IV, 8, 19, 24, 31, 32, 43, 46, 50. — Conversions d'après le synode de 1844, II, 283. — Récit de conversions, I, XCII, 265, 273 ; III, 75, 79, 91, 457, 417, 473, 475. — Conversions de brahmes à Pondichéry, faits particuliers, 73. — Association de prières entre plusieurs missionnaires pour obtenir la conversion des païens, 140. — Procurées à Pondichéry par les membres de la conférence de Saint-Vincent de Paul, 177. — Plan d'une congrégation religieuse spécialement vouée à l'œuvre des conversions, par Leroux, 189. — Parallèle entre 1856 et 1861, 426. — Godelle excite ses missionnaires à y travailler, 446. — Débuts du mouvement de conversions à Pondichéry, 458. — Etablissement de l'apostolat de la prière en 1865 pour obtenir la conversion des païens, 563. — Les missionnaires convertisseurs, leurs qualités, III, 69, 70, 71, 72, 73, 374, 464, 466 ; IV, 520. — Instructions de la Propagande, IV, 3. — De 1873 à 1886, 6. — Avant la famine, 8-25. — Pendant la famine de 1876 à 1878, 25-65. — Générosité de Laouënan et des chrétiens de France, 47, 48, 49, 50, 51, 53, 56. — Statistique des baptêmes d'adultes et enfants de païens de 1876 à 1879, 52. — Résultats définitifs après la famine, 58, 59, 63. — Raisons et valeurs des conversions lors de la grande famine, 57. — Diminution après la famine, 65-76. — Retour des apostats, 62. — Règles données par Laouënan au sujet des convertis de la caste des musiciens, 65. — Moyen de les affermir : l'œuvre des premières communions et des mariages, 68. — Le mouvement reprend dans la mission de Pondichéry, 71. — En 1885 et

1886 dans la mission de Pondichéry, 73. — Pourquoi elles sont plus nombreuses à Pondichéry qu'au Maïssour et au Coïmbatour, 75. — Obtenues au Maïssour et au Coïmbatour de 1880 à 1886, 74, 75, 305. — Obtenues par les religieuses de l'Immaculée Conception à Settihally, 124. — Obtenues par les sœurs du Bon-Pasteur au refuge de Mysore 127. — Pourquoi elles ont été plus nombreuses dans le sud que dans le nord de l'Inde, 468. — La question des conversions dans l'Inde, 496-531. — Quelle est la cause des nombreuses conversions au XVII° siècle ? 507. — L'instruction des néophytes, 522. — De la conduite à tenir avec eux, 523. — Doit-on délaisser un peu les anciens chrétiens pour s'occuper des païens? 527. — De la conversion des musulmans et des protestants, 527. — Utilité des collèges au point de vue des conversions, 547. — Statistiques des résultats obtenus de 1850 à 1886, dans les trois missions, 577-579.

Conway. (de), gouverneur de Pondichéry. Correspondance au sujet de l'établissement des capucins à Karikal, I, 78, 79. — Appréciation sur l'ambassade de Tippu à Louis XVI, 142. — Reçoit l'ordre d'embarquer les troupes, protestation des habitants de Pondichéry, 152. — Soutient Champenois contre les réclamations de l'évêque de Maïlapur, 172.

Cook. Protectrice des écoles protestantes à Calcutta, II, 486.

Coonoor. Notes sur la chrétienté, 500, 501. — Ouverture de l'école, 537, 539. — Projet d'un sanatorium, IV, 172. — Etat de l'école des garçons en 1885, 244. — Fondation d'une école par les sœurs de la Présentation 276. — Population catholique en 1884, 448. — Un ministre protestant, III, 206. — Eglise, école des garçons, collège des Frères Saint-Patrick; (grav.) V, XCV.

Coopération. Des chrétiens aux fêtes païennes (rapport de Champenois), I, 69. — Des Anglais aux fêtes païennes, 319, 321. — Des soldats chrétiens à la fête des outils, 369. — Des soldats au culte païen, II, 33 à 60. — Affaire du soldat Paul, 42, 43, 50, 51, 52, 53, 55. — Les vannars aux fêtes païennes, 280. — Le gouvernement au culte païen, 304. — Les païens de Villenur veulent obliger les chrétiens à participer à leurs fêtes, 229. — Les musiciens d'Ugur, 683. — Mémoire de Bonnand sur l'administration des pagodes, observations, arrêtés, 250-259. — Des musiciens de Mysore aux fêtes païennes, III, 64.

Coorg. Histoire politique: Haïder-Ali, Tippu, les Anglais, LXV, LXVI, LXXIX, 134, 278. — Récit de la conquête du Coorg en 1833 par les Anglais, 278. — M. Bigoty obtient du commissaire Anglais une propriété, 279. — Historique

des anciennes chrétientés jusqu'en 1850, LXV — LXXXII. — Décret de la Propagande le plaçant sous la juridiction du Vicaire apostolique du Grand Mogol, 475. — Texte du règlement publié en 1805 par François-Xavier de Sainte-Anne, 475. — Exploitation agricole des protestants, 615. — Honoraires donnés par les chrétiens à l'occasion des mariages, 694. — Passe à la mission du Maïssour, 723. — Visite de Charbonnaux, III, 65, 68. — Esclaves dont on pourrait s'occuper, 166. — Conversions obtenues par Jansoone, IV, 24.

Copipaleam. Les chrétiens de Madapaleam sont venus s'y fixer, I, LXXXVII, église III, 711. — (Au lieu de Poppipaleam).

Corbet, de la Congrégation du Saint-Esprit, curé de la paroisse blanche et supérieur de la préfecture apostolique, IV, 355. — Comment il reçoit l'annonce de la prochaine suppression de la Préfecture apostolique, 372. — Négociations avec Laouënan au sujet du maintien des Spiritins à Chandernagor, 400.

Cordey. Failli être pris par les Mahrattes, I, CXVIII.

Cordier, gouverneur intérimaire de Pondichéry. Eloge des, missionnaires, I, 289, 322, 328, 361, 368. — Eloge des sœurs de Saint-Joseph de Cluny, 336. — Ecoute favorablement les réclamations d'Hébert, au sujet des difficultés à Muttalpet, 362-365. — Est chrétien pratiquant, III, 229.

Corée. (Histoire de l'Eglise de) publiée par M. Dallet, III, 419.

Cornevin. Au Coïmbatour, II, 383. — Mort, III, 421. — Dét. biogr., IV, 593.

Cornwallis. (Lord) assiège Seringapatam, I, LXVII. — Sa bienveillance à l'égard des missionnaires, 173.

Coromandel. (Vicariat apostolique de la côte de) Décret d'érection par Grégoire XIV. Hébert nommé Vicaire apostolique, I, 429 ; II, 183. — Négociations qui amènent sa division en trois missions, 343. — Décret à ce sujet 708. — Question de délimitation, 299, 311, 312. — Coup d'œil de 1836 à 1846, 3, 5. Voir : Pondichéry.

Correa (Em.) Administre Kanavakarei, mort I, LXXXVII, XCIV.

Correa. (Em.), prêtre du Maïssour. Ordination, III, 444.

Correspondance des Vic. apost., avec les Anglais par l'intermédiaire du Vic. apost. de Madras, III, 281. — Gratuité de la correspondance accordée entre le Vic. apost. de Pondichéry et le collège de Karikal, II, 594. — Idem avec le Sém. des M.-E., I, 380 ; III, 262.

Cossigny (de) gouverneur de Pondichéry. Correspondance avec Champenois au sujet d'un collège à Pondichéry, I, 122, 123. — Appréciation sur l'ambassade

envoyée en France par Tippu, 142. — Champenois recourt à son influence sur Tippu pour ses missionna res, 145.

Costa (da). Dans le Coorg, travaux, I, LXVII, LXVIII, LXIX, LXXIV.

Costa (Balthazar da), jésuite. Dans le district de Sattiamangalam, I, LXXXIV.

Costas, jésuite. A Mallapur, 1777, I, 61.

Costaz (Louis), jésuite. A Tranquebar, aumônier des Français à Ariancupam. Mort, I, 149.

Costume. Costume des missionnaires, I, 105, II, 257. IV, 459.

Cotapallée-Paparinan. Cède un terrain pour le presbytère de Cuddalore, III, 111.

Cotchéry. L'école des filles, IV, 248, 249. — Église (grav.), V, XXI.

Cotolendi. Vic. ap. meurt en traversant l'Inde, I, 5.

Cotta-Cotha, I, LIII. Voir : Hookote.

Cotta-Gnanana. Baptême et mort, I, 265.

Cottamangalam. Nommé aussi Pudur et Andavelur. Fondation de la chrétienté, I, 285.

Cottampaleam. Dans l'ancien district de Sattiamangalam, I, LXXXVII. — Chapelle et presbytère, III, 711.

Cottampally. Fondation du village catholique, I, 283.

Cottandavady. Conversion du village, IV, 41.

Cottapaleam. Historique de la chrétienté, I, XIII ; II, 410, 789, 740 ; III, 55, 58, 82, 83, 85, 112, 292, 408, 466, 592, 708. — Projet d'orphelinat, 163. — Caractère des chrétiens, 685. — Population catholique en 1884, IV, 446.

Cottuchéry. Eglise, III, 706.

Cottur. Visite pastorale de Bonnand. Défauts des chrétiens, I, 409, 410. — Chapelle, III, 708.

Coudé, missionnaire à Siam. Critique la séparation des castes à l'église, I, 102.

Coudreikalpaleam. Voir : Kudireikalpalayam :

Coulam, II, 339. Voir : Quilon.

Coulmatour. Inondation, III, 107.

Courbeville (de). A Parapur, I, XXIV.

Courcy, (de), administrateur de Karikal, aide à bâtir le presbytère, I, 62.

Couttiapen. Signataire d'une lettre au gouverneur de Pondichéry, I, 382.

Coutumes indiennes. Lettre du cardinal Antonelli à Brigot, I, 103. — Obligation pour les missionnaires d'en supporter quelques-unes, 301. — Fêtes de la Semaine-Sainte, 301. — Manière dont Jarrige apprécie les cérémonies, 302. — Coutumes de vie chrétienne et coutumes particulières IV, 485. Voir : Castes, Rites.

Coutumier, du Maïssour, II, 686-695. — du Coïmbatour 695. Voir : Administration, Directoire, Règlement.

Couvents. Voir : Congrégations.

Covilady, église, I, 201.

Covilancupam. Laouënan offre de céder cette station aux goanais, IV, 378.

Covilpaleam. Origine et historique de la chrétienté, I, XCVII, 219 ; II, 99, 386 ; III, 300, 711 ; IV, 89.

Covilpulés. Statistique pour Pondichéry en 1845, II, 378. — Sur leur rôle IV, 481.

Coviludy. Chapelle, III, 707.

Covilur-Darmabury. Origine et historique de la chrétienté, I, XV, 127, 191, 283, 284, 405, 445 ; II, 741 ; III, 110, 497, 684, 708 ; IV, 31. — Population catholique en 1884, 446.

Covilur-Tirupatur. Population catholique en 1884, IV, 446.

Covindacuritchy. Chapelle, II, 109. — Se révolte IV, 27.

Coyepelur. Conversions, IV, 17.

Cranganor. Sa fondation, I, 14. — Innocent XI concède à la couronne de Portugal, le droit de nomination à cet évêché, 25 ; II, 182, 192. — Les églises des districts de Trichinopoly et de Salem en dépendaient anciennement ainsi, qu'une partie du Coïmbatour, IV, LXXXIII. — Les Hollandais s'en emparent et interdisent le catholicisme, CXII. — L'archevêque soutient de son exemple les jésuites demeurés dans les missions, CXXV. — Le gubernador et l'archevêque de Goa, LXVI, LXVIII. — Opposition aux missionnaires du Maduré, 477. — Les prêtres goanais, II, 159. — Hébert se déclare disposé à lui demander les pouvoirs pour le Maduré, I, 258, 420. — Sans évêque, 423. — Territoire placé sous la juridiction du Vicaire apostolique de Verapoly, II, 184, 224. — Le district de Karumattampatty cédé aux prêtres de Cranganor, 388. — Le patronage confirmé par le concordat de 1857, III, 313, et par le concordat de 1886, IV, 346.

Croisé. Travaux apostoliques, II, 381 ; III, 64, 73, 116, 118.

Crucecoupam. Chapelle, III, 114, 149, 708.

Crusancupam. Chapelle, II, 109.

Cruscupam. Eglise, III, 463, 497.

Cuddalore. Faits de l'histoire politique, I, 132, 133 ; II, 343. — Notes sur la chrétienté, I, XIX, 179, 287 ; II, 221, 259, 312, 314 ; III, 100, 314, 683, 706 ; IV, 417, 432. — Les prêtres goanais, II, 157, 429 ; III, 289, 290, 293, 640. — La juridiction goanaise supprimée, IV, 375. — Cédé définitivement à Pondichéry, II, 314, 381 ; III, 311. — Nom des prêtres du Madras qui furent chargés du district, II, 314. — Le Concile de Trente y fût publié dès le principe, III, 10. — A eu un chapelain militaire, 92. — Dons pour le denier de Saint-Pierre, 592. — Etablissement de l'Apostolat de la prière, 655. — Population catholique en 1884, IV, 446. Voir : Collège.

Cuddapah. Notes historiques, I, XXXIX, 412. — Création d'une école protestante, II, 124.

Cudaampatty. Descendants de chrétiens apostats, I, X.

Cudireipaleam. Station chrétienne, I, LXXXVII.

Cujandalaï, déesse. Légende, I, XI.

Culacudhy. Se révolte, IX, 327.

Culavirampatty. Conversions, IV, 47.

Cumálur. Se révolte, IV, 327.

Cumarapaleam. Chapelle, III, 711.

Cumbacadu. Construction d'une chapelle, I, 88.

Cunattur Ligeon veut s'y occuper des catéchumènes, III, 458. — Premières conversions, 458.

Cunikepadu. Discussion de Bonnand avec un brahme, I, 296.

Cunugulu. Chapelle, I, 287.

Cupam. Conversions, IV, 18.

Curapadu. Chapelle, I, 287.

Curepattu. Eglise, III, 115.

Cutolur. Statistique en 1842, II, 346.

Cuttalatur. Conversion d'un brahme, I, XCII.

Cuttur. Origine du district, persécution, I, VII, VIII.

Cuvam. Manente y fonde un district, I, 113.

Cuvur. Nécessité d'une chapelle, III, 59.

D

Dacca. Autrefois mission du Bengale oriental, IV, 379, 392. — Erigé en évêché, 375, 392. — Le goanais y gardent certains postes d'après le concordat de 1886, 375.

Dacunha. Prêtre, meurt à Capinagati, I, LXIV.

Dalhousie, gouverneur de l'Inde anglaise. Favorise l'éducation des filles, II, 486.

Dallet. Au Maïssour, II, 381. — Construit le presbytère de Mysore, 1857, III, 118. — Charbonnaux songe à lui comme son successeur, 415, 418. — Conduite durant le choléra, éloges par le rajah, 103. — Accompagné Charbonnaux à Salem pour la conférence sur la révision du règlement 369. — Atteint d'une maladie nerveuse, 417. — Rappelé comme directeur au Sém. M.-E. refuse, 415, 418. — Travaux à l'imprimerie nationale, 419. — Ouvrages publiés par lui, II, 685, III, 419, IV, 587. — Prépare l'histoire de la Société des Missions-Etrangères, III, 420. — Dét. biogr., IV, 592.

Dalmas. Marraine d'une nouvelle cloche à la cathédrale de Pondichéry, II, 111.

Dalquié. Arrivée au Coïmbatour, III, 439. — Chargé du Pallum, IV, 441. — Mort, 442. — Dét. biogr., 594.

Damase, capucin. Préfet apostolique, demande juridiction sur Karikal, I, 78. — A Madras, 151, 154, 160, 161.

Damaun. Erigé en évêché, IV, 375.

Danapankankottei. Souvenirs chrétiens, I, LXXXVII.

Danemarck. Action lors du schisme goanais, II, 213, 215, 221. — Danois à Tranquebar, I, 6.

Daniel. Prêtre de Pondichéry, ordination. 209. — Mort, 219.

Daniel (ou Donat) mort, I, 441.

Daraburam, église et presbytère, III, 711.

Darampury. Détails sur cette chrétienté, I, LXIV ; II, 71, 144 ; III 708 ; IV, 266.

Darmanader. Prêtre de Pondichéry, au Maïssour, I, 197.

Darmapury. Détails sur cette chrétienté I, XV, 168, 200, 204 ; III, 161, 541 ; IV, 429.

Darmavaram. Chrétienté du district d'Anantapur, I, XXIX. — Etat en 1777, 63.

Darras. Arrivée dans l'Inde, II, 378. — Curé de la cathédrale de Pondichéry, III, 573. — Appréciation par Louënan, 669. — Chargé des districts de Vettavalam et Attipakam ; commencement des conversions, IV, 8. — Chargé du pays situé entre Kortampett, Gingi et Arni, 15. — Travaux durant la famine, fondation des districts de Chetpett et Polur, 37. — Membre du comité d'Arni pendant la famine, 37. — Mis définitivement à la tête du district de Chetpett, 38. — Autres travaux, 78, 83. — Manière d'instruire les catéchumènes durant la grande famine, 58. — Sentiment sur les moyens de conversions, 515.

Dasapura. Chrétienté, I, LVI, 287 ; III, 63, 711.

Dasseris, Sectateurs de Vichnou. Persécution qu'ils excitent, I, LVI, LIX.

Dassirapally. Chrétienté, II, 112, 382, 721, 723.

Dattirpally. Chapelle et presbytère, III, 708.

Daugaron. Arrivée dans l'Inde, II, 378. — A Tranquebar, III, 491.

Daviau. Dét. biogr., III, 439, IV, 435, 593.

David. Dét. biogr., II, 377 ; III, 409 ; IV, 591.

David. Séminariste accompagne Bonnand III, 58. — Ordination III, 443. — Proposé pour le titre de missionnaire apostolique IV, 98.

Daviot Mme, Collabore à l'œuvre de M. Smith, II, 149.

Davoust. Dét. biographiques. Négocie la remise de la mission malabare aux M.-E., I, 17, 18, 22, 35, 36, 44, 47, 49, 72.

D'Cruz. (Albin Paschal) prêtre goanais, III, 644.

Décrets. *28 septembre 1776.* Nommant Sabastien, de Nevers, préfet apost. de Pondichéry I, 482. — *30 septembre 1776.* Nommant Brigot supérieur de la mission malabare, 483. — *26 septembre 1778.* Donnant à Brigot juridiction sur les Européens et métis de la mission malabare, en dehors de la colonie française, 485. — *26 septembre 1778.* — Étendant jusqu'an Maduré et au Tanjore les limites de la mission malabare, 486. — *15 juin 1788.* Accordant juridiction sur la Préfecture apostolique à Champenois, en cas de mort ou absence du préfet apost. 485. — *19 juin 1797.* Plaçant le Coorg sous la juridiction du Vicaire apostolique de Bombay, 475. — *16 juillet 1799.* Accordant des indulgences pour la Confrérie du Sacré-Cœur de Pondichéry, 211. — *18 décembre 1803.* Confirmant la faculté de bénir médailles, croix et chapelets, 213. — *18 mars 1828.* Érigeant la préfecture apostolique, 343. — *14 juin 1828,* Portant la nomination de M. Calmels comme préfet apostolique, 344, 490. — *21 janvier 1840.* Autorisant diverses pratiques en l'honneur de l'Immaculée-Conception, II, 16. — *28 février 1841.* Fixant la juridiction du Vicaire apostolique et du Préfet apostolique, II, 746. — *14 janvier 1843, 12 mai 1845, 2 octobre 1845.* Fixant les limites du Maduré et de Pondichéry, 747. — *1er avril 1854.* Approuvant la coutume de bénir avec les statues III, 12. — *12 novembre 1854.* Déclarant la confession bi-mensuelle suffisante pour gagner les indulgences III, 12. — *18 janvier 1887.* Déclarant supprimée la juridiction extraordinaire de l'archevêque de Goa dans la mission de Pondichéry IV, 565. — *10 mars 1887.* Supprimant la préfecture apost. de Pondichéry, 364, 570 (1) — *1887.* Sur la constitution des provinces ecclésiastiques, 567. — *10 septembre 1887.* Déclarant supprimée la juridiction extraordinaire de l'archevêque de Goa dans la mission du Coïmbatour, 569.

Dekkan. Sultan de ce pays, relève de l'autorité nominale du Grand Mogol, I, 61.

Delanoise, procureur général à Pondichéry, répond aux révoltés de Karikal. II, 78.

Delassias. Curé de la paroisse blanche, IV, 355.

Delaune. Travaux, IV, 84.

Delavigne. Premier procureur de la Société des M.-E., à Pondichéry. Dét. biogr., I, 8.

Déléagé, Dét. biogr., travaux. II, 377, 401, IV, 144, 591.

Délégué apostolique. Utilité d'après Godelle, III, 369. *Voir* Agliardi, Ajuti, Zaleski.

Denier, de Saint-Pierre. Établi dans les missions de l'Inde. III, 591.

Dépommier. Arrivée dans l'Inde, travaux, II, 7, 110, 412, 643 ; III, 112. — Directeur du Carmel, III, 135. — Difficultés à Tranquebar avec les goanais, 291. — Assesseur dans la visite apostolique, 367, 391. — Vicaire apostolique du Coïmbatour, 435, 436. — Correspondance au sujet de son sacre à Pondichéry, 436. — Difficultés au Coïmbatour, 437, 580. — Avantages et inconvénients qu'il voit dans les orphelinats, 581. — Affaires du patronage, 632, 635, 651. — Consacre la cathédrale de Coïmbatore, 502. — Mort, 701, 702. — Actes divers, 531, 533, 563, 566, 569, 584, 592, 618, 687. — Jugement sur lui, III, 367, 702. — Dét. biogr., 437, IV, 593. — Portrait (grav.), V, IV.

Derebyle. Les chrétiens fuyant la persécution de Tippu viennent s'y fixer, I, 141.

Desaint. Arrivée dans l'Inde, II, 381. — Relève l'école de Settihally, 633. — A Mysore, honneurs que lui rend le rajah, III, 103. — Construit plusieurs églises, 118, 442, 444, 498, 499, 509, IV, 85. — Aumônier du Bon Pasteur de Bangalore, 499. — Fonde un institut de sœurs indigènes, 557. — Fonde un petit hôpital à Settihally, 591. — Ouvrages composés par lui, IV, 585, 588.

Desbassyns de Richemont. Gouverneur de Pondichéry, I, 322. — Projets pour le bien religieux et intellectuel de la colonie, I, 234. — S'occupe de la réorganisation du collège, 328, 334. — Des religieuses de Saint-Joseph de Cluny, 333, 337. — Fait aboutir le projet de confier la préfecture au Saint-Esprit, 343. — Difficultés avec l'administration ecclésiastique, 349. — Réforme du bureau de bienfaisance, 349, 351. — Affaires des Mahannatars, 352-357. — Difficultés avec Hébert, 355-359, 363. — Ordonnance sur l'administration des fabriques, 359. — Ordonne la remise à l'état-civil des registres de baptêmes, mariages et sépultures, 358. — Jugement sur son administration, 360. — La léproserie, III, 178, 184. — Député et sénateur de l'Inde, IV, 193. — Demande aux missionnaires de prendre part aux élections, 353. — Remplacé comme sénateur par Hébrard, 359. — Hospice portant son nom, IV, 156, 156. (Grav.) V, XI.

Desflèches. A Salem pour la revision du règlement de la Société III, 368.

Devan Gauda. Premier converti de Gadanhally I, LVI.

Devandapallé, I, LI. *Voir* Devanhally.

(1) Errata : le décret est du 10 mars 1887 et non 1847.

Devanhally (ou Devandapallé). Notes sur la chrétienté, I, LI, LIII, 142.

Devapattinader. Nom tamul d'un prêtre européen, I, XCVII.

Devasagayam. Prêtre de Pondichéry, au synode de 1844, II, 260.

Devasagaien. Prêtre de Pondichéry, mort, I, 442.

Devillers. A Kitchery, observations à Bonnand, I, 406. — A Vellore, 411.

Devoyaburam. Conversion du village, IV, 35.

Dharapuram. Souvenirs sur cette chrétienté, I, LXXXIII, 288 ; II, 99, 120, 381, 452 ; III, 68, 421. — Population catholique en 1884, IV, 448. — Eglise (grav.), V, CIII.

Dharwar. Offert à la mission du Maïssour, IV, 292. — Essai tenté par Rappart, 293.

Dictionnaire. Le synode de 1844 réclame l'impression d'un dictionnaire latin-tamul, et tamul-latin français-anglais, II, 275. — Depuis entreprend la publication d'un dictionnaire tamul-français, 138. — Dictionnaire telugu composé par M. Bardouil, 135. — Liste des dictionnaires IV, 543, 588.

Didier. A Arni, IV, 42.

Digard. Travaux et difficultés à Karikal, II, 377, 589, 592, 596, 598, 600, 602 ; III, 159, 507, 519, 527.

Dindigul. Etat du district sous les prêtres syriaques, II, 176, 219, 282 ; III, 375, 653. — Villages passent au protestantisme, II, 124. — Statistique en 1842, II, 346.

Directoire. De la mission malabare, rédigé par Hébert, I, 369. — Utilité, IV, 3. — Par Laouënan, 288.

Discipline. Mesures de disciplines de 1849 à 1859, III, 1-52. — Discipline ecclésiastique n'est pas suffisamment observée dans certaines missions de l'Inde, 353. — Son unification, but de la visite apostolique, 365. — Nécessité de son uniformité, IV, 3. — Questions de discipline 1873 à 1887. Règlements. Directoire. Coutumier. Relations politiques de 1873 à 1887. Règles posées par le concile de Bangalore, 272-314, 390.

Dispensaires. Fondation à Ootacamund et à Coïmbatore, IV, 169. — Bien obtenu, 170. — Statistique dans la mission de Pondichéry en 1886, 447. — Statistique au Maïssour en 1886, 448, (grav. V, LXI, LXXXVII).

Districts. Statistique des districts de la mission malabare en 1803, I, 204. — Leur organisation d'après la Propagande, IV, 3. — Avantages de la division des districts, 74. — Un seul missionnaire par district, avantages de ce système, 475. — Statistique de ceux de Pondichéry, 446 ; du Maïssour, 447 ; du Coïmbatour, 448, en l'année 1885. — Organisation générale 456.

Djalamangalam. Chapelle, I, 203 ; II, 112 ; III, 710.

Doddhantappa. Apostasie prédite, I, 140, 141.

Dolu, jésuite. Curé de la paroisse malabare de Pondichéry en 1703, I, XXXII.

Domestiques. Obligation pour les missionnaires de veiller sur leur conduite (synode de 1844,) II, 283. — Les prendre parmi les choutres, 282. — Il ne faudrait exclure aucune caste du service des missionnaires, 292, 295.

Dominicains. Essais d'évangélisation au Maïssour, I, XLVIII.

Dominique (de Valence), capucin. Premier curé reconnu de la paroisse blanche, I, XXXVI, XLI.

Dominique, prêtre de Pondichéry. Ordination, I, 256.

Donat (ou Darmanader), prêtre de Pondichéry. Ordination, I, 209. — Travaux, mort, 287, 441.

Doreampaleam. Souvenirs chrétiens, chapelle, I, LXXXVII ; III, 711 ; IV, 89.

Doresamyodéar, professeur à Karikal, II, 590.

Dornhally. Dispersion des chrétiens, I, 276, 287 ; II, 112 ; III, 63, 118, 500, 710.

Dorothée Chevrier (sœur). L'une des premières religieuses de Saint-Joseph envoyées à Pondichéry, I, 330, 353. — Mort, 340.

Drouhet. Gouverneur de Pondichéry, IV, 358.

Drouillard. Arrivée dans l'Inde, III, 438. — Dét. biogr. IV, 417, 591.

Drusipare. Titre épiscopal de Bonnand, I, 404.

Dubois. Arrivée dans la mission malabare, I, 73. — Détails sur l'apostasie des chrétiens sous Tippu, 139. — A Tranquebar, 163. — Au Maïssour, 168. — A Salem 151. — Chargé de visiter la mission de Patna, 180, 181. — Envoyé au Maïssour et au Coïmbatour, 195, 196, 197, 202, 203, 229, 277, 287 ; II, 3, 9, 384. — Enseigne la vaccination, I, 197. — Compose l'ouvrage : Mœurs et institutions, cérémonies des peuples de l'Inde, 198. — Reçoit une pension annuelle des Anglais, 199. — Ses relations avec les Anglais, 199. — Lettres sur l'état du christianisme dans l'Inde ; publication de M. Dubois, polémique qu'elle suscite, 198, 199, 417. — Obtient différents secours, 203, 288, 375, 380, 441 ; II, 380, 382. — Ses sentiments en apprenant les tribulations de Pie VII, I, 231. — Sa tristesse sur la pénurie d'ouvriers dans la mission, 232. — Se dévoue à l'œuvre du séminaire, 233. — On songe à le nommer coadjuteur, 216, 217, 218, 392. — Son appréciation sur les résultats des mariages mixtes avec les protestants, 310. — Appréciation des résultats de la propagande protestante, 311, 313, 314. — Chargé d'attaquer, en cour de Madras, le testament de Manente, 439. — Nommé directeur au séminaire des M.-E., 431. — Réputa-

tion 197-200. — Approuve Hébert de
se tenir en dehors des accusations
portées contre le gouverneur de Saint-
Simon, 380. — Appuie auprès de Hébert le projet d'évangélisation des
îles Nicobar, 437. — Legs au Maïssour,
II, 391. — Dét., biogr., IV, 590.

Du Camper, gouverneur de Pondichéry,
lettre au sujet du sacre de Cajetano, II, 32, 33. — Lettres sur la
participation des soldats aux fêtes
païennes, 40, 43, 55. — Sur l'œuvre
de Mme Smith (Voir: Smith) 154. —
Autorise l'imprimerie de la Mission à
Pondichéry, 137. — Correspondance
au sujet de la consécration de Charbonnaux, 357. 358, 359. — Au sujet
du collège royal, 539, 540, 541. —
Offre une allocation pour fonder une
école à Karikal, 587. — Autorise la
construction d'une chapelle protestante à Pondichéry, III, 246.

Duchoiselle. Tableau de la communauté
apostolique de Pondichéry, I, 113. —
Etat de la pharmacie qu'il dirige à
Pondichéry, 126. — Mort, 219.

Duclerc, administrateur de Karikal. Ordonne des prières dans les pagodes et
mosquées pour le roi de France I, 357,
371.

Dufau, supérieur du séminaire des M.-E.
S'occupe du transfert de la mission
malabare aux Missions-Etrangères,
I, 20, 35, 44.

Dugrité. Dét. biogr., III, 438 ; IV, 592.

Duperré, amiral. Reconnaît le bien fondé
des réclamations de Bonnand sur la
coopération des musiciens, II, 55. —
Sur l'œuvre de Mme Smith, 154.

Dupas. Arrivée à Pondichéry, III, 438.

Dupleix, gouverneur de Pondichéry. Edits
en faveur du catholicisme I, XXXVIII.
— Ses luttes avec les Anglais. Rappelé
en France, CXXI.

Dupleix (Mme). Dons de Merkanam et de
Cheyur aux Jésuites, de Kadayakam
aux Capucins, I, XXI, XXV, XXXIX ;
II, 145, 147. — Donne aux Jésuites
un terrain sur lequel est bâti le village de Nellitope, I, XLVIII.

Dupuis. Départ pour les missions, I, 238.
— Favorable à la mission de Luqnet
en Europe, II, 301. — Maïssour, I,
86, 112. — Propose un texte de catéchisme 130. — Malade 133. — Affligé
de scrupule, 137, 350. — Au synode
de 1844, 255, 257, 260. — Participe à
la réforme du séminaire, 255, 433. —
Fondateur de la Congrégation du
Saint et Immaculée Cœur de Marie,
468, 475. — Compose des ouvrages,
critiques et éloges, travaux à l'imprimerie, 133, 134, 138, 139, 140, 294,
634, IV, 581, 583, 584. — Bonnand le cite en exemple, II, 400. —
Au Synode de 1849, 643. — Fait partie de la commission préparatoire du
plan général d'administration, 648.
— Provicaire, 724. — Proposé comme
Vicaire apostolique de Pondichéry,
728. — Atteste la croyance des chré-

tiens au dogme de l'Immaculée Conception, III 16. — Chargé d'Ulgaret,
125. — Entre dans l'association de
prières, 141. — L'œuvre des catéchismes à Pondichéry, 162. — Participe à la fondation d'une conférence
de Saint-Vincent de Paul à Pondichéry, 177. — Chargé de la Congrégation indigène de N.-D. de Bon Secours, 187. — Conseille de proposer
les difficultés de la visite apostolique
à la Propagande, 356. — Supérieur
de la mission lors du départ de Bonnand, 368, 510. — Opinion sur l'enseignement français aux indiennes,
542. — Discours au service funèbre
de Bonnand, 392. — Démarches pour
faire nommer Laouënan Vicaire apostolique 668, 677, 678. — S'occupe de
la fondation du collège Saint-Joseph
de Cuddalore, IV, 232. — Qualités et
vertus, I, 253, 278 ; II, 468 ; IV, 67.
Mort, 420. — Dét. biogr. 890. — Portrait, (grav.) V, XIII.

Du Puy : voir Puy (du).

Dupuypett. Fondation du village, étymologie, I, 286. — Construction de la
chapelle, III, 114, 131.

Durgam. Visite pastorale de Laouënan,
III, 684.

Durieu, Arrive dans l'Inde, travaux, II,
378, 410 ; III, 85, 115. — Mort, 410. —
Dét. biogr. IV, 591.

Dury. Arrivée à Pondichéry, III, 438.

Dwinagalam. Conversion du village, IV,
39.

E

Ecoles. Discussion au synode de 1844, sur
l'enseignement à donner, II, 268, 283,
292, 295. — Nécessité et utilité d'écoles
primaires, 272. — Exhortations de
Bonnand, 485. — Questions posées
dans le plan général d'administration,
685. — Nécessité et difficultés, exposé
de Bonnand, 468, 488, 489. — Services
rendus par les écoles. Témoignages
de Dupuis, de Bonnand. Faits, II, 496,
498. — Initiative de Bardouil à Yeriur,
ouverture de petites écoles, 487,
488, 491. — Eloges adressés par la
Propagande aux Congrégations religieuses de Pondichéry et du Coimbatour, III, 559. — Instructions de la Propagande sur les écoles mixtes, IV, 4. —
Instructions de la Propagande sur les
écoles neutres, 224, 226. — Le développement de l'éducation, nécessité
de collèges et d'écoles catholiques, 213,
228. — Subventions par la Compagnie
des Indes. III, 280. — Nature des
Ecoles dans la présidence de Madras,
IV, 541. — Ecole fondée par La Martinière à Calcutta, dangereuse pour les
catholiques, III, 274. — Ecoles protestantes en divers endroits, II, 124, 125,
126, 486, 617. — Statistique des
écoles protestantes dans les missions
de Pondichéry, de Maïssour et de Coïm-

batour, en 1896, IV, 529. — Ecoles regardées par les protestants comme l'un des meilleurs moyens de prosélytisme, II, 610, 614. — Influence des écoles protestantes, II, 124. — Neutralité des écoles régimentaires, II, 617 ; III, 272, 280. — Traits édifiants racontés par Lehodey, Dupuis etc., III, 471-479. — Ecoles (grav). V, XXXI, XXXIX, XLI, LXIII, LXXXV, XCV, XCVII, Cl. Voir : Collège, Instruction, Edification. Traits édifiants.

Egga. Charbonnaux y passe, III, 64.

Eglises. Constructions dans la mission de Pondichéry, I, IV, XLVIII. — Presque toutes celles de l'ancienne mission malabare sont dédiées à la Sainte-Vierge, 64. — Leur état en 1777 dans la mission malabare, 62. — Constructions d'églises dans la mission malabare, de 1777 à 1791, 127. — Constructions de 1793 à 1810, 201. — De 1810 à 1836, 285. — La Cie des Indes déclare n'accorder de secours pour les églises catholiques qu'autant qu'elles sont propriété du gouvernement, III, 279. — Le gouvernement anglais accorde peu de secours 271. — Secours donnés par le gouvernement français 131. — Contributions des chrétiens, 124. — Statistique en 1836, II, 9. — Constructions, II, 105-121. — Statistique au Maduré en 1842, 346. — Statistique pour la mission de Pondichéry en 1845, 378. — Au Maïssour, 381. — Constructions dans la mission de Pondichéry, de 1846 à 1861, 109. — Au Maïssour, 116, 710, au Coïmbatour, II, 363 ; III, 119, 711. — Compte des dépenses prévues par Bonnand, II, 619, 112. — Contributions des chrétiens, 125. — Etat de celles de la mission de Pondichéry, en 1857, III, 706. — Constructions d'églises de 1861 à 1873, dans la mission de Pondichéry, III, 496 — Au Maïssour, 98. — Au Coïmbatour, 500. — Constructions de 1873 à 1886, IV, 78-89. — Statistique en 1886 pour Pondichéry, IV, 446 ; pour Maïssour, 447 ; Coïmbatour, 449. — Questions à traiter dans le plan général d'administration, II 681. — De l'achat des terrains, de la manière de construire, II, 281, 692, 693 ; III, 120, IV, 483. — Revenus et fonds, II, 393, 650, 653, 659, 661, 662. — Propriétés et entretien des églises, II, 691, 693. — Forme des églises, distinction des castes, I, 98, 103 ; III, 41 ; IV, 483. — Valeur architecturale dans les trois missions, IV, 482.

Elankurichy. Chapelle III, 496.

Elections politiques. Correspondance de Laouenan et du gouverneur Laugier au sujet de l'attitude politique des missionnaires, IV, 353, 355, 359.

Elisabeth-Marie. Dirigeait l'école de Tranquebar, III, 541.

Ellamangalam. Corréa y meurt, I, LXXXVII

Emilie (sœur), supérieure des sœurs de Saint-Joseph de Cluny. Avis sur l'admission des topazines au pensionnat, IV, 246.

Emonet, supérieur général de la Congrégation du Saint-Esprit. Ne croit pas pouvoir accepter l'offre de Louénan de laisser ses prêtres au collège colonial, IV, 403.

Encens. Décret du 22 janvier 1854 accordant l'usage de l'encens aux messes chantées sans ministres sacrés, III, 12.

Ennanellur. Chapelle, III, 707. — A rattacher au futur district d'Amur, II, 740.

Enterrements. Parmi les chrétiens de l'Inde. IV, 493.

Erandi, Jésuite, fondateur du district de Colei, I, XVII.

Eranguelur. Chapelle et presbytère, IV, 78, 83.

Erichambady. Fondation du village, I, 285. — Détails sur la chrétienté, II, 121 ; III, 120, 130, 444, 479. — Possède église et presbytère, 711. — Difficultés avec les Goanais, II, 180 ; III, 633, 640, 642, 643, 644. — Eglise (grav.), V, XCI.

Erode. Détails sur la chrétienté, II, 98, 101 ; III, 444, 502, 711. — Population catholique en 1884, IV, 448. — Eglise (grav.), V, XCIII.

Erskine. Chargé d'affaires du Pape en Angleterre. Aide qu'il essaie de porter aux missionnaires français de Pondichéry, I, 175, 176, 178.

Erucur. Détails, I. V ; IV, 432.

Erumekarenur. Chapelle, III, 502.

Eruva. Conversion, I, XXIV.

Esclaves. Ordonnances du Conseil supérieur pour faire instruire les esclaves, I, 459. — Plan par Roger d'une œuvre de Rédemption des esclaves, III, 189.

Espérance (de l'). Prêtre portugais à Ayampett, I, 179.

Esprit de Tours, capucin. Chargé de la paroisse blanche, mort, I, XXXVI.

Etat-civil. Ordonnance du 16 août 1826 ordonnant remise à l'état-civil des registres de baptêmes, mariages et sépultures, I, 358. — Négociations de Laouenan, IV, 280. Voir : Mariage.

Eucharistie. Extension du temps pour l'accomplissement de la communion pascale I, 92. — Décisions du synode de 1844, II, 279, 280. — Administration aux diverses castes à la même table de communion, III, 45. — Inauguration des solennités de première communion à Pondichéry, III, 150. — La communion pascale compte pour gagner le Jubilé (décision de la S. Pénitencerie pour le jubilé de 1864), 456. Voir : Communion, Messe.

Eugénie. (Impératrice). Démarche de Bonnaud en faveur du convent du Saint et Immaculé Cœur de Marie, II, 483. — Audience de Charbonnaux, III, 68.

Evangélisation. Voir : Conversions.

Evêques. Leur dignité épiscopale doit être relevée par les cérémonies religieuses, II, 665. — Réception sous l'Empire, II, 61. — Leur rôle et leur vie d'après le plan général d'administration, II, 665 ; — dans les missions de l'Inde, IV, 457. — Les tournées pastorales, 458. — Vicaires généraux et conseils épiscopaux, 458. *Voir* : Vicaires apostoliques. Visites pastorales.

Evêchés. Aspect des constructions, IV, 485. *Voir* : Hiérarchie.

Examens. Annuels pour les prêtres, II, 456 ; IV, 290.

Exercices de piété. Fidélité que doivent y mettre les missionnaires (synode de 1844), II, 282.

Extrême-Onction. Décision du synode de 1844, sur la distance qui excuse le missionnaire de ne pas se déranger, II, 279. — La division des districts en rendra plus facile et fréquente l'administration, 674. — Règles posées par le coutumier de Pondichéry pour l'administration de ce sacrement, IV, 464.

F

Fabri, jésuite en résidence à Pondichéry, I, 61. — Curé de Karikal, 78. — A Tranquebar, 163. — Délégué par Champenois pour la visite apostolique de Madras, 182. — Ses travaux, 113, 159, 168 ; 215. — Mort, 222.

Fabriques. Ordonnances de M. Desbassyns, I, 359. — Leur utilité, leurs inconvénients, règles à établir pour les éviter, II, 662. — Bonnand songe à établir les conseils de fabrique 695. — A Karumattampatty, 704. — A Kumbakonam, 690. — A Pondichéry, III, 692. — Leur réforme d'après les instructions de la Propagande, IV, 4.

Fages. Arrivée à Pondichéry, II, 7. — Son portrait par Bonnand, 568. — Au synode de 1849, 643. — Prend part à la rédaction du plan général d'administration, 648. — Construit la chapelle de Putucote, II, 111. — Démarches pour offrir de nouveau aux Sœurs de Saint-Joseph de Cluny un établissement à Bangalore, 509. — Supérieur du collège royal, son rôle, 568, 575, 581, 600 ; III, 231. — Mort, 410.

Fabrer. Opinion sur l'utilité des collèges au point de vue des conversions, IV, 547.

Famine. Description, en 1736. — I, CXVII. — En 1737, CXIX. — A Pondichéry, par suite de la guerre entre les Français et les Anglais, 131. — En 1831 et 1832, 289, 292. — Occasionne peu de conversions, 293. — En 1854, mesures prises par le gouvernement français, III, 103. — De 1865 à 1866, 489, 574. — De 1876 à 1878, IV, 25-65. — La misère à Pondichéry, les aumônes, 47, 51, 54, 56, 423. — Fin de la famine, 52. —

Les camps de la famine à Bangalore, 43. — Au Coïmbatour, organisation du camp de secours à Matur, 44. — Aumônes distribuées journellement IV, 31. — Statistique des baptêmes d'adultes et d'enfants de païens de 1876 à 1879, 52. — Les orphelinats de la mission de Pondichéry après la famine, 130. — Les orphelinats au Maïssour après la famine, 132, 143. — Les orphelinats au Coïmbatour, 116. — Les desseins de la Providence en envoyant la famine dans l'Inde, 54. — Indication des lettres écrites au sujet de la famine de 1875-1878, IV, 556.

Faron. Gouverneur, IV, 175. — Favorise le transfert à la Mission de la direction de l'école Calvé, IV, 175. — Décret organisant le comité de surveillance des écoles de filles, 225. — Arrêté reconnaissant de nouveau à la paroisse de Karikal la propriété de l'ancien cimetière de Kijevely, III, 508. — Bienveillance pour la mission, III, 493 ; IV, 295, 421.

Faure. Arrivée à Pondichéry, III, 438. — A Karikal, 1871, 491.

Félix, capucin. Curé de la paroisse blanche, I, XXXVI, 450. — A propos de son testament, 450, 452.

Felix (J.) Prêtre de Pondichéry, II, 378. — Ordination, IV, 98. — Blâme de Bonnand au sujet d'une lettre impolie, II, 743. — Proposé pour le titre de missionnaire apostolique, IV, 98.

Fellez. A Agaram, I, XIX.

Fennelly. Appréciation par Bonnand, II, 98. — Sur les goanais, 236, III, 646, 651. — Demande à Rome l'érection d'évêchés, II, 300. — Conduite vis-à-vis de la mission de Vizagapatam, 364, 365, 366. — Actes divers, II, 147, 360 ; III, 608, 703.

Fennelly. Sacre, III, 679. — Au sacre de Laouënan, 679. — Prononce l'éloge funèbre de Charbonnaux, 698. — Mort IV, 429.

Fernandez. Prêtre goanais à Trichinopoly, I, 423. — Sentence portée contre lui par Pie IX, III, 309.

Fermes. Au Maïssour, IV, 448. — Au Coïmbatour, 449.

Féron. Arrivée à Pondichéry, III, 438.

Fêtes. Réduction des fêtes religieuses en 1785, I, 92. — Doit-on en supprimer (synode de 1844), II, 257, 282 ; III, 37, 382. — Questions à traiter dans la visite apostolique, III, 366. — Divergence dans les règles des divers Vicariats dans l'Inde, 351. — Réduction à quatre lors du concile de Bangalore, IV, 350. — Fêtes de Notre-Dame du Bon Secours à Yelakurichi, I, VIII ; de Saint-François-Xavier à Prattacoudy, I, XI ; De la Nativité à Ariancupam, I, XLIII. — La Fête-Dieu à Pondichéry, III, 230. — Les fêtes peuvent occasionner des conversions, 73. — Fêtes païennes des outils ou des armes, dis-

cussions, I, 369, 374 ; II, 46. — Fête d'Elamaïe, 46. — Fête de Villenur, 46. — Les musiciens sont exemptés des fêtes païennes au Maïssour, 58.

Fiançailles. III, 599. *Voir* : Mariage.

Fidèle (Jean), capucin. Délégué par Champenois pour la visite apostolique de la mission de Madras, I, 182.

Filère. Arrivée au Coïmbatour, III, 439.

Firminhac. Arrivée à Pondichéry, III, 438.

Fleury. Nommé directeur du Sém. des Missions-Etrangères, IV, 434.

Foltête. Carrière apostolique; IV, 432, 433. — Dét., biogr., 592.

Fomba (Marc de), capucin. Supérieur de la mission de Patna, I, 181.

Fontaine, (De la) jésuite. Evangélise Punganur, I, XXIII. — Supérieur de la mission du Carnate, LIII, LVIII.

Forbin-Janson. Bonnand lui expose sa pensée d'établir des orphelinats et les dépenses qui en résulteraient, III, 163.

Foubert. Au Coïmbatour, travaux, IV, 45, 46, 89. — Chapelain militaire à Wellington, 76.

Foucault. (Mᵐᵉ de) Offre à Bonnand de fonder un hôpital à Pondichéry, III, 175.

Foulon. Procureur de la Société à Macao. Dét., biogr., I, 181.

Forcade. Intervention demandée par le gouverneur de Pondichéry au sujet de l'enregistrement des bulles de Bonnand, III, 676, 678.

Fourcade. Arrivée à Pondichéry ; travaux, III, 438, IV, 20, 21; à Alladhy, 23. — Douleur en apprenant la défense d'admettre de nouveaux catéchumènes, 49, 50. — Construit, en 1884, l'église de Sittamur, 84. — Son sentiment sur les moyens de conversions, 518. — Opinion sur le mobile et la valeur des conversions pendant la grande famine, 57.

Fournier. Dét. biogr., II, 383, 738; III, 425; IV, 593.

France. En 1777 ne possède plus dans l'Inde qu'une colonie mourante, I, 60. — Appréciation par les Indiens, 485. — La Révolution de 1830 à Pondichéry, suppression de l'allocation à la mission, 375. — Bonnand voudrait qu'elle eut un consul à Bombay, III, 387. — La guerre de 1870; ses conséquences pour les missions, 691, 693. — Acte reconnaissant l'existence légale à la mission des Jésuites à Pondichéry, I, XXXI. — Offre la mission Malabare aux Missions-Etrangères, I, 17, 23, 32-35, 39, 42, 43, 51, 66. — Autorise les legs faits à la mission Malabare par le P. Félix, I, 452. — Différents dons et allocations faits à la mission de Pondichéry, I, 66, 238, 322, 323, 324, 325, 326, 329, 375, 379, 380 ; II, 54, 379, 380 ; III, 496. — Subventions pour construction d'églises, 131. — Mémoire Lefaucheur en 1859 sur la nécessité d'augmenter les crédits affectés au culte catholique de la colonie, III, 263. — Relations des divers Supérieurs de la mission de Pondichéry avec le gouvernement, II, 417, 715, 716 ; III, 61, 228-266, 319-387 ; IV, 294, 358. — Autorisation de construire l'église de Murgapacam, II, 108. — Autorisation pour l'imprimerie de Pondichéry, II, 137. — Affaire de la préfecture apostolique, I, 342, 345, 348. — Attitude dans la nomination et le sacre des évêques Vicaires apostoliques, I, 397; II, 357, 359, 731 ; III, 457, 674, 677 ; IV, 310. — Remerciements aux missionnaires pour le dévouement montré lors de l'inondation de 1872 à Pondichéry, III, 493. — Le mariage civil rendu obligatoire pour les catholiques dans la colonie en 1881, IV, 278. — Renonce aux démarches à Rome pour obtenir le renvoi des prêtres des Missions-Etrangères, de la colonie de Pondichéry, 359. — Consent à l'érection de Pondichéry en évêché dépendant entièrement du Saint-Siège, et demande que le titulaire soit toujours un français, 371. — Accord avec le Saint-Siège pour la suppression de la préfecture apostolique (16 septembre 1886), 374. — Conditions pécuniaires dans lesquelles il traite avec la communauté de Saint-Joseph de Cluny, I, 337, II, 499, 502. — Ordonnance de 1840 pour l'admission de Congrégations religieuses dans la colonie, III, 511. — Collège colonial. *Voir* : Collège. Différence entre les administrations française et anglaise, I, 319. — Influence au point de vue catholique, I, 321 ; III, 265.

Franciscaines Missionnaires de Marie. Construction de leur chapelle à Ootacamund, IV, 89, 274. — Fondation d'une maison à Coïmbatore en 1878, 275. — Etat de leurs œuvres en 1886, 275, 449. — Ouvrent des dispensaires et un hôpital 169, 170. — Etat de leur orphelinat de Coïmbatore, en 1887, 146. — Ouvrent des catéchuménats, 126. — Leurs hôpitaux, état en 1896, 533. — Leurs écoles en 1896, 540. — Nombre au Coïmbatour en 1896, 457. — Convent et chapelle d'Ootacamund (grav.). V, XCVII, XCIX.

Franciscains. Essais d'évangélisation au Maïssour au XVIᵉ siècle, I, XLVIII. — Désapprouvent la conduite des Jésuites au sujet des rites malabares, CVI.

François, capucin. Un des signataires de l'accord entre les jésuites et les capucins de Pondichéry, I, XLI.

François de Amor Divino. Texte du règlement qu'il rédige en 1841 pour Virarajendrapett, I, 479.

François-Xavier, (Saint). Baptise les premiers chrétiens de Pillavadandey, I, IV. — Opinion sur son apostolat IV, 511.

Fransoni (cardinal). Annonce à Hébert l'é-
rection du Vicariat apostolique de
Maduré confié aux Jésuites, I, 430. —
Annonce l'envoi du bref *Multa præclare*, II, 185. — Félicite Bonnand
des succès obtenus, 234. — Ratifie
l'accord entre le Séminaire et le Général des Jésuites, 327. — Audience
donnée à Charbonnaux, III, 66. —
Fin de l'administration de Gailhot à
Vizagapatam, II, 366.

Fraser, commandant anglais. Remet Pondichéry aux Français, I, 324. — Prévenances pour Bigot, I, 279.

Fraserpett. Station catholique. Détails, I,
LXXIX ; II, 112, 723 ; III, 63, 65, 116,
118, 413, 710. — Église (grav.) V,
LXXV.

Frayssinous, ministre des cultes. Réclamations d'Hébert et des missionnaires
à lui adressées contre les actes de
Desbassyns, I, 355.

Fréderic IV, roi de Danemark. Envoie
un missionnaire protestant à Tranquebar, I, 308.

Freire, jésuite. Supérieur de la mission du
Maduré, I, IX, XVII, XVIII, XIX.

French-Rochs. Massacre de deux prêtres
sous Tippu Sahib, I, 137. — Église,
III, 413, 710.

Frères. Projet de Barreau en 1817, I, 328.
— Idées de Desbassyns, 234. — Démarches pour en avoir, II, 141 ; III,
153. — Le synode de 1844 en désire,
II, 283. — Luquet chargé d'en trouver
304, 369. — Les Frères des Écoles
chrétiennes arrivent, difficultés, installation à Karikal, 143 ; III, 510, 527.
— Projet de Leroux, II, 410. — Projet
de Pottier, III, 536. — Opinion de
Laouënan, IV, 230. — Congrégation
fondée par Chevalier au Maïssour, II,
624, 627. — Règlement, 628. — Vont
au Coïmbatour, III, 533 ; s'en re-
tournent, 536. — Disparition de la Congrégation, IV, 240. — Nouvel essai,
son état en 1886, IV, 448 ; en 1896, 457.
— Noviciat (gravure) V, LV. — Les
Frères Lamennais désirés, ne viennent
pas, II, 575. — Frères de Saint-Patrick
au Coïmbatour, IV, 457. Leur collège
(grav.) V, XCV. — Frères Moraves à
Tranquebar de 1750 à 1801, I, 310.

Fresne, (chevalier Du) gouverneur de
Pondichéry, I, 152, 155.

Fricaud. Arrivée dans l'Inde, I, 238. —
Travaux, II, 71, 109. — Participe à la
réforme du séminaire, 255. — Aux
synodes, 260, 643. — Procureur, 404.
— Consulté sur la division de Pratta-
cudy et Vadurguerpatty, 739. — Dé-
couragement. Lettre que lui adresse
Bonnand, 402, 405. — A Ulgaret,
III, 540. — A Akkravaram, 684. —
Mort, IV, 429, 430. — Dét. biogr. 590.

Funérailles. Questions au synode de 1844,
II, 256.

G.

Gabrielpuram. Chapelle, IV, 83.

Gadanhally. Origine de la chrétienté,
église, souvenirs, I, LVI, 137 ; III, 63,
116, 118, 494, 495, 711 ; IV, 89. —
Borne chrétienne (grav.), V, XLIX.

Gadhy. Famille convertie I, XXIV.

Gailhot. Arrive en mission, II, 6. — A
Bangalore, 87 119 ; III. 93. — Songe à
écrire un journal mensuel, II, 135. —
Parle d'une réunion générale des missionnaires, 251, 252, 260, 289, 294. —
Difficultés avec les sœurs de Cluny,
508. — Supérieur de Vizagapatam,
II, 341, 342, 363. — Fait un essai de
séminaire au Maïssour, 447. — Départ
pour la France ; appréciation sur lui,
II, 87, 119, 252, 350 ; III, 93, 94.

Galabert. Aux Iles Nicobar, I, 437.

Gallot, jésuite. Prend part aux discussions contre la loi de 1864 sur les
mariages, III, 615.

Galtier, jésuite. Ordonné à Pondichéry, II,
446.

Gandy. Arrivée à Pondichéry, III, 488. —
A Coneripatty et Sindirapatty, IV, 32.
— Coadjuteur de Laouënan, 306, 309.
— Sacre, 311. — Conseils et encourage-
ments que lui donne Laouënan, 312.
— Entreprend une série de retraites
aux chrétiens, 69. — Administre le
Vicariat, 313. — Fait transférer à
Pondichéry les restes de Bonnand,
III, 403. — Appréciation, IV, 314.

Ganjam. Détails sur la chrétienté, I,
LXIV, 202, 416 ; III, 141, 498. — Popu-
lation catholique en 1884, IV, 447. —
Église, clocher (grav.), V, LXIII.

Garcia, prêtre goanais. Dans le Marava,
III, 652, 653.

Garcin. Carrière apostolique. Mort, IV,
437, 439. — Dét. biogr., 593.

Garet, jésuite. Carrière apostolique, I, 67,
77, 78, 113, 159, 163, 169, 189, 229,
441.

Garnault, missionnaire de Siam. Critique
la séparation des castes à l'église, I,
102.

Garnier. Arrive en mission, travaux. II,
7, III, 411. — Dét. biogr., IV, 592.

Garnier, jésuite. Au Maduré, II, 171, 199,
233 ; IV, 331. — Supérieur intérimaire, II, 331.

Garofallo, jésuite. Sa carrière apostolique,
I, 61, 77, 78, 113, 153, 219.

Gasnier. Au Maïssour, travaux, II, 58, 381 ;
III, 63, 469, 498, 557, 604. — Vicaire
apostolique de Malacca, IV, 439.

Gaudren. Construit la 1re église de Karumattampatty, I, XC.

Gavundapaleam. Station chrétienne I,
LXXXVII.

Gavundenpaleam. Chapelle et presbytère, III, 711.

Gélis (de). Au Coïmbatour, II, 383. — Prend un sakkili comme palefrenier, révolte des chrétiens, III, 34, 35, 37. — Doutes sur les usages de caste, III, 33. — Provicaire, II, 725; III, 34 435. — Procureur, II, 733. — Assistant au sacre de Godelle, 733. — Opinion sur la formation du clergé indigène, III, 369. — Député à Salem pour la question de la révision du règlement, 369. — Supérieur du séminaire, IV, 93. — Chapelain du couvent d'Oota camund, 92. — A Coonoor, à Palle-paleam, III, 120, 206, 436, 444, 500, 501, 537; IV, 244. — Difficultés qu'il voit à l'établissement d'un collège au Coïmbatour, II, 623. — Son caractère, 728, 729.

Gemma, prêtre du Maïssour. Travaux, II, 381, 449; III, 91, 498, 500.

Georges I, roi d'Angleterre. Favorise la diffusion du protestantisme dans l'Inde, I, 309.

Gerbier. Arrivée au Maïssour III, 439, 696. — Construit la chapelle de Sagar, IV, 86. — Ses ouvrages, 277, 584, 585, 586, 587, 588.

Gerdil, cardinal, Préfet de la Propagande. Annonce que la Congrégation ne veut pas donner à Champenois le titre de Vicaire apostolique, I, 175.

Geret. A Kandamangalam, III, 104. — Au synode de 1849, II, 643. — Travaux, II, 491; III, 106, 113, 114, 155.

Germain, prêtre de Pondichéry. Ordination, I, 209. — Mort 441.

Gibeaumé (de), jésuite, à Mailiapur, I, 61, — Chargé de Nellitope, 113. — Mort, 219.

Gibbes. Arrivée au Maïssour, III, 439.

Gindreau. Sa mort IV, 443. — Dét. biog. 594.

Gingi. Pris par les Français, I, CXXI. — Compris dans l'ancienne mission, III. — L'église et la maison prises par les Anglais, 63. — Population catholique lors de l'érection en district, IV, 73, 446. — Retour des apostats de la grande famine, 62.

Giraud. Arrivée dans l'Inde, II, 378. — Travaux, II, 723, III, 85. — Professeur au collège de Karikal, IV, 174. — Curé de Karikal, III, 112, 431, 508; IV, 78, 115.

Girard, (Marie de Saint-Jean-Baptiste). Au Bon Pasteur de Bangalore, II, 520. — Mort, 521.

Gladstone. Déclare au Portugal que le gouvernement anglais s'opposera au patronage sur les sujets anglais, IV, 337. — Ses déclarations annulées par Salisbury, 344.

Gnanadicam, prêtre de Pondichéry. Mort, I, 442.

Gnanadiner, prêtre syriaque, I, XCVII.

Gnanapragassanader, prêtre de Pondichéry, ordination, II, 378, 446. — Rêve un ordre religieux. Critiques de Bonnand, III, 191.

Gnanapragassanader, de Karikal. Ordonné diacre, II, 446.

Gnanapragassanader, du Coïmbatour. Ordination, travaux, mort, III, 444.

Gnanipaleam. Ancien village chrétien du district de Palghat, I, XCVI.

Gnany. Apostasie, III, 98.

Gnapragassam. Conversion III, 82.

Goa, Goanais. Evêché, devient archevêché en 1557, I, 24; II, 184, 192. — Dans deux assemblées tenues à Goa, la conduite de Nobili, est successivement condamnée, puis approuvée CV. — Opinion sur la bulle Omnium Sollicitudinum CIV. — Manque de préparation des prêtres goanais qui remplacent les Jésuites, CXXV. — Juridiction sur le Coorg, travaux des goanais LXVI-LXXXII. — Ils ont conservé la foi dans le Maduré, à Ceylan, CXIV; II, 156; IV, 107. — L'archevêque en 1830 se déclare prêt à retirer ses prêtres du Maduré, 419. — Pas d'archevêque, 423. — Les Vicaires apostoliques exempts de la juridiction de Goa, I, 25, 430, II, 180, 202, 243, III, 325, 341. Le schisme goanais, sa nature II, 155. — Bareto et Arokiam, 169. — Lutte au Maduré, Bertrand, Méhay, 174. — Lutte au Coïmbatour, 177. — Mesures prises par Rome, 180, 201. — Le Bref Multa præclare, 181. — Refus d'obéir à ce bref, 165, 167, 198-201. — Lettre de la Propagande confirmant de nouveau le bret Multa præclare, 224. — Cause de l'attachement des chrétiens aux Goanais, II, 160. — Leur valeur et celle de leurs adhérents, CXXV, CXXVI, CXXVII, CXXVIII, 418, 420; II, 106, 157, 158; 159, 160, 214; III, 636. — Différence entre les canarins et les catanars, I, 169. — Les Vic. apost., les gouvernements civils et les Goanais 201-218. — Procès de Kumbakonam, 204. — Lehodey à Négapatam, à Velangany, 207, 209. — A Tanjore, 211. — Jugement de la cour de Madras, en faveur de Texeira, 212. — A Tranquebar, 213, 215. — Appel au gouvernement français par Bertrand, 215. — Réclamations de la cour de Lisbonne au gouvernement français contre Bonnand, 216. — Visite pastorale de Bonnand au Maduré, 219; au Marava, 223. — Publication d'une pastorale, 224; — Lettres de Bonnand à des chrétientés et à des prêtres goavears, 225. — Bonnand sur la côte de la Pêcherie, 226. — Entrée de Bonnand à Tuticorin. Soumission du prince des Paravers, 229-232. — Résistance de deux prêtres syriaques au Maduré, 232. — Continuation de la lutte 234-250; Silva y Torrès ordonne 600 prêtres, 244. — Bonnand expose à la Propagande le résultat de l'arrivée à Goa

de Silva y Torrès, 240. — Affaire Texeira, 166, 180, 245, 302-307. — Dernier acte de Grégoire XVI contre le schisme, 247. — Résumé des événements (1836 à 1845), 250. — Rappel de Silva y Torrès 302-307. — Difficultés de combattre les Goanais dans la mission de Madras, 312. — Etat du schisme en 1845 dans la mission de Pondichéry, 343. — Sa situation dans les districts de Negapatam et Tanjore 346. — Sa force à Tranquebar, 380. — Le schisme oblige Charbonnaux à demander au Vic. apost. de Bombay les chrétientés du Coorg, 723. — Craintes exprimées par Pie IX à Charbonnaux, III, 66. — Schisme et concordat de 1857, 289-350. — Troubles 289-312. — Depommier à Tranquebar, Goust à Cottapaleam, 291, 292, 293. — Au Maïssour, 294. — Au Coïmbatour : révolte des chrétiens d'Atticodu, 294, 298. — A Palghat : arrivée de Joachim 298. A Covilpaleam, 300. — La situation aux Nilgirris, 301. — Moyens proposés par Bonnand pour combattre le schisme, 301. — Arrivée de l'évêque de Macao à Goa, de Matta, il fait une ordination nombreuse, 304. — Lettre collective des Vicaires apostoliques pour protester contre la conduite de Matta, 305. — Le bref *Probe nostis*, 312. — Le concordat de 1857, 312, 350. — Négociations et texte du concordat de 1857, 312. — Le concordat devant la chambre portugaise, 331. — Observations de Bonnand 333, 333. — Démarches d'Albrand, à Rome, 322. — Publication du concordat, sur l'ordre de la Propagande, les raisons de conclure le concordat de 1857, 348. — Pie IX n'approuve pas le concordat, motif qu'en donne Laouënan, 349. — Conséquences du concordat de 1857, 62, 640. — Un des motifs de la visite apostolique par Bonnand, 351. — Etat de la question de 1861 à 1870, 644-655. — Nomination d'un nouvel archevêque de Goa, d'Amorin, et étendue de sa juridiction, 624. — Il soutient les schismatiques, 651. — Texte du bref *Ad reparanda damna*, 626. — Commission apostolique de Saba, 632. — Dépommier à Rome, 634. — Lettre de Pie IX au Portugal, 635. — Le roi de Portugal répond aux plaintes de Pie IX, 638. — Résumé des négociations entre Rome et le Portugal de 1857 à 1884, 640. — Difficultés de la double juridiction 640, à 655. — Les Goanais acceptent tous les chrétiens qui viennent chez eux, batailles entre catholiques, 641. — Révolte au Coïmbatour, 642. — Lettres des Vicaires apostoliques au Pape en 1867 et 1870, 645. — Faits reprochés aux Goanais, 651. — Le nonce à Lisbonne présente au nom du Saint-Siège, une note concluant à l'abolition de la double juridiction, réponse évasive du Portugal, 654. — Suppression du patronage ; le concordat de 1857. La hiérarchie dans l'Inde, IV, 314-

409, 565-570 : *Voir*, Coïmbatour, Maduré Maïssour, Pondichéry Portugal.

Gobre. Famille convertie I, XXIV.

Godelle. Arrivée dans l'Inde, II, 7. — A Karikal, II, 86, 471, 730 ; III, 127. — Aux synodes de 1844, II, 260, 643. — Fait partie de la commission préparatoire du plan général d'administration 648. — Idée sur les attributions de son conseil, 397. — Supérieur du Grand Séminaire, 426, 443. — Projet d'un réglement unique pour les trois missions 704. — Coadjuteur, sacre, 730, III, 677. — Premier mandement III, 445. — Publie l'examen de quelques difficultés théologiques, IV, 288. — Les Goanais et le Concordat, II, 245 ; III, 345, 643. — Mémoire sur les obstacles causés par la double juridiction. 646. — Administrateur du Coïmbatour, II, 452, 530, 531, 728, 68, 434 ; IV. 93. — Approuve le projet de de Bonnand sur la nomination des provicaires secondaires, II, 736. — Visites pastorales III, 68. — Idées sur la visite apostolique, III, 356, 367, 369. — Prêche la retraite des missionnaires de Pondichéry, III, 162, 384. — Succède à Bonnand, 433, 436. — Négociations avec les Frères, 511, 517, 524, 530. — Projet d'un hôpital, 588. — Opinion touchant la loi sur les mariages, 11, 606, 615, 618. — Obtient l'autorisation d'imposer des taxes pour les dispenses de mariage IV, 286. — Au sujet de la préfecture apostolique, IV, 349, 350. — Sur l'instruction des filles par des religieuses indigènes, III, 548, 559. — Idées sur l'Evangélisation, 192 374. — Mandement sur l'instruction des chrétiens, 445, 453. — Fait prêcher des retraites aux chrétiens. — Sacre Dépommier 437. — Publie dans dans le Vicariat l'apostolat de la prière, 563. — Dons pour le Denier de Saint-Pierre, 434. — Vertus que doit avoir d'après lui un évêque, 434. — Sa mort, ses qualités II, 7, 730, 731, III, 433, 434, 435, 656, 657, 659, 660, 662, 668, 702. IV, 509. — Portrait (grav.) V, VII.

Godet. Arrivée en mission, II, 7. — Au synode de 1849, 643. — Chargé par Bonnand de l'institut Saint-Thomas, III, 193. — Professeur au collège colonial II, 569. — Principal du collège, qualités, II, 581, 600. — Supérieur du séminaire-collège de Pondichéry, 410. — Appréciation sur lui, III, 669.

Godineau, administrateur à Karikal. Projets pour l'instruction, III, 519, 520, 522, 523, 524, 525, 526, 546, 548.

Golconde, compris dans l'ancienne mission du Carnate, I, 11.

Gomez. Reçoit une lettre de Silva y Torrès, III, 240.

Gooty, chrétienté. Détails, I, XXIX, 276, 413 ; III, 387.

Goppipaleam. Chapelle et presbytère, III 711.

Goust. Départ pour les missions, I, 238.
— Assiste aux synodes, II, 260, 643.
— Fait partie de la commission préparatoire du plan général d'administration, 648. — Missionnaire à Salem, 68, 106. — Missionnaire à Tanjore, 124, 211. — Va au Coïmbatour, difficultés avec les Goanais, I, 282, 283 ; II, 252, 344. — Nommé supérieur du nouveau catéchisat, III, 156. — Missionnaire à Prattacudy, 54, 55, 110. — Difficultés avec les chrétiens de Cottapaleam, 292. — A Viragalur, 473. — Construit des églises et des presbytères, 112, 114, 115. — Ses sentiments relatifs à la croyance à l'Immaculée Conception 15. — Consulté sur la division de Vaduguerpatty et Prattacudy, II, 739. — Idée pour créer un fonds au clergé indigène, III, 461. — Ses succès contre le schisme, 293. — Sa mort, IV, 412. — Renseignements biographiques, IV, 590.

Gouyon. Arrive en mission, II, 7. — Procureur de la mission, construit l'orphelinat paria à Pondichéry, III, 164. — Achète sur les Shévaroys un terrain pour y établir un sanatorium 188. — Construit l'église de Villenur, IV, 78. — Au synode de 1849, II, 643. — A Salem, travaux, II, 488, 722 ; III, 86, 110, 112, 114, 121, 122, 135 ; IV, 426. — Supérieur du Carmel, III, 134, 135 ; IV, 108, 109. — Mort, 110, 428. — Dét. biogr. IV, 590.

Govacunta. District de Chikballapur, église III, 710.

Graby. Au Coïmbatour, II, 383. — Travaux, III, 436, 501. — Fait curieux qui lui arrive à Saveriarpaleam, 1864, III, 479.

Grande Aldée. Église, I, XLVI. — Presbytère et église II, 142 ; III, 706. — Ecole de filles, III, 547 ; IV, 249. — Eglise (grav.) V, XXIII.

Grand mogol. Autorité nominale sur le sultan du Dekkan, I, 61. — Le Vic. apôst. a juridiction sur le Coorg, XLVI, LXVIII, LXXIV, 475. — Soumis au patronat par le Concordat de 1857, III, 317.

Grandmottet. Arrivée, travaux, I, 73, 113, 146, 147, 149. — Dét. biog. IV, 589.

Grant, évêque de Southwark. Continue les négociations commencées par Strickland et Persico, III, 276.

Graul. Aurait fait bâtir une église à Mysore, I, 201.

Grégoire (Michel). De Paris dans l'Inde, I, 238, 240. — A Karikal, 241, 260, 286, 357, 370 ; III, 112. — Mort, I, 443. — Dét. biogr. IV, 590.

Grégoire. Difficultés à Puneikael avec des Goanais, IV, 332.

Grégoire XIII. Bulle de 1575 relative au patronat, I, 23.

Grégoire XV. Explication de sa bulle Romanæ Sedis par Champenois, I,

108. — Permission au P. de Nobili au sujet des rites malabares, I, CV.

Grégoire XVI. Bref d'érection des Vicariats apostoliques de la côte de Coromandel, I, 429, 491 ; II, 183. — Confirme dans une lettre au Vic. ap. de Goa, l'érection des Vicariats apostoliques de l'Inde, II, 180. — Bref Multa præclare 181. — Etablit plusieurs Vicariats dans l'Inde, 183. — Attitude vis-à-vis des Goanais, 180, 237, 247, 248, 249, 250. — Veut diviser toute l'Inde en Vicariats apostoliques, II, 297. — La division effectuée, confirmée par Pie IX, 709. — Consulte les évêques sur la croyance à l'Immaculée Conception, III, 13.

Grimault. Arrivée dans l'Inde, travaux, II, 377, III, 59, 82, 110, 112. — Jugement sur lui, II, 401. — Mort, III, 408. — Dét. biogr. IV, 591.

Grosborne. A Pondichéry, chargé du district de Polur, IV, 42.

Grosset. Arrivée en mission, II, 6. — Vol. IV, p.6. Lire Grosset et non Grasset. Mort, III, 404. — Dét. biographiques, IV, 590.

Guaruppa. Son baptême à Paris, I, XXXV.

Gucunta. Chapelle, III, 118, 498.

Gudalur. Visite de Charbonnaux, 1846, III, 63. — Chapelle, 1847, 116.

Gudalur-Wynaad. Population catholique, IV, 448.

Gudhur. Eglise, III, 710. — Eglise et presbytère, IV, 88.

Guérin, curé de Chandernagor, I, 343.

Gueting, prêtre goanais. Dilapide les biens de l'église de Tranquebar, II, 160.

Guety, procureur de la Société des Missions-Etrangères à Pondichéry. Dét. biogr., I, 9.

Guillon. Au Maïssour, II, 381. — Travaux, humilité, mort, III, 500 ; IV, 437. — Dét. biogr., IV, 593.

Guirbaldi, jésuite. A Ariancoupam, à Nellitope, I, 64, 75, 113. — Mort, I, 219.

Guntur. Détails sur cette chrétienté, I, XXIX, 263, 297.

Gundelpett. Eglise, III, 118, 710.

Gwalior. Mauvaise conduite du prêtre goanais, II, 158.

H

Haïder-Ali. Sultan du Maïssour, ami des Français, ennemi des Anglais, conquêtes, I, LXI, LXIII, LXV, CXIV, CXX, 130, 132. — Transporte au Maïssour des catholiques de Mangalore, LIV. — Faveurs qu'il témoigne à certains chrétiens de Seringapatam, LV. — Autorise de Miranda à ériger une chapelle à Mercara et à y demeurer, LXVI.

Haïnan. Tombera sous la juridiction ordinaire de l'évêque de Macao un an après la ratification du concordat de 1857, III, 314.

Hamelin, amiral, ministre de la marine. Déterminations à l'égard des superstitions indiennes, III, 245.

Hariar. Détails sur cette chrétienté, I, 276, 287; II, 88, 112; III, 68, 498, 696 711; IV, 43. — Chapelain militaire, III, 92. — Pèlerinage à la sainte Vierge, I, 203; II, 89.

Hartmann, Vic. apost. de Patna, puis de Bombay. Attitude au sujet de la loi anglaise sur les mariages, III, 615, 618, 622. — Proteste contre les empiètements de Silva y Torrès et de Matta, II, 241; III, 305, 306. — Fonde un orphelinat, III, 273. — Assiste Bonnand à ses derniers moments et prononce son oraison funèbre, III, 389, 394. — Cède à Charbonnaux les chrétientés du Coorg, II, 728.

Haruballé. Détails sur cette chrétienté, I, L; II, 92; III, 64, 117, 118, 710; IV, 436. — Incendie, III, 495. — Population catholique en 1884, IV, 447.

Hassan. Notes sur les anciennes chrétientés du district et sur cette station, I, LVI; III, 412, 498, 500; IV, 437, — Population catholique en 1884, IV, 447. Eglise (grav). V, LXIX.

Hautière. A Pondichéry. Dét. biographiques, II, 378; IV, 413, 591.

Haye (de la). Commande à Bellanger de Lespinay de s'installer à Pondichéry, LXXIX.

Hayns, collecteur. Donne un terrain à Pudupett, pour bâtir l'église, II, 120.

Hébert. Arrive dans la mission malabare, I, 73. — Supérieur du collège de Pondichéry, 210. — Procureur de la mission, 218. — A Tranquebar, 163. — Sentiments en apprenant les malheurs de la France, 231. — Nommé coadjuteur, son sacre, 216, 229. — Non intervention du gouvernement français lors de son sacre, III, 677. — Vic. ap., I, 428, obligé de céder deux chrétientés à l'archevêque de Cranganor, I, 258. — Choix qu'il fait d'un coadjuteur I, 392-404. — Attitude au sujet des fêtes païennes, 362, 363, 374. S'occupe du Maduré, 419-426. — Difficultés avec Desbassyns, 349-360. — Cesse d'assister aux séances du bureau de bienfaisance, 350. — Demande le rétablissement des allocations, 322, 329. — Inquiétudes en apprenant la révolution de 1830, 375. — Conduite lors de la révolte des parias à Pondichéry, 383. — Charité durant la famine, 293. — Il faut traiter les Indiens comme des enfants dans la foi, 432. — Motif de son refus d'accéder aux projets de Supriès, 436. — Ne veut plus ordonner de prêtres indigènes avant 39 ou 40 ans, 258. — Accusé par Luquet d'apathie pour l'œuvre du clergé indigène, II, 367. — A besoin de prêtres, 232, 236. — Demande et obtient une cloche pour la cathédrale, 368. — Abandonne les préventions qu'il avait d'abord eues contre les sœurs de Saint-Joseph, 239. — Conduite

politique, 376, 380. — Refuse la paroisse blanche, 341, 349. — Rédige les Usages et le Coutumier, 388, 391; II, 646. — Qualités, mort, I, 216, 228, 237, 369, 404, 453, 455. — Ses neveux et nièces réclament son héritage, 453.

Hébert (général), gouverneur de Pondichéry, I, XXXV.

Hébrard, sénateur de l'Inde, IV, 359.

Hecquet, avocat. Rôle dans l'affaire des révoltés de Karikal, II, 81. *Voir :* Karikal.

Heggaddevankote. Souvenirs sur la chrétienté, I, LV.

Henry. Arrive dans l'Inde, II, 377. — Supérieur du séminaire-collège de Pondichéry, 440.

Hérétiques. Statistiques des conversions de 1850 à 1886, IV, 577. *Voir :* Protestants.

Hésébon. Titre épiscopal de Mgr Luquet *au lieu* de Hésibon.

Hiérarchie. Fennelly en demande l'établissement, II, 300. — Plan de Luquet sur la hiérarchie dans l'Inde. Opposition au séminaire, 300, 302, 303, 306, 308, 311. — Opinion de la Propagande, III, 354. — Bonnand ne la juge pas opportune, 359. — Question à traiter dans la visite apostolique, 366. — Doit être préparée par la formation du clergé indigène, 369. — Caarbonnaux la juge nécessaire dans l'Inde, 385. — Rome commence à en préparer l'établissement dans l'Inde, IV, 314, 409. — Rapport de Laouënan sur l'établissement de la hiérarchie, 387. — Etablissement, 375, 382. — Proclamation, 382, 394. — Délimitation lors de l'établissement de la hiérarchie, 392. — Lettres apostoliques pour la constitution des Eglises des Indes orientales et de Ceylan, 7 juin 1887 (texte latin), IV, 567.

Hilaire, prêtre de Pondichéry. Ordination, I, 256. — Mort, 441.

Hogan (Marie de la Providence). L'une des premières religieuses du Bon-Pasteur de Bangalore, II, 5'0, 519.

Hollandais. Introduisent le protestantisme dans l'Inde, I, 308. — Persécutent les catholiques, CXII. — Etablissent un fort à Palicate, 6.

Hong-kong. N'est pas compris dans la juridiction épiscopale de Macao (concordat de 1857), III, 313.

Honsur. Eglise et presbytère, II, 112, 741; III, 116, 413, 710. — Eglise (grav.) V, LXIX.

Hôpitaux. A Chandernagor au XVIIIe siècle, I, XLIV. — Plan proposé par Bonnand, III, 168-175. — Mme de Foucault offre à Bonnand de fonder un hôpital à Pondichéry, 17. — Fondation à Pondichéry d'un petit hospice de vieillards, 176. — Projet de Godelle, 588, 590. — Hospice Desbassyns de Richemont IV, 156. — La Léproserie, III, 178-184. — Hôpital de Ka-

rikal confié aux sœurs de saint Joseph, IV, 158. — Fondation de l'hôpital Sainte-Marthe à Bangalore, 158. — Hôpital civil de Mysore confié aux sœurs de saint Joseph de Tarbes, 161, 167. — Fondé à Settihally par M. Desaint, secours du gouvernement anglais, III, 591. — Fondé en 1886 à Coïmbatore par les Franciscaines, IV, 164, 170. — Statistique pour la mission de Pondichéry en 1845, II, 378. — Statistique en 1856 dans les trois missions, IV, 447, 448, 449. — Statistique en 1896, 531, 532, 533. — Bien produit par les hôpitaux, 115, 169. — Ordonnance de la Cie des Indes, III, 280. — Hôpitaux et Hospices (grav.), V, XI, LI, LXI, LXVIII, LXXXVI, Voir Dispensaire, Hospice.

Hoskote. Allocation au missionnaire, II, 86. — Ancienne chrétienté du Maïssour, I, LI, LIII.

Hospice. État de celui dirigé à Pondichéry par le Père Duchoiselle, I, 126. — Il y en avait un à Pondichéry avant 1773, I, 65. — Fondation de l'hospice Desbassyns de Richemont, IV, 156.

Hossahally. Chapelle, III, 498.

Hossur. Fait partie de la mission du Maïssour, I, I. — Chapelle, I, 287, III, 710. — Orphelinat agricole, son état en 1883, IV, 138. — Fermeture de cet orphelinat, 142.

Howard. Secrétaire de Saba, commissaire apostolique, III, 632, 634.

Hugonin, évêque de Bayeux. Remerciements de Laouënan à l'occasion des dons pour les affamés, IV, 6.

Humanæ salutis. Bulle d'érection de la hiérarchie dans l'Inde, IV, 376, 559.

Hunsur. Visite Charbonnaux, III, 63. — Chapelle érigée, 50.

Hurtrel. Affaire au sujet de la caste, III, 245.

Hyderabad. Luquet l'indique comme Vicariat apostolique, II, 339. — Nomination du Vic. apost. 361. — Les prêtres goanais, II, 158; III, 290, 317. — Le Vic. apost. signe la lettre collective demandant l'abolition du patronat, 651. — Les sœurs de Loretto, II, 530, 531. — Visite apostolique de Bonnand, III, 387. — Statistique des prêtres et des catholiques en 1853, 269. — État statistique du protestantisme en 1858, 202. — Aucun prêtre indigène en 1875, IV, 191. — Érigé en évêché; nouvelles limites, 375, 380, 387, 392.

I

Idatteru. Construction d'une chapelle, I, 87.

Iditamangalam. Familles catholiques passées au protestantisme, III, 215.

Idrattumangalam. Converti par le P. de Nobili, I, X.

Ignacinader, prêtre du Coïmbatour, ordonné en 1886, IV, 92.

Imbert. Vic. apost. de Corée. Lettre de Bonnand au sujet de son martyre, II, 4187.

Ikkeri. Compris dans l'ancienne mission du Carnate, I, 11.

Illivudu. Conversions, IV, 16.

Immaculée-Conception (religieuses indigènes). Raison et but de leur fondation par Desaint, 1861. — Commencements, III, 358. — Quelques-unes de leurs maisons et de leurs œuvres, III, 557, 558, 591; IV, 124, 139, 146, 273. — État de leur hôpital à Settihally, 532. — État et œuvres en 1886, 142. — Nombre en 1896, 457.

Immaculée-Conception. Office votif concédé à la mission malabare, I, 91. — Fête II, 16. — Circulaire de Bonnand au sujet de la croyance à l'Imm., Concep., III, 15. — Décrets du 21 janvier 1840 autorisant pour la Société des Missions-Étrangères diverses pratiques en l'honneur de l'Immaculée Conception, 13. — La cathédrale de Pondichéry lui est dédiée ainsi que les églises de Chetpett, Amutty, etc. Voir : Lourdes. Pondichéry. (paroisse).

Imprimerie. Questions posées dans le plan général d'administration, II, 684. — Don du gouvernement, 137. — Bien qui en résulte, III, 43. — Ouvrages publiés par les missionnaires du Coïmbatour, IV, 588. — Imprimerie du Maïsour, fonctionnement, publications, dépenses, II, 127, 632, 635; III, 559; IV, 277, 584. — A Pondichéry, fonctionnement, publications, I, 66; II, 133, 136, 304, 378, 634; IV, 277, 580. — Au Maïssour II, 127, 632, 635; III, 559; IV, 277, 584. — Ouvrages publiés par les missionnaires du Coïmbatour, IV, 558. — Caractère des livres que publient les imprimeries protestantes, leur énorme diffusion. Médiocrité des résultats (rapport Laouënan 1858), III, 206.

Inde. Mémoire de Pallu sur l'action que doit y exercer la Cie des Indes Orientales, I, 5. — Lutte entre les Anglais et les Français (1744 à 1761) CXX, CXXI, 127, 234. — Situation politique du sud de l'Inde en 777, 60. — Appréciation des Indiens sur les Anglais et les Français en 1784 (rapport de Bussy) I, 485. — Effet des révolutions de 1830, de 1848 et de l'Empire, I, 375, III, 234, 235. — Révolte des Cipayes, III, 281. — Division des Indiens en castes (voir Castes) I, XCIX. — Lettres sur l'Inde, correspondance de Laouënan durant son voyage avec le visiteur apostolique, III, 368. — Division en Vicariats apostoliques, II, 297, 339. — Population catholique vers 1744, documents datés de 1744, 1748, 1754, I, CXI. — L'évangélisation de l'Inde n'a pas été l'œuvre du seul Portugal, III, 338. — Population catholique en 1700 et en 1800, inexactitude des chiffres donnés par Louvet, I, CXII. — Le catholicisme gardé dans l'Inde par les prêtres goa-

nais II, 156. — Etat du catholicisme en 1853, III, 266, 269. — Changements opérés dans la vie des missionnaires de 1800 à 1857, II, 583, 585 ; IV, 496, 507. — Action des Anglais et des Français au point de vue religieux, I, 320, IV, 453. — La protestantisme dans l'Inde, I, 308 ; III, 201-227, 321. — Pourquoi il y a plus de conversions dans le sud que dans le nord, opinion de Laouënan, IV, 468. — Etat actuel de l'Inde, 452. — *Voir :* Instruction.

Indiens. Peuvent faire de bons catholiques, I, 206. — Dubois publie un opuscule pour démontrer qu'il est impossible de les convertir au christianisme, 316. — Leur caractère, II, 687. — Comment ils apprécient la civilisation et les usages européens, IV, 469. — *Voir :* Chrétiens.

Indiravanam. Conversion du village IV, 40.

Indulgences. Concédées pour les fêtes du Saint-Sacrement, Immaculée Conception, Saint-François-Xavier, Nativité, I, 91. — Obtenues pour la confrérie du Sacré-Cœur, 211. — La confession bi-mensuelle et même mensuelle suffit pour gagner les indulgences, III, 1.

Inhumations. Tarif des inhumations dans le Coorg, I, LXXVIII, dans la paroisse blanche de Pondichéry, 486. — Habitudes des chrétiens, IV, 493.

Innocent XII. Défend aux évêques de l'Inde d'exercer la juridiction sur les territoires confiés aux Vicaires apostoliques, I, 25.

Innocent XIII. Charge une commission spéciale d'étudier la question des rites malabares, I, CVIII.

Inondations. Ravages, III, 104, 490, 493 ; IV, 109. — A Vellore et dans la colonie française en 1872, remerciements officiels adressés aux missionnaires, 490, 493.

Instruction. *Mission Malabare et Pondichéry. Pour les filles.* — Les Ursulines, I, XXXVI. — Ecole des filles par Ansaldo I, 123. — Les sœurs de Saint-Joseph de Cluny. Leur arrivée, premiers travaux 333 ; II, 14-44, 467. — Décret portant la création d'une école gratuite pour les Topazines 459, 489. — A Karikal II, 499. — De 1861 à 1869 manque de personnel III, 546. — Admission des Topazines au pensionnat de Pondichéry, IV, 245. — Etat et statistique de leurs écoles de 1828 à 1887, 245, 447-449. — Etat en 1896, 537, 538, 544. — Le pensionnat de Mme Smith, II, 147. — Les religieuses de Loretto, et leur école à Vellore III, 1550. — Le Carmel a une école, II, 1467. — Saint et Immaculée Cœur de Marie (Congrégation du). Fondations, ses premières écoles, II, 468, 473, 485. — De 1861 à 1869, III, 540-557. — Enseignements du français, 542. — Inspection, IV, 220. — Développement par Bergez, IV, 249. Convention plaçant les écoles sous le contrôle de la commission d'instruction publique 250. — Programme Comité d'Indiens 252, 253, 572. — Budget 255. — Direction 256. — Ecole normale. — Progrès sur le territoire anglais 261, — Statistique en 1887, 269. — Etat en 1896, 537. — Ecole Sainte-Eugénie en 1883, IV, 258. — Saint-Louis de Gonzague (Congrégation de) pour les pariates, II, 495. — De 1861 à 1869, secours de l'administration française, III, 544. — Etat en 1887, IV, 265. — Etat en 1896, 538. — N.-D. de Bon-Secours (Congrégation de). Etat et écoles en 1887, IV, 268. — Services rendues par les religieuses indiennes, pour les écoles de filles II, 496. — *Pour les garçons.* Etat de 1777 à 1791 I, 123. — De 1791 à 1810, 210. — La mission au collège royal de 1816 à 1836 ; le remet à l'administration civile, 328. Etat des écoles de la mission de Pondichéry en 1841, II, 141. — Opinion du synode de 1844, 272. — Instruction *Neminem* par la Propagande, 467. — Etat des écoles de garçons en 1855, II, 619 ; en 1861, 033. — Frères des Ecoles chrétiennes. Arrivée. Difficultés, contrat. A Karikal, départ III, 510-528. — De 1840 à 1861 : Etat du *collège royal* II, 538. — La mission le reprend, 540. — Arrêté à ce sujet, 562. — Commission d'instruction publique : arrêté en 1846, 567. — Etat du collège en 1849, 575 ; en 1854, 581. — Résultats moraux, 587. — Rapports Lefaucheur, 602. — Observations sur l'enseignement qu'on y donne, débats au conseil colonial, IV, 179-191. — Les Indiens au collège colonial, 131. — Accusations contre le collège en 1878, défense par Laouënan 195-203. — La mission quitte le collège colonial et est remplacée par des prêtres de la congrégation du Saint-Esprit, 204. — Elle le reprend, 403. — Etat en 1896, 536. — Règlement de 1847, II, 748. — Règlement de 1885, IV, 573. — Décision sur le programme des demandes pour les bourses, 570. — Dans la colonie française direction et inspection des écoles par les missionnaires, IV, 179. — *Le petit séminaire-collège,* Réforme, IV, 191. — Etat en 1896, 536. — *Karikal,* fondation du collège, II, 587. — Règlement sur les droits du curé et du supérieur collège 593, 594. — Etat en 1855, 595. — Supériorat de Barbé, IV, 173. — Etat en 1896, IV, 536. — *Cuddalore.* Fondation et développement, IV, 231-238. — Résultats moraux, 238. — Etat en 1896, 536. — Ecole *Calvé,* pendant la direction de la mission IV, 176. — Statistique pour toutes les écoles de filles et de garçons en 1887, IV, 447 ; en 1896, 536. — *Maïssour.* Ecoles pour les filles. Maïssour. Religieuses de Saint-Joseph de Cluny à Bangalore, insuccès, II, 507. — Religieuses

du Bon-Pasteur II, 509 ; premières écoles, 517. — Contrat avec Charbonnaux, 519. — Développement de leur pensionnat et école industrielle, III, 552-557. — Etablissement à Mysore, IV, 269. — Etat en 1896, 538. — Saint-Joseph de Tarbes. — Arrivée, écoles, IV, 271. — Etat de leur école à Bangalore, en 1896, 539. — Religieuses de Sainte-Anne, leurs écoles en 1860, II, 521, 522. — En 1865 à Mysore, III, 557. — Remplacées par les religieuses du Bon-Pasteur, IV, 269. — Religieuses de l'Immaculée-Conception, fondation, écoles, de 1861 à 1865 III, 556. — Peu de succès, IV, 273, 539. — Statistique des écoles de la mission en 1896, 539. — (Errata vol., IV, p. 538, 30ᵉ ligne au lieu de religieuse de Sainte-Marthe lire religieuse de Sainte-Anne.). Pour les garçons. Etat des écoles en 1855, II, 619 ; en 1861, 633. — Fondation d'une congrégation de Frères par Chevalier, leurs écoles, II, 624. — Collège Saint-Joseph de Bangalore, état en 1864, III, 528. — Situation de 1874 à 1887, IV, 241-244. — Etat en 1896, 538. — Ecole de Mysore, IV, 538. — Statistique de toutes les écoles de filles et de garçons en 1887, 447 ; en 1896, 538. — Coimbatour. Pour les filles. Religieuses de Loretto, insuccès II, 529, 529. — Religieuses Indiennes de la Présentation, II, 532. — Leurs écoles en 1872, III, 558. — Nouvelles écoles de 1875 à 1886, IV, 276 ; en 1896, 540. — Les Franciscaines Missionnaires de Marie, écoles et pensionnats, IV, 274 ; en 1896, 540. — Pour les garçons. Etat des écoles en 1855, II, 619 ; en 1861, 633. — Frères de Saint-Joseph, 533. — Projet de Pottier, 536. — Le collège Saint-Michel de Coimbatore, IV, 244. — Etat en 1887, 447 ; en 1896, 539. — Ecole de Coonoor en 1865, III, 537 ; en 1873, 539 ; en 1887, IV, 447 ; en 1896, 540. — Statistique de toutes les écoles de filles et de garçons en 1887, 449 ; en 1896, 540. — Instruction dans la colonie anglaise avant 1854, II, 604 ; — Organisation de 1854, 606. — Ecoles gouvernementales et protestantes après la révolte de 1857, 608. — Coup d'œil sur l'instruction dans la présidence de Madras IV, 206. — L'Université de Madras et ses facultés, affiliation, professeurs, règlements, allocations, 207-219. — L'enseignement dans l'Inde, en Angleterre, en France, 213. — Réformes de Lord Ripon ; conseils de Laouënan, 219. — Instructions de Rome sur les écoles mixtes, 224. — Nécessité de collèges et d'écoles catholiques, 228. — Ecoles protestantes dans les Missions de Pondichéry, du Maïssour et du Coimbatour, IV, 520-531. — Etat général de l'Intruction sur les territoires des missions dans l'Inde française et dans l'Inde anglaise, IV, 541. — Utilité des collèges au point de vue des conversions, 546. Voir : Ecoles.

Inyimodu. Baptême des païens, IV, 40.

Irangalur. Chapelle, III, 708. — Presbytère, III, 114.

Irundey. Chapelle et presbytère, III, 709.

Irupapettur. Chapelle, III, 707.

Isle-Dieu (abbé de l'). Démarche auprès de Sartine pour la cession aux Missions-Etrangères de la mission Malabare, I, 19.

Issanecaré. On y trouve des descendants de chrétiens apostats, I, X.

J

Jacobini (cardinal). Note et mémoire sur le patronage au point de vue canonique et historique, 1885, IV, 335. — Instructions aux Vicaires apostoliques sur la prochaine abolition de la juridiction extraordinaire, 337. — Félicitations à Laouënan, 339, 341. — Signe le Concordat, 345. — Signe avec de Béhaine l'accord pour la suppression de la Préfecture apostolique, 374.

Jacobnader. Accompagne Bonnand dans la visite de Salem, III, 60.

Jacques, prêtre schismatique. Appelé à Erichambady, III, 643.

Jaffna. Luquet l'indique comme Vicariat apostolique, II, 389. — Erection en Vicariat apostolique, IV, 380. — Différend entre les Vic. apost., III, 62. — Soumis au patronat par le Concordat de 1857, 317. — Visite apostolique en 1860 par Bonnand, 375. — Le Vic. apost. en 1870 signe la lettre collective au Pape pour demander l'abolition du patronat, 651. — Etat du clergé indigène en 1875, IV, 102. — La réunion de Trichinopoly, en 1877, règle les difficultés relatives à la double juridiction dans ce Vicariat, 318. — Erigé en évêché, 375, 392. — Etat statistique du protestantisme en 1858, III, 202.

Jalabert. Procureur de la Société des Miss. Etr. à Pondichéry, I, 9, 48. — Signe l'acte de réunion des Jésuites aux prêtres des Miss.-Etr., 55. — Peu déférent pour les Jésuites, 53. — Attitude dans la question de la séparation des castes à l'église, 100, 102. — Projet pour la fondation d'un séminaire indigène, 117. — Ennuis avec les Anglais, mort, 148.

Jalamangalam. Visite de Charbonnaux, III, 65.

Jame. Dét. biogr., I, 253 ; IV, 590. — Départ pour les missions, 238, 255. — Au sacre de Bonnand, 404. — Au Maduré, mort, 424, 426. — Humilité, esprit d'oraison, 446. — Faits extraordinaires obtenus par son intercession, 448.

Jansoone. Arrivée au Maïssour, III, 439. — A Mysore 471. — Notes sur le Coorg, I, LXV. — Obtient quelques succès au Coorg, IV, 24. — Construit

des chapelles, 88. — Construit la chapelle de Mottachery, 89.

Jarric. Départ, I, 73. — Débuts apostoliques au Séminaire, 115.

Jarrige. Dét. biogr., départ pour les missions, I, 238, 239, 241. Discussion avec des brahmes, 294. — Apprécie certaines cérémonies extérieures pour les fêtes de la Semaine Sainte, 362. — Difficultés, 277, 297; II, 61. — Fait débouter de leur demande les héritiers Hébert, I, 455. — Chargé de l'évangélisation des Maldives, II, 78. — A Bangalore, I. 274. — Sa tristesse de ne pouvoir obtenir plus de conversions, 281. — Au synode de 1844, II, 255-260. — Participe à la réforme du séminaire, 255. — Favorable à la mission de Luquet en Europe, 301. — Curé de Saint-François-Xavier à Bangalore, 122. — Remplace les prêtres de Madras à Cuddalore, 314. — A Mysore, III, 64. — Prend part à la rédaction du plan général d'administration, II, 548. — Proposé par Bonnand pour succéder à de Brésillac, 728, 730. — Ses sentiments touchant la croyance à l'Immaculée-Conception, III, 15. — Opposé à la réduction des jeûnes, 98?. — Construit plusieurs chapelles, I, 287; II, 421; III, 117, 18, 493, 500; IV, 86. — Provicaire, II, 16, 362, 449, 725. — Au Coïmbatour, II, 81. — Appréciation sur les prêtres goanais du Coïmbatour, II, 159. — Écrit un opuscule sur le schisme goanais, 170. — A Ceylan pour examiner la situation religieuse, 31. — Circulaire sur l'emploi des fonds de la Sainte-Enfance, III, 167. — Compose un traité sur la vocation, le noviciat, les vœux, à l'usage des Sœurs de Sainte-Anne, II, 522. — Fête à Bangalore pour ses noces d'or, III, 440. — Refuse d'accompagner Charbonnaux en France, 440. — Se retire à Settihally, 442. — Pensées pieuses, 442. — Jugement sur lui, II, 350, 362; III, 367.

Javouhey (Sœur Rosalie). Éloge des religieuses de Saint-Joseph à Pondichéry I, 340. — Au sujet de la formation des sœurs indigènes, II, 503. — Heureuse à Pondichéry, 505. — Relations épistolaires avec Bonnand, 506 III, 141.

Jean, jésuite. Opinion sur les conséquences de la bulle Omnium sollicitudinum I, CLXI, CXXVIII.

Jean-Louis, prêtre de Pondichéry. Ordination, II, 8. — Livres publiés par lui, IV, 581.

Jeannin. Arrivée à Pondichéry, III, 439.

Jégorel. Chargé de l'école pariate de Pondichéry, IV, 179.

Jérôme (P). Provincial des Capucins, I, 13.

Jésuites. Fondent les missions du Maduré et du Carnate, I, III, 12. — Obtiennent juridiction de l'évêque Maïlapur XXXI. — Lettres patentes de Louis XIV, I, 456. — Font plusieurs propositions pour augmenter les conversions à Pondichéry, XXXII. — Difficultés avec les Capucins à Pondichéry, XXXI, XLI. — Texte de la convention passée avec les Capucins au sujet de la ville de Pondichéry et des environs, 460. — Appelés à Chandernagor par la Cie française, XLIII, 461, 468. — A Karikal, Oulgaret et Nellitope, XLIV, XLVII, XLVIII. — Fondent la mission du Maïssour, XLVIII. — Évangélisent le Coïmbatour au XVIIe et au XVIIIe siècles, LXXXIII. — Divisés sur la question des innovations tentées par le P. de Nobili, I, CV. — Réclamations contre le mandement de Tournon sur les castes, I, CVII, CXXVI, 100. — Don à eux des villages de Cheyur et Merkanam par Mad. Dupleix, II, 145. — Persécution du Portugal, CXXII. — Suppression de la Cie de Jésus, CXVI, CXXII, 12, 27. — Difficultés de juridiction faites par l'évêque de Maïlapur après la dissolution de la Cie, 17. — Dans la mission malabare ils ne croyaient pas possible le clergé indigène 62, II, 164. — Instances pour conserver la mission malabare, 13, 14, 16. — Secours promis mais non donnés par le gouvernement français après la suppression de la Cie de Jésus, 66. — Réunion des anciens jésuites aux prêtres des Missions-Étrangères, 19, 41, 48, 59, 67, 77. — Acte officiel de leur réunion aux prêtres des Missions-Étrangères à Pondichéry, 55. — Leurs biens à cette époque, 54. — Noms et postes de ceux qui sont dans la mission malabare en 1777, 61. — Union de prières contractée avec les missionnaires de Pondichéry lors de la réunion, 59. — Procès au sujet des fonds placés sur la Cie des Indes. — Transaction, 66, 67. — Accord pécuniaire conclu avec les Missions-Étrangères en 1785 par l'intermédiaire de Pigneau de Behaine, 67. — Chargés du Maduré, I, 430, II, 233, 346. — Estime pour les prêtres des Missions-Étrangères de l'Inde, II, 325. — Mécontentement de l'administrateur de Granganor en apprenant leur envoi au Maduré, 165. — Songent à établir un collège à Tranquebar, puis à Negapatam et à Karikal, 587. — Offrent au gouvernement français de prendre la direction de l'établissement dit collège royal, 540. — Accepteraient volontiers la paroisse blanche de Pondichéry, 720. — Voir: Maduré, Pondichéry.

Jeûne. Réduction à 9 jours de jeûne pour les Indiens, I, 94. — Dispense de jeûne, II, 16. — Décret du 28 mai accordant aux missionnaires dispense du jeûne comme en France. — Du 19 novembre 1854 réduisant les jeûnes pour le Maïssour. — Du 7 janvier 1855 réduisant les jeûnes et abstinences pour les missionnaires et les Européens, comme pour les Indiens, III, 4. — Diversité de prescriptions dans les

Vicariats de l'Inde, III, 351, 373, 382.
— Question à traiter dans la visite apostolique, 366. — Lors du jubilé de 1864, la S. Pénitencerie permet que les jeûnes du Carême servent pour le jubilé, 456. — Réduction obtenue lors du concile de Bangalore, IV, 390.

Joachim (Félix). Fauteur du schisme goanais au Coïmbatour, II, 177, 178, 179, 180; III, 299, 301, 653.

Joachim de Saint-Joseph, franciscain portugais, à Tanjore, I, 179.

Joiret. Arrivée à Pondichéry, III, 438.

José (Dom Clem.), évêque de Cochin. Refuse de quitter son siège, I, CXXIV.

Joseph, prêtre syriaque. A Ootacamund, II, 178.

Joseph (P.), prêtre de Pondichéry. A Pilavadandey, III, 492.

Joseph (Saint). Voir : Saint-Joseph.

Joseph-Marie, capucin. A Pondichéry, mort, I, 79.

Jubilé. Prescriptions, bons effets produits par le jubilé de 1864, III, 4, 6.

Juridiction. Au sujet de la juridiction sur le Coorg, I, LXVI, LXVIII, LXXIV. — A l'origine, la colonie de Pondichéry dépend de l'évêque de Maïlapur, XXXI. — Juridiction de l'évêque de Maïlapur sur la mission de Carnate reconnue par un acte de Louis XIV, 21. — Difficultés de la juridiction de l'évêque de Maïlapur sur Pondichéry, projet de suppression, 14, 17, 31, 32, 34, 37, 46, 52, 84, 86, 88, 16, 172. — Origine de la double juridiction à Pondichéry, XXXI. — La triple juridiction à Pondichéry : exposé de la situation par Laouënan, 45. — Etendue de la juridiction du préfet apostolique, 39, II, 17. — Décret de 1778 de la Propagande soumet les Européens et créoles aux Capucins, les noirs et métis à l'évêque de Tabraca, I, 80, 485. — Juridiction éventuelle sur les Européens et créoles est accordée, (décret de 1788), 79, 485. — Brigot demande et obtient juridiction sur les européens en dehors de la colonie française, sur le territoire de l'ancienne mission de Maduré, 82. En 1791, accord par lequel l'évêque et le préfet apostolique de Pondichéry se transmettent mutuellement leurs pouvoirs, 80. — Inconvénients de la double juridiction à Pondichéry, II, 711, 713. — Doutes élevés au sujet du décret du 19 juillet 1788 après la prise de Pondichéry par les Anglais, I, 166. — Lettre de la Propagande du 1er décembre 1794, expliquant à Champenois l'étendue de sa juridiction, 167. — Au sujet de la double juridiction à différentes époques, XLI, 46, 79, 168, 219, 348, 349; II, 572. — Mémoire sur l'inconvénient qu'il y aura à avoir dans les établissements français les Pères du St-Esprit, I, 342. — Négo-

ciations qui en amènent la suppression sur le territoire de la colonie de Pondichéry, IV, 348, 375. — Pallu souhaite que les Français dans l'Inde ne soient pas soumis spirituellement pas plus que temporellement aux Portugais, I, 7. — Plusieurs Papes déclarent les Vicaires apostoliques et leurs missionnaires exempts de la juridiction des évêques portugais, 25. — Bonnand l'accorde aux prêtres goanais de Maïlapur, établis dans le Tanjore, II, 163. — Juridiction exclusive des Vicaires apostoliques dans les territoires à eux confiés, confirmée dans le bref Probe nostis, par Pie IX, III, 309. — Mandement de M. Bonnand sur l'étendue de sa juridiction, 1853, 311. — Le cardinal Barnabo écrit aux Vicaires apostoliques que le concordat de 1857 ne change rien à leur juridiction, 310. — Juridiction extraordinaire et accordée pour 6 ans à l'archevêque de Goa, 332, 341. — Après la publication du concordat de 1857, les prêtres goanais prétendent n'avoir nul besoin de la juridiction des Vicaires apostoliques, 346. — Juridiction extraordinaire donné pour 6 ans à d'Amorin, 627. — Réunion de Trichinopoly provoquée en 1877, par l'archevêque de Goa pour arriver à une entente, IV, 316, 318. — Liste des villages dont Laouënan demande la restitution à l'archevêque de Goa, et nouvelles propositions, 326. — Canoz propose de laisser aux Goanais un territoire bien délimité, 329. — Difficultés pour l'archevêque de Goa d'accepter les offres de Laouënan, 328. — Léon XIII en 1881 prévient le Portugal de son intention de la supprimer, 335. — Décret Studio et vigilantia la supprimant dans plusieurs Vicariats. Colère et menaces du Portugal. Le Pape suspend l'exécution du Bref, 337. — Les difficultés qu'elle cause dans le Vicariat de Pondichéry, 320. — Juridiction extraordinaire de Goa supprimée pour Pondichéry, 382. — Supprimée dans les missions de Pondichéry et Coïmbatour par le concordat de 1886, 375. — Son extinction au Coïmbatour (10 septembre 1887), 393.

K

Kadakapam. Donné aux Capucins par Mme Dupleix, I, XXV, XXXIX; II, 147. — Réclamations inutiles de Bonnand pour rentrer en possession des propriétés, II, 147. — Détails sur cette chrétienté, I, XLI, 131, 188; III, 683, 709.

Kadapandel. Conversion, IV, 18.

Kadasinhally. Ancienne chrétienté du district de Chikballapur, I, LXII. — Une église, 287. — Conversions, III, 91, 500.

Kadisinappalli. Chapelle, III, 117.

Kaguel. Chrétienté au XVIII⁰ siècle, I, LXV.

Kalapallam. Les chrétiens émigrent à Kanampaleam, III, 119.

Kalangamy. Chapelle et presbytère, III, 708.

Kalcavery. Population catholique en 1884, IV, 446.

Kâli. Conversion, IV, 34.

Kallipety. Chrétienté, I, LXVIII.

Kamanahalli. Détails sur cette chrétienté, I, LIV, 416 ; III, 498.

Kamanapally. Erigé en district, faits, II, 741 ; III, 116, 710 ; IV, 436, 447.

Kamiur. Origine de cette chrétienté, I, XCI.

Kanakenkalam. Chapelle, III, 502.

Kanampaleam. Origine de la chrétienté, I, LXXXIII. — Chapelle, I, 204 ; III, 119.

Kanaru-Pudur. Fondation de cette chrétienté, II, 121.

Kanavakarei. Détaché du district de Sattiamangalam, I, LXXXVII. — Dubois, 197. — Déchéance de cette chrétienté, II, 89. — Portique de l'ancienne église (grav.), V, LXXXIII.

Kandamandam. Détails sur l'inondation de 1858, III, 106.

Kandamangalam. Origine du district. Chrétientés en relevant en 1700, I, VII. — Détails à différentes époques, 201 ; II, 770 ; III, 104, 105, 112, 113, 592, 707 ; IV, 418. — Couvent du Saint-Cœur de Marie, II, 491 ; IV, 266. — Population catholique en 1884, IV, 446. — Suppression de la juridiction goanaise, 375.

Kandy. Visite apostolique, III, 377. — Erection en Vicariat apostolique, IV, 380. — Erigé en évêché, 375, 393.

Kanguel. Persécution, I, 138, 287.

Kanguenur. Conversion du village, IV, 42.

Kanguvely. Population catholique en 1884, IV, 446.

Kaniambady. Eglise, II, 109 ; III, 413, 709. — Dons pour le denier de saint Pierre, 592. — Eglise, procession (grav.), V, XXXVII.

Kanigiri. Ancienne chrétienté, I, XXIX.

Kankanhally. Chrétienté existant au XVIII⁰ siècle, I, L.

Kansaëb. Neveu de l'ambassadeur de Pondichéry, I, 143.

Karapallé. Eglise, III, 498, 710.

Karei. Presbytère, III, 110.

Karigaricupur. Conversions, IV, 18.

Karikal. Fait partie du territoire actuel de la mission de Pondichéry, I, 1. — Cédé à la Cⁱᵉ des Indes par le roi de Tanjore. Quelques faits de l'Histoire civile, I, XLIV, 128, 132, 133, 155, 234. — Texte de la convention avec la Cⁱᵉ des Indes donnant aux Jésuites la paroisse indienne de Karikal, I, XLIV ; IV, 354. — Travaux des Jésuites à Karikal, I, XLVI. — Les missionnaires successeurs des Jésuites y ont seuls juridiction, I, 45. — Statistique des chrétiens et des Jésuites vers 1777, 61, 62, 68. — Les curés et les vicaires : Fabri, Lambert, 73, 159. — Garret, 169, 189, 229. — Barreau, 285. — Grégoire, 241, 260, 357, 371. — Tesson, 256, 376. — Charbonnaux, II, 349 — Pouplin, 83. — Méhay, Godelle, 86. — Pacreau, III, 405. — Bansard, III, 407. — Godelle, II, 730 ; III, 667. — Richon, I, 286 ; II, 435, 592 ; III, 236, 407, 522. — Difficultés entre Richon et les chrétiens au sujet de l'administration du cimetière, III, 243. — Digard, II, 589 ; III, 507. — Giraud, III, 491, 508 ; IV, 115. — Le choléra en 1829, I, 289. — Révolte des chrétiens, II, 72, 82, 85. — En 1859, II, 740. — Le cimetière de Kijevely, III, 507, 508. — Etablissement de l'archiconfrérie de N.-D. des Victoires, III, 144. — Ravages causés par le cyclone du 6 novembre 1871, 491. — Troubles musulmans, I, 371 ; III, 238. — Tesson et la fête des outils, I, 369, 372, 374. — Affaire de la pagode Timoullar, III, 251, 252, 255, 257, 258. — Au sujet des arbres, I, 326. — Arrêté mettant le curé de Karikal en possession des arbres qui entourent l'église, III, 262. — Les goanais, I, 169 ; II, 158. — Diverses chapelles et réparations de l'église, I, 285, 360 ; III, 126, 706 : IV, 78, 83. — Vocable de l'église Notre-Dame-des-Anges, II, 595. — Visites pastorales, II, 22, 429 ; III, 684. — Création par la colonie d'une école gratuite pour les Indiens, I, 333. — Fondation du séminaire-collège de Karikal, 586, 602. — Règlement sur les droits du curé de Karikal et du supérieur du collège, 593. — Les Jésuites voudraient y fonder une école, objection de Bonnand, II, 588. — Hôpital, IV, 158. — Orphelinat, III, 159, 165, 168, 574. — Au sujet de la préfecture apostolique, I, 78, 79, 81, 346 ; II, 19 ; IV, 354. — Les protestants, III, 165, 247. — Population catholique du district en 1755, I, XLVI ; en 1803, 204 ; en 1821, 369 ; en 1843, II, 380 ; en 1884, IV, 446. — Carmel, Collège, Couvent, Eglise (grav.), V, XXI. — Voir Carmel, Ecoles chrétiennes (Frères des), Instruction, St-Joseph de Cluny.

Karumatampatty. Etymologie, premiers chrétiens, I, XC. — Le P. Arlanda, I, 282. — Confié aux prêtres de Pondichéry, II, 383. — Cédé aux prêtres de Cranganor, 383. — Revient à la mission de Pondichéry en 1830, II, 383. — Dubois, I, 19 ; — Dubois reçoit des Anglais l'ancienne propriété de l'église, 303. — Hilaire, 441. — Revient à la mission de Pondichéry, II, 383. —

Pacreau, II, 95, 100. — Goust, 282. — Les Goanais, 157, 177. — Métral, III. 146. — Lemarchand, 578. — Le district de Coïmbatore en est détaché, II, 741. — Le district de Pallapaleam en est détaché en 741. — Le séminaire, 449. — L'église, I, 204 ; II, 120, 384, 392. — Réunions de missionnaires, II, 252, 256. — Consécration de Brésillac, 363. Règlement composé par un conseil de fabrique par Le Brésillac, 702, 704. Nouvelles diverses, I, 438 ; II, 98, 326 ; III, 295, 296, 374. — Neuvaine de la fête du Rosaire, II, 98. — Etablissement de l'archiconfrérie de N.-D. des Victoires, III, 144. — Ecoles de garçons en 1841, II, 141. — Etat du district en 1846, 383. — Orphélinat, III, 578. — Population catholique en 1803, I, 204 ; en 1884, IV, 448. — Eglise, ancien petit séminaire (grav.), V, LXXXIX.

Karur. Origine de cette chrétienté, nouvelles, statistique de 1884, I, LXXXIV, 375, 444, 711 ; III, 448. — Eglise (grav.); IV, XCIII.

Karuvepundy. Population catholique en 1884, IV, 446.

Kassacudy. Eglise (grav.), V, XXIII.

Kassendrapulle. Choisi pour offrir un anneau à Bonnand, I, 404.

Kattayampattu. Conversions, IV, 16.

Kavistalam. Chapelle, IV, 85.

Kayrancodu. Chapelle, III, 502.

Kelagué Budanhally. Punition divine sur ce village, III, 479.

Kenarru. Chapelle et presbytère, III, 709.

Kengheré. Chapelle, III, 500. — Filature de soie, 577.

Kergan (Marie de Saint-Joseph). Une des religieuses du Bon Pasteur de Bangalore, II, 510, 517.

Kerizouet (de). Arrive en mission, travaux, II, 7, 723 ; III, 64, 116, 118, 415.

Kijévely. Le cimetière de Kijévely. III, 507. Voir : Karikal.

Kilakarey. Fausses accusations des Goanais contre le prêtre catholique, IV, 384.

Kilnatur. Vestiges du christianisme, I, XXII.

Kilsukeranyraleam. Station chrétienne, I, VII.

Kindapur. Les Goanais, I, LXIII.

Kinnatur. Chapelle, III, 709.

Kirangur. Tippu veut détruire l'église. Belle conduite de l'officier catholique Michel, I, 135.

Kishnagar. Autrefois appelé Bengale central, Léon XIII le déclare évêché suffragant de Calcutta, IV, 392.

Kishnagery. Visite de Champenois, I, 168.

Kistna. District, I, XXIX.

Kitchenaguery. Chapelle et presbytère, III, 708.

Kitchery. Origine de la chrétienté et nouvelles, I, XXV, XXVI, 142, 284, 292 ; II, 108, 314, 381. — Arokiam, I, 404. — Manente, 114, 187, 229, 438, — Mottet, 414. — Visite pastorale de Bonnand, 406, 408, 410. — Cédé définitivement à Madras, II, 312, 314.

Kleiner. Arrivée au Maïssour, 1865, III, 439. — Construit des églises, III, 696; IV, 86. — Part qu'il prend à la fondation d'une maison de Saint-Joseph de Tarbes à Bangalore, IV, 271. — Evêque de Mysore, 457.

Knoxpett. Chapelle, IV, 86.

Kocudy. Population catholique en 1884, IV, 446.

Kodatty. Chapelle, IV, 89.

Kodively. (Sinna). Détails sur cette chrétienté, I, LXXXVII, 142 ; II, 101, 384 ; III, 68, 119, 120, 406, 565, 711. — Travaux de Dubois, I, 197, 203. — Arlanda, I, 282. — Goust, difficultés avec les Goanais, 283. — Valeur des parias chrétiens de Kodively, II, 101. — Etat du district en 1846, 384. — Population catholique en 1884, 384, IV, 448. — Eglise (grav.), V, XCI.

Kodungal. Difficultés rencontrées par Prieur, III, 123.

Kolar. L'église construite par Gemma, III, 498. — Evangélisé par Mauduit en 1701, I, LVIII, LXII. — Eglise et presbytère (grav.), V, LXXI.

Koliparei. Chapelle, III, 502.

Kollegal, territoire anglais. Fait partie de la mission actuelle du Maïssour, I, I. — Chrétienté, II, 88.

Kombacadu-Pudur. — Origine de ce village chétien, I, XC.

Konancupam. District, II, 270. — Les Goanais, III, 640, 641 ; IV, 320.

Konancurichy. Foltête, IV, 432. — Population chrétienne en 1884, 446.

Konerirassaburam. Station chrétienne, I, VII.

Konkanis. Qualités et défauts, I, CXXVI. Notes sur leur conversion, LXIII.

Kortampett. Détails sur l'ancienne et la nouvelle chrétienté, I, XVII, XXII, 63, 86, 142, 286 ; II, 72, 108 ; III, 57, 709 ; IV, 446.

Kotagiri. Chapelle, III, 502 ; IV, 80.

Kotipudy. Conversion, IV, 39.

Kottandavady. Conversions, IV, 18.

Kottuparey. Chapelle, III, 119.

Kouang-si. N'est pas compris dans la juridiction épiscopale de Macao (Concordat de 1857), III, 313.

Kouang-tong. La juridiction ordinaire de Macao ne s'y exercera qu'un an après la ratification du concordat de 1857, III, 313, 314.

Krichnabouram. Craintes causées par les incursions des Mahrattes, I, CXIX.

Krishnaburam. Etat de la chrétienté en 1777, I, 63.

Kudichambady. Chapelle, III, 114.

Kudireikalpalayam (au lieu de Coudreipalpaleam). Eglise, III, 711.

Kularayapaleam. Fondation du village, II, 122.

Kulliculam. Bataille entre Goanais et catholiques, IV, 334.

Kulukuparei. Fondation de la chrétienté, I, 285.

Kulurayanpaleam. Fondation de la chrétienté, I, 285.

Kumbakonam. Faisait partie de l'ancien district de Pillavadandey, souvenirs du Bienheureux de Britto, I, V, VI. — Occupé par les Goanais, II, 157, 204. — Réuni par la Propagande, à Pondichéry, 329, 331. — Nécessité d'un deuxième missionnaire (synode 1844), II, 270, 276. — Division du district, II, 344, 738, 740. — Démêlés entre un chrétien et Dépommier, II, 412, 494; III, 87, 104, 292, 492, 66 ; IV, 412, 418. — Difficultés entre les chrétiens et les missionnaires au sujet de l'église, III, 128. — Inondation, 105, 108, 492. — Usages particuliers des pénitents, II, 105. — Réflexion de Bonnand sur les chrétiens pallys et sanars, 104. — Visite pastorale de Bonnand (avril 1845) 104, 224. — Emeute de 1858, III, 108. — Mouvement vers le christianisme, 86. — Règlement de fabrique élaboré par Laouënan, II, 697. — Dons recueillis pour le denier de Saint-Pierre, 67; III, 592. — Eglises et presbytères, II, 107, 112; III, 496, 707. — Les écoles, II, 141, 492; IV, 231, 282. — Etat du district en 1843, (rapport de Bonnand, II, 380. — Population catholique en 1884, IV, 446. — Eglise, école (grav.) V, XXXI.

Kunancuriohy. Eglise, III, 496.

Kurepatten. Chapelle et presbytère, III, 709.

Kurepatty. Visite pastorale de Laouënan, III, 686.

Kurumbagaram. Bonnand projette d'en faire le chef-lieu d'un district, III, 131. — Subventions pour l'église, construction, II, 597; III, 115, 131, 132, 706. — Cyclone, III, 492. — Mort de Valat, IV, 422. — Pouzol, IV, 113. — Faveurs accordées aux païens par le gouverneur Laugier, 296. — Visite pastorale de Laouënan, III, 684. — Ecoles, III, 547; IV, 248, 249. — Population catholique en 1884, IV, 446. — Eglise, V, XXIII.

Kycallur. Conversions, IV, 14.

L

La Boullaye le Gouz. Opinion sur les Hollandais, I, 6.

Lahore, miss. apost. Dét. biogr., II, 381; III, 412; IV, 593.

Lahore, l'ancienne mission du Punjab. — Léon XIII le déclare suffragant d'Agra, IV, 392.

Laignoux. Arrive en mission, II, 6. — A Tranquebar, 215.

Lalande de Calan (de), gouverneur de Pondichéry. Sa réception à la cathédrale, III, 229. — Au sujet de la cure de Karikal, 237. — Proclamation de la constitution républicaine, 235. — Interdit aux processions païennes le passage dans la rue des catholiques à Mutalpett, 230. — Subvention annuelle de 200 fr., 261. — Fait l'éloge de la mission, 228, 261. — Bienveillance pour les écoles catholiques, II, 487. — Au sujet de la subvention pour Nellitope, III, 261. — Défend aux païens de Villenur d'obliger les catholiques à participer à leurs fêtes, 229. — Piété, 230. — Mort, 231.

Lally. Succède à Dupleix, I, CXXI. — Sauve deux chrétiens de la cruauté de Tippu, 136.

La Martinière. Fonde une école à Calcutta, III, 274.

Lambert. Professeur au collège de Pondichéry, I, 210, 212, 229. — A Karikal, 73, 159. — Veut fonder une œuvre particulière, quitte la mission pour aller à Madras, revient, 212. — Mort, 212, 441. — Dét. biogr., IV, 590.

Lamennais. Au sujet de ses Frères, II, 575, 576, 578, 579.

La Motte-Lambert. Traverse l'Inde pour se rendre en Extrême-Orient, I, 5. —

Lalane (de). Jésuite mis. dans l'Inde, I, XVII, XXIV, 11.

Lanessan (de). Visite que lui fait Laouënan, IV, 368. — Demande la suppression de la subvention de la préfecture apostolique, 351.

Langlois, supérieur du séminaire des Mis.-Etr. Dévouement à la Société, II, 463. — Part prise à la délimitation des missions de l'Inde, lettres à Roothan, 326. — Obtient la gratuité de correspondance entre le Séminaire et Pondichéry, III, 262. — Elu pour la 5e fois supérieur. — Réclamation de Bonnand, II, 417. — Opinion au sujet des Rites, I, 238, 305, 344.

Laouënan. Dét. biogr. — Son caractère, II, 377; III, 367, 670-672, 690. — Limites qu'il assigne à la mission malabare ou du Carnate, I, 11. — Au synode de 1848, II, 637, 643. — Son opinion sur Bonnand, 315, 399, 416. — Opinion sur Luquet et de Brésillac, 370, 727. — Appréciation sur le bien opéré dans l'Inde par les prêtres du Portugal et de Goa, 156. — Nommé professeur au collège royal, puis supérieur, 569, 580, 581, 593, 585, 600. — A Kumbakonan, II, 492, 697; III, 104, 108, 115, 128. — Choisi comme assesseur de Bonnand dans sa visite, 367. — Travail sur l'état des œuvres protestantes dans l'Inde en 1858, 201-227. — Godelle, le propose comme coadjuteur de Pondichéry, 455. — Son élection épiscopale et son sacre, 668-679. — Au concile du Vatican, 687. — En 1872, mandement demandant des prières pour

la France et le Saint-Siège, 693. — Sur l'éducation des enfants, II, 598, 609-615 ; IV, 276, 476. — Sur l'instruction, III, 522, 549 ; IV, 220, 228. — Mandement de 1883 au sujet de l'instruction, 226. — Sur la délimitation de l'action des Religieuses enseignantes, 268. — Négociations pour la nouvelle acceptation du collège colonial, 180, 198, 202, 403, 404, 408. — Accepte la direction de l'école Calvé, 714. — Son opinion sur les résultats obtenus par les collèges catholiques, 235. — Refuse de modifier les règles de la procure de Pondichéry, 292. — Négociations au sujet des questions de mariage, 279, 287. — Ordres donnés en 1880 relativement à la tenue et transmission des registres de l'état civil, 280-282. — Attitude vis-à-vis de Laugier, IV, 358. — Rapports avec la Propagation de la foi, III, 568, 569, 691, 692. — Sur les Rites, ses interprétations, I, CX, CXXVIII, 306, 307 ; III, 52. — La fusion des castes dans les écoles, IV, 263. — Réflexions sur l'utilité de se conformer aux usages des Indiens, 65, 468. — Sa pensée sur l'égalité à établir entre les missionnaires et les prêtres indigènes, 95, 98. — Sur l'emploi des secours donnés par la procure pour les catéchumènes, 7. — Joie que lui cause le mouvement de conversions de 1876-1878, 53. — Charité envers les catéchumènes, 32, 47, 48, 51. — Jugement sur l'action des Anglais dans l'Inde au point de vue religieux, I, 320. — Visites pastorales, III, 682, 686. — Assistance au sacre et consécrations épiscopales, 703, 704, IV, 306. — Il songe à donner sa démission, 307, 341. — Gandy est nommé son coadjuteur, rapports entre eux, 308-314. — Émet le projet de nommer un préfet apostolique à Pondichéry appartenant à la Société des Missions-Etrangères, 351. — Ne croit pas possible l'acceptation d'un évêché formé du seul territoire français de Pondichéry, 360. — Négociations pour la suppression de la préfecture apostolique, 354, 367, 368, 372, 373, 394, 397. — Négociations pour laisser aux Spiritains la direction de Chandernagor, 400. — Part dans la suppression de Goa et l'établissement de la hiérarchie, III, 651 ; IV, 336-347, 383, 388. — Devient archevêque de Pondichéry, 382. — Au sujet de la participation des missionnaires aux élections, 353, 355. — Estime qu'il a de la Société des Missions-Etrangères, III, 391. — Livres publiés par lui, III, 367 ; IV, 277, 288, 584. — Portrait (grav.), V, VII.

Lap. Arrive dans l'Inde, II, 378. — Au collège, 402. — A Salem, III, 86, 496. Chargé de l'imprimerie, IV, 277. — Livres publiés par lui, 583, 584. — Jugement sur lui, II, 402.

Lapanne, au Coïmbatour, II, 383. — Au sacre de Godelle, 733. — A Palghat,

III, 99, 299. — A Erichambady, 642. Mort, 425. — Dét. biogr., IV, 593.

Lapostolle. Travaux. — Dét. biogr., I, 238, 445 ; II, 70 ; IV, 590.

Laugier. Part pour Pondichéry, travaux, II, 7, 292 ; III, 119.

Laugier, gouverneur de l'Inde française. Correspondance avec Laouënan au sujet de la conduite politique de la mission, IV, 353. — Attitude de Laouënan avec ce gouverneur, 358. — Faveurs accordées aux païens et aux protestants, 295, 296. — Négociations avec Laouënan au sujet du collège colonial, 198, 202. — Signe le décret portant l'admission des topazines au pensionnat de Pondichéry, 247. — La concession d'un terrain pour le couvent des pariates, II, 495. — Serait d'avis qu'on confie tout le territoire de la colonie au Saint-Esprit, IV, 352, 354. — Autorise Laouënan à légaliser les actes délivrés par ses missionnaires sur le territoire anglais, 280.

Launay (Denis), ordonnateur à Tranquebar. Détails sur la misère causée par la guerre, I, 130.

Lauriston (de), gouverneur de Pondichéry. Expose les motifs qui militent en faveur des Capucins, Jésuites et M. E. pour leur donner la mission malabare, I, 16.

Lavaur. Un des signataires de l'accord entre les Jésuites et les Capucins, I, XLI.

Lawrence Asylum. Débuts IV, 150, 151.

Lazare, prêtre de Pondichéry. Ordination en 1805, I, 209.

Lazare, prêtre de Pondichéry. Ordination en 1837, IV, 98.

Lazare, prêtre de Pondichéry. Ordination en 1864, III, 443. — A Mayavaram, III, 492 ; IV, 422. — Missionnaire apostolique, IV, 98, 107. — Mort, 423.

Lazare-Appavu. Ordination en 1839, II, 8. — Revêt l'angui et la barrette, 289. — Au synode de 1849, 643. — Projet de créer un fonds pour le clergé indigène, 460. — Plan d'une congrégation religieuse vouée à l'œuvre des conversions, III, 189. — A Tranquebar, à Pillavandandey, à Kumbakonam, II, 110, 112 ; III, 87, 112, 114, 128, 292. Ses succès contre le schisme goañais, 293. — Prévenances de Bonnand à son égard, II, 412. — Eloge par Bonnand, III, 87.

Lecour, député de Nantes. Attaque la direction du collège, II, 573.

Lefaucheur. Mémoire sur les besoins du culte catholique dans la colonie française, II, 602, 604 ; III, 263.

Lefebvre. Au Maïssour, travaux, mort, II, 381 ; III, 498. — Dét. biog., IV, 437, 438, 593.

Lefeuvre. Au Coïmbatour, travaux, II, 383, 733 ; III, 120, 436, 645.

Le Gac, jésuite. A Devánhally, à Chikbal-lapur, I, LI, LVIII.

Léger, préfet colonial de Pondichéry. Songe à supprimer la paroisse blanche et la préiecture apostolique, I, 185.

Lehodey. Départ pour l'Inde, I, 238. — Au sacre de Bonnand, 404. — Dans l'association de prières, III, 141. — Supérieur du séminaire, I, 257. — A Negapatam II, 126, 161, 199, 203, 204, 205, 350. — A Tranquebar, 213, 214. A Velangany, 205 209. — Au synode de 1844, II, 257, 260, 301; III, 133. — Conversions par lui, 75. — Participe à la réforme du séminaire, 255. — Cherche à apaiser la révolte de Karikal, 79. — Espérances sur l'utilité des Frères des Ecoles chrétiennes, 142. — Opinion sur une écoles de catéchistes, 144. — Traite avec les révoltés pour la question du séminaire, 434. — Au synode de 1849, 643. — Supérieur du Carmel, III, 134. — Prêche une retraite à Vellore, 109. — Prend part à la rédaction du plan général d'administration, II, 648. — Procureur à Pondichéry, 350. — Demande à aller prêcher aux Maldives, 25. — Construction d'églises II, 104, 108; III, 112. — A Nellitope une plantation de cocotiers, 261. — Bonnand songe à lui pour la coadjutorerie, II, 330. — Proposé comme Vic., apost., du Coïmbatour, 728. — Curé de la cathédrale, II, 75. 147, 150, 160, 232, 471. — Participe à la fondation d'une conférence de Saint-Vincent-de-Paul, 177. Jugement sur lui, I, 253 ; II, 350; IV, 418. — Dét. biogr., II, 350 ; IV, 590.

Leloutre, ancien missionnaire au Canada. Appréciation sur Brigot, I, 47.

Lemarchand. Au Coïmbatour, travaux, II, 383, 732 ; III, 436, 578.

Léon X. Bulles sur le patronat, I, 23.

Léon XIII. Portrait par Laouënan, IV, 339. — Actes pour la suppression de la double juridiction et la proclamation de la hiérarchie, 329, 337, 343, 390. — Décrète la hiérarchie dans l'Inde, bulle *Humanæ salutis*, 376. — Fondation d'un séminaire général à Ceylan pour le clergé indigène, III, 189.

Léontine (sœur, de Saint-Joseph de Cluny). Médaillée, IV, 531.

Le Peltier, directrice d'école, III, 542.

Le Pouliguen. Pacifie la foule à Karikal, I, 189.

Léproserie. Fondation, historique de celle de Pondichéry, III, 161, 178, 179, 184 ; IV, 154. Négociations pour qu'elle revienne à la mission n'aboutissent pas, 155.

Lequeux. Dans l'Inde, II, 378. A Tiruvadi, III, 496.

Leroux. Au Synode de 1844, II, 255. 260, 294. — Favorable à la mission de Luquet en Europe, 301. — Innovations au séminaire 426, 433. — Influence fâcheuse, 735. — S'occupe des questions à traiter dans le plan général d'administration, 648. — Au synode de 1849, 643. — A la tête du catéchisat, III, 157. — Zèle ; manque de prudence, 157. — Projets de fondation, II, 410; III, 188, 189, 190. — Envoie de ses religieux pour tenir l'orphelinat de Karumattampatty, 578. — Quitte Pondichéry pour Madras, 410. — Appréciation sur lui, II, 8; III, 411.

Leroy. Livre publié par lui, IV, 583.

Lespinay. (Bellanger de). Le premier français qui s'établit à Pondichéry, I, XXIX.

Le Tohic. Agrandit la chapelle de Santicoppa, IV, 89.

Letondal. Procure des secours à la mission malabare, I, 214, 215.

Léveillard. Arrivée dans l'Inde, II, 377. — Mort, III, 410 ; IV, 411. — Dét. biogr., 591.

Lichetta. De la lutte occasionnée par les décrets sur les rites, I, CIX. — Détails sur l'état des missions après le rappel des Jésuites à Goa, CXXIII. — Au Maïssour, CXXVI, CXXIV.

Ligeon. A Pondichéry, II, 377. — Professeur au grand séminaire, 445. — S'occupe des questions à traiter dans le plan général d'administration, 648. Sentiments relatifs à la croyance à l'Immaculée-Conception, III, 46. — Chargé de la direction de la Congrégation de N.-D. de Bon-Secours, 187. — Essaie de fonder un orphelinat agricole, 573. — S'offre pour l'évangélisation des païens, 69, 458. — A Vailamur, 459. — A Nangatur, 463, IV, 19. — Vains efforts pour entamer les castes supérieures, III, 461. — Provicaire à Pondichéry, IV, 19. — Appréciation sur lui, III, 669.

Lingaraja, roi du Coorg. Vaincu par Haider-Ali, I, LXV.

Liturgie. L'usage de l'encens est accordé pour les messes chantées sans diacre ni sous-diacre, III, 12. — Emploi du rituel romain, IV, 3.

Livres. Nécessité de livres catholiques, II, 124, 128, 129, 140, 257, 267, 275. — La lecture des livres mauvais défendue aux chrétiens, III, 27. — Instructions de la Propagande, IV, 3. — Nouvelles publications de l'imprimerie de Pondichéry, II, 634. — Fondation d'une imprimerie à Bangalore, II, 127. — Défense portée par le cardinal de Tournon de lire les livres de religion païens sans autorisation spéciale, I, CVII. — Autorisation de les lire, II, 16. — Mal causé par les livres hérétiques, 124. — Les chrétiens peuvent-ils les lire? 281, 293, 295. — Diffusion des livres protestants, II. 293 395 ; III, 206.

Lobo, vicaire capitulaire de Macao. Rejette le bref *Multa præclare*, III, 311.

Lobo, prêtre goanais. S'empare de l'église de Sallampalida en 1849, IV, 334. — Rejette le bref *Probe nostis*, III, 311.

Lolière-Puycontat (de), procureur de la Société des M.-E. à Pondichéry. Dét. biogr., I, 9.

London mission Society. Son action, III, 204, 206, 215, 217.

Longleypett. Chapelle, IV, 86.

Loretto (Religieuses de). Détails sur cette Congrégation, II, 523. — A Mangalore, 524. — Au Coïmbatour, à Ootocamund, insuccès, départ, 523, 532; IV, 573. — Motifs pour lesquels Godelle refuse de les accepter, II, 530, 532. — A Vellore, III, 550.

Louis, prêtre de la mission malabare. Ordination, I, 209. — A Karumattampatty, 204. — Mort, 440.

Louis, prêtre de Pondichéry. Appréciation sur lui, II, 415. — Travaux, mort, LVI, 492, IV, 434. — Ouvrages tamouls, 277, 580, 581.

Louis, franciscain. A Guddalore, I, 179.

Louis de Jésus, carme déchaussé, évêque d'Ozula. Sacré par Brigot, I, 84.

Louis I, roi de Portugal. Lettre de Léon XIII pour lui proposer un nouveau concordat, IV, 343.

Louis XIV. Accorde aux Jésuites l'existence légale pour leur mission de Pondichéry, I, XXXI, 456. — Encouragements donnés aux Jésuites par la fondation de la mission malabare, 12. — Par acte signé en 1695 reconnaît la juridiction de l'évêque de San Thomé, 21.

Louis XV. Abolit la Cie de Jésus en France, I, 12.

Louis XVI. Signe les lettres-patentes pour le transfert de la mission malabare aux Missions-Etrangères, I, 28. — Lettres d'attache pour l'exécution des lettres patentes, 43. — Donnait à la mission malabare une allocation de 18.000 fr., 322. — Edit de tolérance en faveur des non catholiques dans les colonies, 95. — Tippu Sahib lui envoie une ambassade, 142.

Louis XVIII. Paie le voyage de Jarrige et Grégoire, I, 238.

Louis-Philippe. Ordonnance royale agréant Charbonnaux comme coadjuteur de Bonnand, II, 359. — Signe le décret rapportant l'ordonnance de 1843 et approuvant la cession du collège à la mission, 561.

Lourdes (Notre-Dame de). Dévotion IV, 83, 120. — Eglises qui lui sont dédiées: IV, 78, 83, 88, 89. — Guérison de Tambussamy IV, 81.

Lowel, brigadier. Pose la première pierre de Saint-Patrick à Bangalore, II, 119.

Luquet. Publie le livre intitulé: Lettres à Mgr. de Langres sur la Congrégation des Missions-Etrangères. Influence de ce livre, II, 299, 355. — En mission, 7. — A Guddalore, 259. — Aide Bonnand à préparer la retraite de 1844, 259. — Au synode de 1844, 260. — Mission et instructions pour son action à Rome, 297, 312. — Forme un plan pour la hiérarchie

dans l'Inde 300. — Les Directeurs du Sém. des M.-E., agréent sa mission, sauf pour la question de la hiérarchie, 306. — Retire le projet de hiérarchie, 311. — Etat des questions lors de son arrivée à Rome, vaux pour l'érection des vicariats apostoliques II, 337. — Projet d'ensemble sur l'organisation générale de l'Inde, 337. — Opinion sur la nécessité du clergé indigène, 299, 434. — Reproches qui lui sont faits, 366, 369. — Obéit aux ordres de Bonnand et revient en France, 369. — Publie le livre Retraite ecclésiastique des missionnaires de Pondichéry. Observations de Bonnand, 369. — Son ouvrage: Considérations sur les missions catholiques et voyage d'un missionnaire dans l'Inde, 371. — Publie les méditations composées pour la retraite de 1844, 285. — Ouvrage: Eclaircissements sur le synode, bien accueilli à Rome, 367. — Sacré évêque d'Hésébon par le cardinal Frazoni, 367. — Opposition de Bonnand à son élévation à l'épiscopat et à son retour à Pondichéry, 368. — S'occupe inutilement de trouver des Frères et des ressources, 369. — Jugements divers sur lui, 259, 294, 299, 367, 370, 371, 420. — Mission en Suisse, 371. — Se retire au séminaire français à Rome, mort, 371. Voir: Hésébon.

Luthériens. Leur situation et intolérance à Tranquebar, II, 125. — Etablis à Midelur, 124. — Situation en 1896, IV, 530.

Luzerne (de la), ministre. Son intervention lors de la question de l'établissement des Capucins à Karikal, I, 78.

Lytton (Lord), vice-roi des Indes. Fait don au Bon Pasteur de l'ancien muséum de Bangalore, IV, 130.

Macao. Difficultés pour les missionnaires ne passant pas par le Portugal, I, 25. L'évêque prononce une sentence contre la juridiction de Tournon, 26. — Clément XI défend à l'évêque de blesser les droits des Vic. apost., 26. Agissements schismatiques de l'évêque, J. da Matta, III, 304. — L'évêque de Macao rejette le bref Probe nostis, 311. — Le patronage y est confirmé par le concordat de 1857, 313. — L'exercice de la juridiction ordinaire de l'évêque sur le Kouang-tong et Haïnan après le concordat de 1857, 314. — Obtient juridiction sur les chrétientés goanaises de Malacca rattachées précédemment à Goa (concordat de 1886) IV, 347. Voir: Patronage, Portugal.

Mac-Garron. Arrivée au Coïmbatour, III, 439. — Construit une chapelle, 502. — Mort IV, 445. — Dét. biogr., 593.

Machanally. Les chrétiens en fuite, I, 142.

Mackau (baron de), ministre de la Marine. Consent à confier le collège à la mission, II, 555, 561.

Madagundapally. Chapelle et presbytère. — Détails sur cette chrétienté, II, 723.

III, 61, 708. — Cédé au Maïssour par Bonnand, II, 382, 721. — Population catholique en 1884, IV, 447.

Madapaleam. Chrétienté de l'ancien district de Sattiamangalam, I, LXXXVII. — Chapelle et presbytère, III, 711.

Madatukulam. Chapelle et presbytère, III, 711.

Madeira, prêtre. Maltraité par les Mahrattes, I, GXVIII.

Madeleines. Début de la congrégation des religieuses Madeleines à Bangalore, IV, 127. — Nombre en 1896, 457.

Maderu. Ancienne chrétienté du district de Chikballapur, I, LXII, LXIII. — Chrétiens en fuite, 142.

Madiampatty. Pèlerinage, IV, 487. — Chapelle et presbytère, III, 708.

Madianur. Laouënan offre de laisser cette église aux Goanais, IV, 328.

Madigoulba. Pillage de l'église en 1742, I, GXVIII.

Madjacupam. Les govéars y comptent peu de partisans, II, 348.

Madras. Faits politiques, I, VI, CXX, CXXI. — Les capucins s'y installent, XXX. — Etaient compris dans l'ancienne mission de Carnate, I, 11. — Visite apostolique de Champenois; son but, 182. — Pas de séparation pour les castes dans l'église de Madras, 103. — Luquet l'indique comme Vicariat apostolique, I, 428; II, 183; IV, 380. — Délimitation entre Madras et Pondichéry, I, CXV; II, 297, 298, 269, 312, 314. — O'Connor prétend avoir droit de propriété sur la chapelle de Mutalpett, I, 451. — Texte du décret de délimitation entre Madras et Pondichéry, (12 mai 1845), II, 747. — Le Vic. apost., reçoit de la Cie des Indes une allocation de 200 fr. par mois, elle est portée à 400 fr. en 1856, III, 277. — Petit nombre de missionnaires, II, 164, 312; III, 269. — Difficultés avec les Goanais en divers districts, II, 163, 167, 184, 224; III, 290, 651; IV, 334. — Procès contre Texeira, 212. — Soumis au patronat par le concordat de 1857, III, 317. — Etat du clergé indigène en 1875, IV, 101. — Débuts d'une congrégation de femmes, 262. — Etablissement d'une école par les sœurs du Saint-Cœur de Marie, 262. — Nouvelles délimitations de l'archidiocèse et établissement de la hiérarchie, IV, 375, 387, 392. — Dirigée actuellement par des séculiers anglais et des prêtres de Mill-hill, I, 11. — Statistique des protestants, I, 315; II, 610; III, 202, 203, 270.

Madugunhally. Eglise, I, 202; III, 116.

Madupaleam. Chrétienté, I, XCV.

Maduré. Conquête de ce pays par les Mahrattes, I, CXVIII. — Délimitation, I, IV, CXI. — Mission fondée par le P. de Nobili, I, III. — Les jésuites de cette mission évangélisent le Coïmbatur, I, LXXXII. — La bulle Omnium sollicitudinum y oblige, CVIII, CXI.

— Les missionnaires de ce pays pensionnés par le roi de Portugal, CXVII. — Conséquences de l'abandon de la mission par les jésuites, CXXI, LXXIII. — Administré par des prêtres syriaques, 174. — Causes d'apostasies, CXXVII. — Extension de la juridiction de Brigot sur le Maduré, 81, 420. — Pénurie de personnel dans le clergé, 82. — Visite pastorale de Champenois. — Succès des prêtres goanais contre Champenois, 169. — Envoi de plusieurs missionnaires de Pondichéry, II, 233, 346, 349. — Erection du Vicariat apostolique, I, 418, 431. — Arrivée des jésuites, II, 20. — Bertrand y a pleine juridiction, 168, 233. — Consécration de Canoz, 347. — Délimitation du Maduré et de Pondichéry, 297, 298, 299, 312-332, 340-347, 747. — Rapports spirituels avec la Société des Missions-Etrangères après la séparation, 348. — La lutte contre les Goannais, I, 418 à 431; II, 157, 165, 167, 171, 200, 219, 232; III, 293, 317, 645, 651, 653. — Visite pastorale de Bonnand, II, 97, 219. — Visite apostolique de Bonnand, III, 360, 375. — Les missionnaires y exigeaient le mariage religieux, 8. — Fondation du collège de Négapatam, II, 540. — Question de la hiérarchie, IV, 318 et suiv.; 331, 346. — Erigé en évêché, 375. — Population catholique en 1748, I, CXIII; en 1840, CXIV; en 1842, II, 346; en 1853, III, 269. — Etat du clergé indigène en 1875, IV, 101. — Action des protestants. — Statistiques, I, CXIII, 315, 426; II, 346; III, 202, 203.

Magalhaens (Rodrigue de Fonseca). Ministre de Portugal, négociateur du concordat de 1857, III, 312.

Maggé. Chrétienté, I, LVII, III, 63, 65, 118, 500, 711; IV, 435. — Eglise (grav.), V, LXXI.

Maghambady. Conversions, I, XI.

Magny. Va à Macao, I, 74. — Désiré comme coadjuteur, 74, 216, 247. — Assiste au sacre de Champenois, 75. — Scrupules dans la question des rites, 102, 106, 110. — Missionnaire à Codur, 106. — Accompagne Champenois dans la visite pastorale à Attipakam, 113. — Supérieur du séminaire, 118, 120, 208, 229. — A Virampatnam, 128. — A Tranquebar, 163. — Mort, 442. — Dét. IV, 589.

Mahannatars. Affaire des Mahannatars, I, 351, 356.

Maharram. Fête musulmane. Danger couru par Laouënan près de Kurepally, III, 686.

Mahé. Professeur au collège royal, défend les révoltés de Karikal à la cour de Pondichéry, II, 81. — Colonies agricoles des protestants, 611.

Mahé. Faits politiques, I, 133, 165, 234. — Qui l'administrera, I, 348, II, 714. — A toujours été administré par l'évêque de Vérapoly, II, 712. — Visite apostolique III, 378. — Laouënan veut conserver le traitement du curé, IV, 373.

— Missionnaires qui y sont envoyés, 397. — Population chrétienne en 1884, 446. — Ecole de filles en 1887, 249. — Eglise et presbytère (grav.) V, XIX.

Mahométans. Soulèvement contre les chrétiens à Bangalore en 1832, I, 297. — Expulsent Jarrige d'une vieille mosquée à Condanur, 297.

Mahrattes. Confédération militaire, I, 61. — Invasion, CXVII. — Pillent de nombreuses églises, VII, IX, XVI, XVII, XXII, XXIII, XXVI, CXVII, CXVIII, CXIX, CXX.

Maïlapur (ou San-Thomé), fondation, I, 24; II, 182. — Grégoire XVI déroge aux lettres apostoliques sur son érection et ses limites, 184. — Question des Rites, CVII. — L'évêque fonde une paroisse à Chandernagor I, XLIII. — La colonie française dépend de sa juridiction XLI, 21. — La mission du Carnate sous sa juridiction I, IV, 14, 17, 37, 45, 52, 167. — Négociations pour supprimer la juridiction de l'évêque sur la colonie française 31, 32, 46. — Menaces contre Brigot, 84. — Contre Champenois 173-175. — Champenois s'adresse à lui pour obtenir des passeports 180. — Bon accueil à Champenois fugitif 160, 163. — Biens fonds qu'y possède la mission malabare en 1821, 233. — Texeira II, 167. — Plan de division de cet évêché, 183; IV, 330. — Soumis à la juridiction du Vic. apost. de Madras, II, 224. — Les mariages avec les protestants y sont tolérés, lettre de M. Dubois (1813) I, 310. — Le patronage y est confirmé par le concordat de 1857, III, 313. — Le droit de patronage confirmé dans ce diocèse par le concordat de 1886, IV, 346. — Erigé en évêché 375. — Eglises goanaises rattachées à ce diocèse par les lettres apostoliques du 7 juin 1887, 375, 392.

Maïssour. Limites du territoire actuel du Maïssour, I, I. — Haïder-Ali, 61. — Règne de Tippu. — Les Anglais s'emparent de ses états, 192. — Déposition du rajah du Maïssour par les Anglais, 281. — Honneurs que le rajah rend à Charbonnaux, III, 469, 470. — Changement politique; le pouvoir rendu au rajah en 1881, 297-301. — Premiers essais d'évangélisation. I, XLVIII. — Historique des anciennes chrétientés, XLIX-LXV. — Conséquences du départ des Jésuites, CXXVIII. — Provinces orientales faisaient partie de l'ancienne maison du Carnate, 12. — Persécution de Tippu Sahib; I, 134-148. — Juridiction de Brigot sur le Maïssour, 81. — Les premiers missionnaires des Miss.-Etrang., 144, 190, 196. — Tableau des chrétientés en 1833, 276. — Erection en Vicariat apostolique, II, 297-302, 333-389, 706-711. — Doit être suffragant de Pondichéry, 310. — Unis par la Propagande au Maduré; les Jésuites n'en veulent pas, II, 315, 334. — Raisons de le laisser à la Société des Miss.-Etrang., 316, 333, 335. — Délimitation, 320, 333, 339, 382, 721, 723;

III, 633. — Texte du décret de la délimitation du Maïssour (12 mai 1845), II, 747. — Chargé du Wynaad et du Coorg, I, LXXIX, LXXXI; II, 723. — Coutumier, II, 686, 695. — Réunion synodale de 1859, 626. — Règlement sur l'imprimerie, 560. — Questions des Rites, I, CVIII, CXI, III, 17, 40. — Musiciens du rajah, II, 58. — Disciplines, mariages, superstitions, I, 288, III, 8, 30, 31, 559, 598, 612, 711. — Travaux des missionnaires et conversions, I, 194, 277; III, 72, 87, 91; IV, 24, 43, 51, 55, 65, 74, 292. — Statistique des conversions de 1850 à 1886, IV, 577. — Constructions d'églises et de presbytères, fondation de chrétientés I, 201, 284, 287; II, 112; III, 116-118, 498. — Etat des églises et chapelles, III, 710; IV, 86-89. — Visites pastorales I, 168, 411; II, 97; III, 65, 68. — Clergé indigène et Séminaire, II, 381, 447, 453, 466; III, 444; IV, 90-92, 101. — Congrégations enseignantes et écoles de filles, II, 507-523, 536; III, 552-557; IV, 269-270. — Collèges et écoles de garçons, II, 141, 618-624, 627; III, 538; IV, 206, 241. — Ordre de Frères enseignants, II, 626; IV, 240. — Etat en 1896, IV, 538, 544. — L'imprimerie, livres II, 635; III, 559; IV, 277. — Liste des principaux ouvrages publiés par les missionnaires, IV, 584. — Œuvres de charité: Orphelinats, fermes, III, 95-97, 162, 168, 489, 576; IV, 132-146, 534, 576-577. — Refuges, III, 569; IV, 126. — Hôpitaux, III, 591; IV, 158, 272, 532. — Aumônes III, 567, 592. — Œuvres de prières III, 144, 565; IV, 117, 120. — Exposé de ses besoins par Charbonnaux en 1853, III, 65, 163. — Ressources, viatiques, II, 118, 389-393, 594. — Etat de la mission de 1846 à 1861, III, 377-381. — Etat lors de la visite apostolique, III, 378-386. — Etat par rapport aux instructions de la Propagande en 1869, IV, 4. — Etat général de 1861 à 1873, III, 441. — Augmentation du nombre des chrétiens de 1873, à 1886, IV, 6. — Les Goanais, II, 157; III, 291, 317, 340. — Erigé en évêché, publication de la Hiérarchie, IV, 375, 383. — Statistique en 1886-1887, 375. — En 1896, 454-457. — Statistique générale de 1850 à 1886, 577-579. — Liste des missionnaires mort au Maïssour, 592. — Etat actuel et questions générales, IV, 452, 555. — Rapports avec les Anglais, I, 179, 194; III, 63, 468. — Etat du protestantisme à différentes époques, II, 124; III, 202; IV, 529. *Voir* : **Charbonnaux, Chevalier, Coadon.**

Malabar, (côte de). Conquise en grande partie par Haïder Ali, I, 61. — Tippu Sahib oblige les païens révoltés à embrasser le mahométisme, 134.

Malabare (mission). De ses débuts à l'époque où elle fut confiée aux Missions-Etrangères, I, 1-CXXVIII. — De cette époque à l'érection des Vicariats, I, 1-496. — Confiée aux Missions-Etrangères, 5-60. — Episcopat de Brigot,

38-152. — Episcopat de Champenois, 152-227.—Episcopat d'Hébert, 227-456. — Juridiction : Juridiction de Brigot sur les Topas, sur les Européens et les créoles, I, 79. — Accord entre Brigot et le préfet apostolique, 80. — Extension de la juridiction de Brigot sur le Maduré et le Maïssour, 81. — Réclamations de l'évêque de Mallapur, 84.—Réponse de la Propagande, 88, 90. — Pouvoirs de Brigot et de Champenois, 89. — Difficultés avec les Portugais, 166. — Difficultés lors de l'érection de la préfecture, 341, 348. — La Révolution française à Pondichéry, 152-164. — Les Anglais maîtres de la colonie française, 127-134. — Difficultés avec les Anglais et les Portugais de 1788 à 1808, 164-187. — Etat de la mission en 1777, 60-71. — En 1810, 229.— En 1836, 454. — Personnel de missionnaires, 61, 73, 238. — Clergé indigène en 1777, 62. — De 1791 à 1810, 208. — De 1810 à 1836, 248. — Famine, dangers, 289-30. — Persécution de Tippu, 134. — Travaux apostoliques et évangélisation de 1777 à 1791, I, 112-117. — De 1791 à 1810 ; 187-208. — De 1810 à 1836, 250-283. — Eglises de 1777 à 1791, 62, 127. — Eglises et chrétientés de 1810 à 1836, 283-289. —Collège, écoles et couvents, 121, 123, 210, 328-341. — Œuvres de 1777, 60-71. — De 1791 à 1808, 208-246. — De 1816 à 1836, 319-328. — Coutumes et Rites : Séparations des castes dans les églises, I, 98. — Décisions de Rome à ce sujet 103. — Discussions sur les rites entre Magny et Champenois, 106. — Inquiétudes sur certaines pratiques et sur l'inobservance de la Bulle, 300-308. — Rapports avec l'administration française de 1816 à 1828 : Du Puy, Desbassyns, 319-360. — De 1828 à 1836, 360-387. — Ressources en 1777, 66. — De 1791 à 1810, 213. — En 1821, 232. — La Préfecture apostolique : Erection, difficultés de juridiction, 341. — Erection des Vicariats apostoliques de la côte de Coromandel et du Maduré, 418-431. — Les Protestants, 117, 308-318. Voir : Coromandel, Pondichéry.

Malacca. Evêché fondé en 1558, I, 24. — Soumis à la juridiction du Vicaire apostolique d'Ava, II, 184. — Soumis au patronat par le concordat de 1857, III, 313, 317. — Le Vicaire apostolique en 1870 signe la lettre collective demandant l'abolition du patronat, III, 651. — Nomination de Gasnier comme Vicaire apostolique, IV, 439. — Les chrétientés goanaises dépendantes de Goa sont rattachées à Macao par le concordat de 1886, 347.

Malapady. Chapelle, III, 708.

Malarcotta. Confié au vic. apost. de Verapoly, II, 388.

Malassis gouverneur de Pondichéry. Bons rapports avec la mission, III, 228, 232.

Malatur. Population catholique en 1884, IV, 446.

Maldives. Renseignements donnés par d'Amate, II, 26. — Confiées à Bonnand, 24. — Projets d'évangélisation, 24, 29, 284 ; III, 102. — Rattachées au Maduré, II, 29, 299, 340.

Malecanur. Eglise et presbytère, III, 115.

Maleiadipatty. Statistique en 1842, II, 346.—Tient pour les Goanais, 174, 176.

Maleyanur. Conversions, IV, 11, 18.

Malhère. Missionnaire au Coïmbatour, II, 383.

Mallarasappa, brahme. Sa conversion, I, LVIII.

Mallesson (colonel, résident du Maïssour). Attitude à l'égard des musiciens chrétiens, II, 59.

Malur. Chapelle, I, 287.

Manaar. Actes du prêtre schismatique, III, 652, 653.

Managal. Chapelle et presbytère, III, 707.

Managanhally. Souvenir se rattachant à cette chrétienté, I, LVII.

Manalur. Chapelle, III, 707. — Population catholique en 1884, IV, 446. — Eglise et presbytère (grav.), V, XXXI.

Manantoddy. Chapelle et presbytère, I, 202, 287 ; III, 116, 118, 500, 710 ; IV, 89. — Visite pastorale de Charbonnaux, III, 64. — Population catholique en 1884, IV, 447. — Eglise, V, LXXIX.

Manapar. Troubles excités par les Goanais, II, 227 ; IV, 332. — Statistique en 1842, II, 346. — Réception faite à Bonnand, 227.

Manar. Visite apostolique en 1860, III, 376.

Manarcadu. Habité par des chrétiens vellages, I, XCVIII.

Manavady. Chapelle, II, 111 ; III, 709.

Mandaya. Village possédait jadis une église catholique, I, LVII.

Mandements. Voir : Bonnand, Brésillac, Godelle, Laouënan.

Mandjacupam. Eglise et presbytère, III, 706.—Population chrétienne en 1884, IV, 446.

Maneal. Chapelle, III, 112.

Manehally. Chapelle, III, 498.

Manelur. Faisait partie de l'ancien district de Pillavadandey, I, V.

Manely. Origine de la chrétienté pariate I, XCVII. — Chapelle III, 711.

Manente, jésuite. En district, I, 61. — A Oteru, à Kitchery, I, XXVI, 114, 187, 220, 438.— Propose de faire venir des prêtres irlandais, 232.—A Curam, 113. — Prête serment de soumission à la Compagnie anglaise des Indes, 88. — Est l'occasion de rupture entre païens et chrétiens, 114.— Défauts de son testament, 439.

Mangalore. 9.000 catholiques sont transportés au Maïssour par Haïder-Ali, I, LXIV. — Dirigé actuellement par

les jésuites, I, II. — Luquet l'indique comme Vicariat apostolique, II, 339. — Juridiction, I, 80; II, 333, 339, 723. — Erigé en Vicariat en 1853, IV, 379. — Le Vicaire apostolique disposé à se charger de Mahé, 714. — Proposé aux Mis.-Etr. par la Propagande, 721. — Bonnand suggère qu'on l'accorde comme nouveau diocèse aux Portugais, III, 343. — Les Goanais, II, 158; III, 317, 652. — Bonnand y passe durant la visite apostolique, III, 378. — Eloge funèbre de Bonnand par le Vic. apost. 397. — Etablissement des religieuses de Loretto, II, 524, 526. — Etat du clergé indigène en 1875, IV, 102. — Le Portugal obtient le droit de présentation par le concordat de 1886, 346. — Erigé en évêché en 1886, 375. — Suffragant de Pondichéry, III, 392. — Statistique des prêtres et catholiques, III, 269. — Les protestants, II, 614; III, 202.

Manès, gouverneur de Pondichéry. Promulgue le décret de transfert de la préfecture à la mission, IV, 396.

Maniacarrers. Leurs fonctions d'après le règlement de la fabrique de Karumattampatty, II, 702-704.

Manively. Chapelle, III, 496.

Mangudy. Sa révolte, IV, 327.

Manoel de Jésus Maria Joseph, Gubernador de San-Thomé. Ses réclamations à Brigot et Champenois au sujet de la juridiction, I, 84, 86, 172, 178.

Manoel de St-Joseph, franciscain portugais. Administre Negapatam en 1804, I, 179.

Mantott (Ceylan). Abandon dans lequel les prêtres goanais laissent les chrétiens, III, 652, 653.

Manvanellur. Eglise et presbytère, III, 707.

Marava. Population catholique en 1748, I, CXIII. — Le supérieur de la mission malabare y a juridiction, I, 420. — La Propagande invite Hébert à en prendre soin, 424. — Requête des principaux chrétiens au Souverain-Pontife, 425. — Etat de la mission, 419, 426. — Faits reprochés aux prêtres goanais, I, 421; III, 652, 653. — Décret du collecteur attribuant les églises aux Goanais, II, 219. — Bonnand le visite, 223.

Marcellino, coadjuteur de Verapoly. Au concile de Bangalore pour l'établissement de la hiérarchie, IV, 383.

Mardanbally. Presbytère, IV, 88.

Mardánampally. Chapelle, III, 709.

Mardiné. Construit la chapelle d'Arivalur, IV, 83.

Mareampalleam. Chapelle, III, 498.

Marecunam. Conversion, IV, 40.

Marchini. Fait bâtir l'église de Prattacudy I, XLII.

Maria I, reine de Portugal. Patentes données à Texeira, II, 162.

Maria II, reine de Portugal. Commence en 1853 les négociations pour un con-

cordat avec le Saint-Siège au sujet de l'Inde, III, 312.

Maria-Pragassam, prêtre de Pondichéry. A Kumbakonam, III, 128. — A Tolurpatty, IV, 83. — Missionnaire apostolique, IV, 98.

Maria-Saverinader, prêtre de Pondichéry, missionnaire apostolique, IV, 107. — Succès contre le schisme, III, 293. — Chargé de Tennur, mort, IV, 434.

Maria-Xavier, prêtre de Pondichéry. Dét., biogr., II, 378, 456.

Maria-Xavier. Accompagne Bonnand dans une visite pastorale, III, 58.

Mariages. Au sujet des usages païens qui ont lieu dans les mariages, I. CVI, CVII, 69, 89, 107, 110, 390; II, 256; III, 7, 26, 30, 31, 32. — Règles portées par le Directoire d'Hébert sur les cérémonies civiles, n° 5, 27, 30, I, 389. — Des musiciens coopérant aux cérémonies païennes (règles de la Propagande), II, 58. — Sur la publication du concile de Trente touchant les mariages, III, 8, 8, 9, 10, 11. — Instruction de la Propagande sur les cas réservés, les bans, les dispenses, IV, 4. — Les Indiens sont portés à ne pas ténir compte des empêchements aetatis, consanguinitatis, et affinitatis, III, 9. — Pouvoirs accordés pour les dispenses de mariage, motifs, manière de les fulminer, empêchements divers, I, 89, 90; II, 16; 644; III, 379, 780, 594 à 601. — Dispenses d'empêchements de mariage : Brigot reçoit le pouvoir de dispenser de la disparité de culte, des vœux simples de chasteté, I, 89. — Sur les mariages mixtes, III, 381, 594. — Mariages entre chrétiens et païens, I, 263. — Lettre de Charbonnaux à ses missionnaires sur les règles à suivre dans la célébration des mariages mixtes, III, 598. — Difficultés de la discipline ecclésiastique à ce sujet, 594. — Observations sur les mariages mixtes, I, 310; III, 366, 371, 381, 594, 598. — Résultats des mariages mixtes, I, 310; III, 73. — Pouvoirs à accorder aux missionnaires d'après le plan général d'administration, II, 668. — Entre personnes de district différent, II, 280. — Charbonnaux demande l'abrogation du temps prohibé ou du moins sa diminution, 600. — Discussions soulevées par la question du privilège de saint Paul, III, 381, 606, 616, 618 : IV, 284-286. — Mariage des veuves, II, 101, 280, 382, 457; IV, 493. — Diminuer les dépenses (coutumier du Maïssour), II, 687; IV, 491. — Origine et fonctionnement de l'œuvre des mariages après la grande famine à Pondichéry, IV, 68. — Instruction de la Propagande en 1869 au sujet des taxes pour les dispenses de mariage, 287. — Taxes pour les dispenses et mariage, 278, 282, 286, 287. — Au sujet des taxes et des honoraires, II, 643; III, 605; IV, 286, 287. — Législation du ma-

riage dans la colonie française, III, 622 ; IV, 278-282. — En 1837, les Anglais demandent communication chaque semestre des registres de mariages, III, 602. — Tenue d'un registre de mariage, I, 416, II, 278. — Questions relatives au mariage, négociations avec les gouvernements français et anglais, IV, 278-288. — Questions relatives au mariage de 1858 à 1872, III, 594-623. — La législation anglaise de 1864, débats, III, 602-615. — Nouvelle loi anglaise de 1872 sur les mariages, 619-621. — Difficulté relative aux extraits de mariage délivrés sur le territoire anglais, IV, 282. — Nouvelle législation sur le territoire anglais en 1886, 283. — Influence sur le recrutement du clergé indigène, 477.

Mariannur. Punition des révoltés, III, 39.

Mariapura. Débuts et progrès de cette ferme, IV, 142. — Orphelinats (grav.) V, LXXIX.

Marie. Inauguration du rois de Marie, III, 156.

Marie. Prêtre de Pondichéry, ordination, I, 256.

Marie-Antoine, supérieure de l'école de Madras, IV, 262.

Marie-Arokiao, prêtre de Pondichéry. Livres publiés par lui, IV, 581.

Marie (de l'Espérance), Prieure du Carmel de Pondichéry, III, 134.

Marie (de l'Immaculée Conception). 1re supérieure de l'école de Salem, IV, 261.

Marie (de la Purification). 1re supérieure de l'école d'Akkaravatam, IV, 261.

Marie (de Sainte-Claire). Religieuse du Bon Pasteur à Bangalore, II, 520.

Marie (de Saint Laurentia). A Bangalore, II, 520.

Marie (de Saint-Maurice). A Bangalore, II, 510, 520.

Marie (de la Visitation). Supérieure du Bon-Pasteur de Bangalore, III, 552. — Progrès qu'elle fait réaliser, 553. — Sa charité, 577. — Fonde la Congrégation des religieuses Madeleines, IV, 127. — Fonde l'hôpital Sainte-Marthe, 158. — Fondation du couvent de Mysore, 269. — Confiance en la Providence, III, 553, 555, 578. — Portrait (grav.), V, LVII.

Marie-Réparatrice (religieuses de). L'administrateur de Karikal entre en pourparlers avec elles, III, 546, 547.

Marie-Saverinader, prêtre du Coimbatour. Ordination, IV, 92.

Marie-Sucenader (P.). Prêtre du Coimbatour. Ordination, IV, 92.

Marie-Sucenader. Prêtre de Pondichéry. Livres publiés par lui, IV, 580, 581.

Marie-Thérèse. Première supérieure de la Congrégation du Saint et Immaculée Cœur de Marie à Prattacudy, II, 491.

Marie-Thérèse de Schörlemer. Religieuse du Bon-Pasteur, III, 553.

Marinatchetiram, supérieure de la Congrégation du Saint et Immaculée Cœur de Marie. — Compte-rendu général de l'état de sa Congrégation, IV, 215.

Marmont (duc de), ambassadeur de France à Rome. Promet son concours pour l'affaire du concordat de 1857, III, 329.

Martambody. Conversion, IV, 40.

Martens (J. B. de Silva Ferrao de Carvalho). Ambassadeur portugais à Rome. Signe le concordat de 1886, IV, 345.

Martin (François). A Pondichéry, appelle les Capucins de Madras, I, XXX. —

Martin, gouverneur de Pondichéry au commencement du XVIIIe siècle. Ne veut pas qu'on donne la mission malabare aux Capucins, I, 16.

Martin, jésuite. Persécuté par les Mahrattes, I, CXVIII, CXIX.

Martin, jésuite. Arrivée dans l'Inde, II, 377. — A Tuticorin, 220.

Martin. Supérieur des missionnaires de Saint-François de Sales, II, 365.

Martin V. Donne une 1re constitution sur le patronat, I, 23.

Marur. District de Kandamangalam, I, VII. — Chapelle, III, 497.

Mascarenhas. Prêtre schismatique de Ceylan, III, 652.

Maricunam. Conversion, IV, 36.

Massey. Départ pour les missions, I, 238.

Masson. Chargé de Saveriarpaleam, IV, 444. — Mort, 445. — Dét. biogr., 594.

Matchavady. Conversion du village, IV, 36.

Matelly. Chapelle et presbytère, III, 711.

Mathian. Arrive en mission, II, 6. — A Bangalore, 260. — A Cuddalore, III, 100, 111. — A Tranquebar, II, 125, 215, 643. — A Ayampett, II, 411 ; III, 115 ; IV, 414. — Prêche à la mission donnée à Vellore, III, 109. — A Tiruvadi, 641. — Appréciation, II, 7. — Dét. biogr., I7, 590.

Mathon. Procureur de la Société des Missions-Étrangères à Pondichéry, I, 9, 48. — Supérieur de Virampatnam, I, 117, 128. — Désapprouve les séparations de castes à l'église, 100. — Proposé par Davoust pour être supérieur de la mission malabare, 18. — Attitude dans la réunion des M.-E., avec les Jésuites, 49, 53. — Mort, 148. — Qualités et défauts, 18, 75.

Matta (da), évêque de Macao. Agissements schismatiques dans l'Inde, III, 304-306, 364. — Les schismatiques demandent qu'il reste à Goa comme archevêque, 306. — Reçoit deux monitoires, 308. — Mécontent du bref Probe nostis, 311. Voir. Macao.

Mattalancudy. Chapelle, III, 706.

Mattaly. Chapelle, III, 119.

Mattighery. Entrée des troupes anglaises, I, 278. — Église, II, 112 ; III, 709. — Cédé à Pondichéry, 71. — Transfert

au Maïssour, II, 721, 723. — Visite de Rappart au camp de la famine, IV, 43. — Eglise et presbytère V, LXXIX.

Matty. Se révolte, IV, 327.

Matur. Appartenant à l'ancien district de Pillavadandey, I, V. — Chapelle, III, 120, 502, 707, 711. — Le catéchiste Amurdampillai, IV, 122. — Béroulle, IV, 44, 46, 47. — Population catholique en 1884, 446, 448. — Eglise, V, XCIX.

Mauduit, jésuite. Missionnaire dans le Carnate, dans le Maïssour, I, IV, XXII, XXIV, XXV, XLIX, LXIII.

Mauduit. Arrivée dans l'Inde, II, 377. — Au Nagar, III, 73. — Tentative d'empoisonnement sur lui, III, 99. — Mort, 415. — Dét. biogr., IV, 591.

Maury. Prononce l'éloge de Bonnand 397. — Retour en France 439. — Choisi comme procureur et directeur du Séminaire des Missions-Etrangères, 439. — Activité durant la famine, IV, 29. — Mort, 434. — Dét. biogr. 591.

Mayavaram. Détails sur cette chrétienté, I, V; II, 739; III, 481, 592. — Lazare, III, 112, 492, 707; IV, 422. — Projet de fondation d'une école de catéchistes, II, 145. — Pécheur chargé du district, IV, 113. — Population catholique en 1884, 446.

Mazulipatam. Prise par les anglais, I, 128. — Dépendait de l'ancienne mission du Carnate, 11. — Cotolendi meurt près de cette ville, 5. — Manente, 61. — Etat de cette chrétienté sous les Goanais, 263.

Médaille miraculeuse. Une notice donne à Pacreau l'idée d'une association de prières pour la conversion des païens, III, 140.

Meduncunam. Conversion du village, IV, 50.

Méhay. Départ pour les missions, I, 238. — Au sacre de Bonnand, 44. — Aux synodes, II, 260, 643; — Est l'occasion d'une révolte à Virur, 102. — Au Maduré, lutte contre les Goanais, I, 424, 425; II, 23, 174, 175, 219, 233, 349. — A Karikal, II, 85, 86, 112, 428, 435; III, 127, 216, 405. — A Prattacudy, II, 344 — Fait l'ascension du Colimaley, III, 83. — Bonnand le propose comme coadjuteur, II, 349. — Prêche le jour de la consécration de Charbonnaux, 362. — Bonnand désapprouve ses achats de chevaux, 408. — En France, mort, IV, 431. — Jugement sur lui, I, 253; II, 349, 351. — Dét., biogr., II, 349.

Mélay (de). Gouverneur de Pondichéry, I, 326. — Au sujet de la préfecture apostolique, 345, 347. — Difficultés de Tesson à Karikal, 372, 373, 376. — Demande et obtient le rétablissement de l'allocation de 3.000 fr. à la mission malabare, 379. — Accorde à Hébert une cloche, 368. — Arrêt donnant à la mission la place située devant l'évêché, 367. — Appréhensions de la révolution de 1830, 375. — Accorde aux parias l'autorisation de bâtir une église spéciale, 383. — Rapports avec la mission, I, 361; 380, 398; II, 143. — Quitte la colonie, I, 380.

Melanur. Eglise, II, 408.

Melcallur. Conversions, IV, 18.

Meliapour. Voir: Maïlapur.

Melindour. Eglise et presbytère, I, 64.

Mellano. Vic. apost. de Verapoly. Au concile de Bangalore pour l'établissement de la hiérarchie, IV, 383.

Mello (Joseph de), prêtre de Goa. Sentence portée contre lui par Pie IX, III, 309.

Melunampaleam. Station chrétienne, I, VII.

Mendès (Joseph Michel). Administre les chrétiens réfugiés à Derebyle, I, 141.

Menuel. Mort, IV, 422. — Dét biogr., 592.

Mepady. Chapelle, IV, 88.

Mercara. Faits politiques, I, LXV, LXVI, LXXIX. — Eglise, I, LXVI; III, 116, 118, 710. — Cédé au Maïssour, II, 723. — District, 741. — Une conversion, III, 87. — Etablissement de l'apostolat de la prière, 565. — Chapelain militaire, 92. — Population catholique en 1884, IV, 447. — Eglise (grav.) V, LXXV. Voir, Coorg.

Merkanam. Notes sur ce village chrétien, I, XXI, XXXIX, XLI, 131; III, 709. — Manente refuse de faire de démarches pour rentrer en possession des propriétés de cette église, I, 188. — Bonnand cherche à en recouvrer la possession, II, 145-147. — Visite pastorale de Laouënan, III, 683.

Mermilliod. Départ pour les missions, I, 238. — Appréciation sur lui, 241, 442.

Messe. Privilèges accordés pour la célébration en plein air et pour la célébration des messes des morts, 91. — Distance qui supprime l'obligation de la venir entendre, 110. — Observation du synode de 1844, II, 280. — Honoraires de messes (coutumier du Maïssour), II, 694. — Célébration à 2 heures après minuit, 16. — Pieds nus, III, 148.

Métayer. Dét. biogr., IV, 594.

Méthodistes. Leur mépris pour les rites sacramentaux, II, 293.

Métral. Départ pour les missions, I, 238. — A Pondichéry, III, 423. — Au Coïmbatour, 423. — A Palghat, II, 254. — Au synode de 1844, 260. — Apostasie d'un de ses chrétiens, III, 98. — Conseils à Lapanne, 99. — A Atticodu, 295, 298. — Négociations avec les sœurs de Loretto, II, 523, 526. — A Karumattampatty, 98; III, 146. — Attribue à N.-D. des Victoires, la protection accordée à Odayampaléam, 147. — Ne blâme pas l'observation des usages de caste, 33. — Peu favorable au projet de Bonnand pour un collège au Coïmbatour, II, 623. — Supérieur du séminaire, 449,

450. — Provicaire au Coïmbatour, 725, 729 ; III, 34. — Vic. apost. du Coïmbatour, II, 728, 730. — Mort, 68, 729 ; III, 296, 421, 423. — Dét. biogr., IV, 593.

Meurin, Vic. apost. de Bombay. Offre le Dharwar au Maïssour, IV, 292. — Part qu'il prend à la réunion de Trichinopoly en 1877, 316, 317, 319, 328.

Michael, chef d'un bataillon de soldats. Sauve l'église de Kirangur, I, 435.

Michel, jésuite. Fait extraordinaire sur son tombeau, I, IV.

Michel, prêtre de Pondichéry. Ordination 1866 — Dét. biogr. III, 443. — Chargé de Nellitope, 443. — Livres publiés par lui, IV, 580-582.

Michel, Vic. apost. de Mangalore. Accepte les religieuses de Loretto, II, 524.

Mikkelpatty. Eglise, III, 112.

Millard. Chargé du district de Pattiavaram, IV, 74. — Condamné à l'occasion du privilège de saint Paul, 284.

Mill-hill (Société de). Chargée de la mission de Madras, I, II.

Miltanguel. Conversion, IV, 35.

Minezès (Pedro O'). Ordination, II, 381, 449.

Minnur. Chapelle, IV, 83.

Minot, ami de Hébert, I, 339.

Miranda (Joachim de), prêtre de Goa. Démêlés de juridiction, I, LXVI.

Missionnaires. Règlement par Hébert II; 646 ; par le synode de 1849. — D'après le plan d'administration de Bonnand, II, 670. — Quelques lettres de Godelle, II, 397, 704. — Directoire de Laouënan, IV 288. — Coutumier du Maïssour, II, 686, 695 ; IV, 289. — Du Coïmbatour, 289. — Le titre de Missionnaire apostolique donne-t-il des droits ? II, 461, 462, 463 ; III, 56. — Pouvoirs qui leur sont accordés d'après le directoire de Hébert, I, 89 ; IV, 33. — Doivent suivre les usages établis ; attention aux usages des castes, opinions diverses, I, XXV, LXXXVI, 106, 108, 270, 301, 389 ; III, 27, 33, 36, 49 ; IV, 472, 486. — Reconnus comme ministres légaux du mariage par la loi de 1864, 502. — Formation des jeunes missionnaires, I, 237, 402, 674 ; II, 678. — Leurs devoirs envers les évêques supérieurs des missions, II, 663. — Soins que donne à leur formation Bonnand, 378. — Manière de vivre, 44 282, 283, 295, 643, 675. — Prescriptions relatives à leurs devoirs d'état, par le synode de 1849, 643. — En obtenant des conversions, ils suscitent des amis et des alliés à la France (mémoire Lefaucheux 1859) III, 265. — Deux heures de route les excusent de l'obligation de conférer l'extrême-onction, II, 379. — Règlements portés en 1874, au Maïssour et à Pondichéry, relatifs aux examens des jeunes missionnaires, IV, 290. — Soin spécial qu'ils doivent apporter à l'instruction religieuse, III, 445-452. — Difficultés dans la construction des églises, III, 120 ; IV, 483. — Ne doivent pas chercher à composer leurs sermons avec art, mais avec ordre, méthode et simplicité, III, 449. — Association de prières fondée à Pondichéry entre les missionnaires, IV, 117. — Hiérarchie à établir parmi eux, III, 676, 677, 735. — Retraites annuelles, IV, 479. — Respect qu'ont pour eux les chrétiens et les païens, III, 479 ; IV, 493, 507. — Plaintes des chrétiens contre certains missionnaires, III, 100. — Ne peuvent être appelés au conseil s'ils n'ont pas deux ans de mission, II, 678. — Costume (Propagande, 8.septembre1869); I, 105 ; II, 757, 282, 687 ; III, 47, 48 ; IV, 3, 459. — Un seul missionnaire par district, avantages et inconvénients, I, CXXV ; II, 673, 674, 677, 737, 738 IV, 473. — Règles tracées par le coutumier du Maïssour lorsque deux sont chargés d'un même district, II, 689. — En voyage, IV, 466. — Sur l'administration des chrétiens, II, 276, 411, 414. — Manière de procéder avec les païens, les hérétiques, les catéchumènes, 690, 691. — Règles données par le coutumier du Maïssour pour les administrations des districts, 690. — Doivent s'occuper spécialement des chrétiens isolés au milieu des païens (Godelle à ses missionnaires, 1837), III, 454. — Missionnaires pour la conversion des païens, nécessité, qualités, II, 270, 284 ; III, 70, 71, 72, 374, 484 ; IV, 390, 500, 503. — Obligation qui leur est imposée d'enseigner les peuples, III, 447, 452. — Leurs désirs d'obtenir des conversions, 69. — Silence sur leurs travaux, motifs qu'ils en donnent, I, 209. — Tableau de leur vie, I, XXXV, 41, 204, 206, 207, 208, 237 ; II, 664, 668, 670, 672, 673, 675, 678, 692 ; III, 448, 450 ; IV, 3, 462, 467. — Difficultés dans leur apostolat, I, 116. — Discussions avec les brahmes, 294, 296. — Dangers auxquels ils sont quelquefois exposés, I, CXVIII, 296. — Question des rapports avec le clergé indigène, II, 434, 461, 463, 465, 466, 671, 688 ; III, 46. — Rapports avec le catéchiste, III, 151 ; IV, 480, 481. — Viatiques, régime de communauté, II, 9, 392, 394, 414, 655, 658, 691, 694 ; IV, 291. — Rapports avec les Européens, I, 87, 88, 199, 417 ; II, 584, 676. — Répugnance pour le professorat au collège royal de Pondichéry, II, 575, 583, 585, 586, 622. — Joies qu'ils éprouvent au milieu de leurs fatigues, III, 56. — Eloges des missionnaires de Pondichéry, I, 223, 269 ; III, 141, 493. — Reproches par Hébert, 447. — M. Desbassyns, I, 359. — Opinion de Bonnand sur le mélange de missionnaires de différentes Sociétés dans le même Vicariat, II, 233.

Missions africaines (Société des). Fondée par Brésillac, II, 727.

Missions-Etrangères (Société des). La Société dans l'Inde avant 1776, I, 5-

11. — Etablissement de la procure générale à Pondichéry, I, XXX, 7. — Transfert à Pondichéry du séminaire général, 9. — Jouit de l'exemption des redevances pour les biens possédés à Pondichéry par le séminaire général, 52. — La mission malabare confiée à la Société, 5-50. — Réunion des anciens jésuites aux prêtres des Miss.-Étr., 55. — Les jésuites de Chandernagor se réunissent aux prêtres des Miss.-Étr., 77. — Napoléon l'autorise en 1805, la déclare dissoute en 1809, 230. — Doit avoir ses biens propres (plan général d'administration), II, 649, 640, 656. — Droit d'administration sur ses biens par les Vicaires apostoliques, 652. — La Propagande désire qu'elle accepte des nouveaux Vicariats dans le sud de l'Inde, II, 299. — La Propagande lui offre les Vicariats de Quilon et de Mangalore, 721. — Bonnand demande qu'il lui soit chargée du futur Vicariat apostolique du Maïssour, 333. — Reçoit définitivement l'administration du Maïssour et du Coïmbatour, 339. — Le clergé indigène ne doit pas lui être incorporé, 464. — Le séminaire de Paris ne veut pas accepter en son nom la préfecture apostolique de Pondichéry, 719. — Craintes des directeurs sur l'établissement de la hiérarchie pour le maintien de l'union dans la Société, 306. — De Brésillac désire la réforme de la Société, II, 725, 726. — Charbonnaux voudrait des Frères instituteurs agrégés à la Société. — Objection des directeurs, 624, 625. — Sentiment de Laouënan sur la Société comparée aux autres Congrégations, III, 391. — Desflèches a des conférences à Salem avec les Vicaires apostoliques de l'Inde pour la révision du règlement, 368. — Coup d'œil sur son œuvre dans l'Inde, IV, 450. — La Propagande, en 1853, exprime le désir que le Séminaire des M.-E. ait recours à elle pour le titre de missionnaire apostolique, III, 66.

Modayur, Conversion, IV, 36, 41.

Mœurs. Institutions et cérémonies des peuples de l'Inde, Ouvrage de M. Dubois, I, 198.

Moganur. Chapelle, IV, 83.

Mogayur, Origine, pillage de l'église par les Mahrattes, I, XVII. — Détails sur cette chrétienté, II, 72; III, 565, 683. — Caractère des chrétiens du district, 684. — Conversions après la famine, IV, 73. — Population catholique en 1884, 446. — Eglise (grav.), V, XLIII.

Mogur. Eglise et presbytère, II, 110; III, 496, 709.

Mogurrur. Chrétienté, II, 71.

Mojandicupam. Chapelle et presbytère, III, 709.

Molacadu. Conversions, IV, 47.

Molatur. Eglise et presbytère, III, 707; IV, 83. — Compte beaucoup de goanais, III, 289. — Inondation, 107.

Moncourrier. Dét. biogr., II, 7; IV, 590. — Atteste sa croyance à l'Immaculée-Conception, III, 16. — Au synode de 1849, II, 643. — A Tranquebar, III, 407. — Bâtit l'église et le presbytère d'Adacambarei, 110. — A Vellore, 109. — Accueille les religieuses de Loretto, 550, 551.

Monegally. Eglise, III, 710.

Mongavenur. Chapelle, III, 114.

Monge. Dét. biogr., II, 377; III, 408; IV, 591.

Monnier. Quitte le Maïssour pour aller à Hong-kong, IV, 439.

Montandraud. Au Maïssour, II, 381. — A Virarajendrapett, I, LXXXI; II, 458. — A Haruballé, III, 64, 118. — Mort, III, 412. — Dét. biogr., IV, 592.

Montgomary. Collecteur à Negapatam. — Attribue la grande église aux govéars. — Au sujet du cimetière, II, 204, 205.

Montjustin, jésuite. A Attipakam, I, XVI, CXIX. — A Karikal, 61, 62, 132. — Mort, 149.

Moracin (de), ordonnateur à Pondichéry. Correspondance avec Champenois au sujet de la fondation d'un collège, I, 112. — Président de l'assemblée générale des citoyens, 153.

Moramangalam. Conversions, par Robert de Nobili, I, XIV.

Moreira. Vicaire général de Quilon. Blâmé par l'archevêque de Goa, III, 651. — Au sacre de Laouënan, 681.

Moricet, frère, jésuite. A Pondichéry, I, XXXII.

Moris. Construit une chapelle à Kanguel, I, 287.

Morvan. Dét. biogr., I, 9.

Mosac, curé de Chandernagor. Construit un hôpital, I, XLIV. — Supérieur des Jésuites du Carnate, 13, 61. — Signe l'acte de réunion des Jésuites aux prêtres des Mis.-Etr., 55. — Mort, 61, 148.

Mosquées. Avant 1793, le gouvernement français n'intervient pas dans leur administration, 251. — Subvention gouvernementale, 252.

Mottachery. Chapelle, IV, 89.

Mottet. Arrive dans l'Inde, I, 73. — A Punganur, 444. — Discussions sur les bains, 333. — Du comité représentatif, 153. — Accepte l'idée d'appeler des prêtres irlandais, 232. — Délégué pour la visite apostolique de Madras, 182. — Lutte contre les prêtres goanais, 169, 174, 284. — A Aur, 163. — A Salem, 190. — A Vellore, 229. — Construit l'église de Mutalpett, 286. — Au collège, 329, 411. — Lettre à Desbassyns sur le collège, 329. — Proposé pour l'épiscopat, 218, 393. — Engage Bonnand à accepter l'épiscopat, 401. — Mort, 190, 445. — Dét. biogr., IV, 589.

Mousset. Départ pour les missions, I, 238. — Aux synodes, II, 260, 643. — Au Maduré et au Marava, I, 424; II, 23,

174, 176, 200, 219, 233, 360. — A Dindigul, se plaint de la propagande protestante, 124. — Au petit séminaire de Pondichéry, IV, 91. — Proposé comme coadjuteur, II, 349. — Livres publiés par lui, II, 139, 634 ; IV, 583. — Appréciation sur lui, I, 256 ; II, 349, 350, 351.

Mucaninur. Conversion du village, IV, 40.

Mudeliarpett. Arrangements au sujet du cimetière des chutres, III, 504.

Mudelur. Établissements protestants, II, 124.

Mudicallu. Voyage de Jarrige, I, 276.

Mududoré. Chapelle et presbytère, III, 711.

Muduthorai. Chrétienté de l'ancien district de Kanavakarei, I, LXXXVIII.

Mugavenur. Chapelle, III, 708.

Muidram. Ancienne chrétienté, I, LXIII.

Mulancudy. Chapelle, III, 115, 707. — Inondation de 1858, III, 108.

Multa præclare. Préparation du Bref. — Son contenu, texte de ce bref. — Sa publication, opposition, II, 76, 181-186, 191, 198, 201, 224, 239, 241 ; III, 291, 335. — Bonnand désire une nouvelle approbation de ce bref, III, 301. — Silva et Torrès promet de l'observer, II, 237. — L'autorité de ce bref est-elle ruinée par le concordat de 1857 ?, III, 319, 326, 331, 346.

Mullaur. Se révolte, IV, 327.

Munantchavady. Chapelle et presbytère, III, 711. — Chapelle, 502. — Église (grav.), V, XCIX.

Mundur. Chapelle, III, 502.

Munegally. Église, I, 203.

Mungang-cotta. Prise par les Anglais, I, 130.

Munro (Sir Hector). Assiège et prend Pondichéry, I, 128.

Murangapakam. Inventaire des biens possédés par les anciens jésuites, I, 55. — Biens qu'y possède la mission en 1821, I, 233.

Murgapacam. Autorisation de construire une église, II, 108.

Murphy, Vic. apost. Appelle à Hyderabad les sœurs de Loretto, II, 530.

Murran. Lettre réfutant des calomnies contre lui, III, 93.

Murugampaleam. Chapelle, III, 711.

Muruvamangalam. Chapelle, IV, 83.

Muruvapady. Conversion, IV, 43.

Musiciens. Interdiction portée par le cardinal de Tournon d'aller aux fêtes païennes, I, CVII. — Coopération aux fêtes païennes, II, 33, 34, 42, 59. — Refusent de recevoir Charbonnaux, III, 64. — Familles passées au protestantisme, 210, 383. — Difficulté spéciale pour ceux du rajah du Maïssour, 384. — Exemptés des fêtes païennes au Maïssour, II, 58 ; III, 468. — Quelle conduite tenir avec eux, II 57 ; III, 383 ;

IV, 65. — Situation au point de vue religieux, III, 683. — Baptême de musiciens durant la famine : conduite à observer avec eux, instruction de Laouënan, IV, 65, 66.

Musiri. Église, IV, 78.

Musulmans. Songent à exciter à Mysore une émeute contre les chrétiens, I, 300. — Danger couru par Laouënan près de Kurepatty, III, 686. — De la difficulté de les convertir, IV, 527. — Vie moyenne, comparaison avec les chrétiens et les païens, 494.

Mutalpett. Revenait de droit à la mission malabare, I, 451. — Église et presbytère, I, 286, 450 ; II 379 ; III, 706 ; IV, 83. — Legs de la chapelle de Mutalpett fait par Félix, I, 452. — Débat entre les chrétiens et les païens au sujet de procession et de pagode, I, 362, 366 ; III, 238, 240. — Les chrétiens se refusent à prendre part à la révolte causée par les innovations au Séminaire, II, 431. — Érigé en district séparé, IV, 83. — Population catholique en 1859, III, 264. — Église (grav.), V, XVII.

Mutlen, ancien soldat. Convertit trois villages, IV, 33.

Mutten. Conversion, IV, 16.

Mutto-Rondapally. Origine, légendes, I, LXIV.

Muttu (Antoine). Fonde le village de Cottampatty, I, 283.

Muttu (Sami), catéchiste, devenu schismatique, III, 295.

Muttu (Xavier). Révolte à Erichambady, III, 645.

Muttupaleam. Chapelle, III, 119.

Muttusamynader, prêtre de Pondichéry. Ordination, III, 443.

Mutuchery. Essai d'un orphelinat de garçons, III, 576.

Mysore. Anciennes chrétientés du district, I, LIX. — Allocation annuelle 288, 489, II, 118. — Dépend de, Seringapatam, II, 88. — Décadence de la chrétienté, I, 276 ; II, 91. — Église et presbytère, I, 201 ; II, 112, 113 ; III, 118, 413, 710. — Missionnaires chargés de la paroisse, I, 277 ; II, 64, 93, 103, 471, 557 ; IV, 132, 435, 437. — Le district de Settihally en est détaché en 1845, II, 741. — Les musulmans sont empêchés de faire une émeute, I, 300. — Visites pastorales, I, 417 ; III, 63, 64, 68. — Réception faite à Bonnand, III, 378. — Archiconfrérie de N.-D. des Victoires, 144. — Œuvre de charité par un descendant de Tippu Sahib, 592. — Honoraires pour les mariages, II, 694. — Succès de Neveu, IV, 24. — Orphelinat, 132. — Une petite école catholique en 1855, II, 619. — Les sœurs de Sainte-Anne y viennent, III, 55. — Le Bon Pasteur s'y établit, IV, 126, 270. — Les sœurs de Saint-Joseph de Tarbes à l'hôpital civil, 167. — Raison d'ériger l'évêché

de Mysore, II, 309. — Erigé en évé-
ché en 1886, IV, 375, 388, 692. — Population catholique en 1834, 447. —
Etat de l'école des garçons en 1896,
538. — Propagande pro estante, II,
123; III, 210. — Prévenances du rajah
pour Charbonnaux, II, 117; III, 64,
469, 576. — Eloges donnés par lui à
Desaint et à Dallet, III, 103, 104. —
Rapports de Neveu avec les ministres
du rajah, IV, 269. — Eglise, presbytère (grav.), V, LVIII. — Couvent du
Bon-Pasteur. Maison des sœurs de
Saint-Joseph. Dispensaire, école professionnelle (grav.), V, LXI. Voir
Maïssour.

N

Naduccavery. Station chrétienne, I, VII.
Nagar. Notes et souvenirs sur cette chré-
tienté, I, LXIII; II, 88.— Plusieurs de
ses missionnaires, III, 73, 703; IV,
436. — Eglise et presbytère, III, 116,
118, 497, 711. — Visite pastorale de
Charbonnaux, III, 696. — Honoraires
à l'occasion des mariages, II, 694.
— Chapelle (grav.), V, LXXIX.
Nagarasupallé. Rareté des conversions,
I, 413.
Naganhally. Chapelle, III, 498. — Eglise,
710.
Naglur. Eglise et presbytère, III, 120, 500,
711 (grav.) V, CIII.
Nagpore. Erigé en évêché 1886, IV, 375.
Nagunhally. Chapelle, III, 118.
Nagur. Chapelle, III, 112.
Naïlangam. Familles catholiques passées
au protestantisme, III, 215.
Naina. Premier chrétien de Kadapandel,
IV, 18.
Nalartanculam. Chapelle et presbytère,
III, 707.
Nallalam. Conversions, IV, 19.
Nallamangalam. Conversions, IV, 47.
Nallatur. Eglise et presbytère, III, 112,
115, 706.
Namakul. Visite pastorale de Champenois,
I, 168.
Namattodu. Conversion, IV, 40.
Nambiké. Prieure du Carmel de Pondi-
chéry, III, 134.
Nambodu. Conversion, IV, 39.
Namen. Guérison, baptême, IV, 39.
Nangatur. Origine de la chrétienté, I,
XIX. — Les parias chrétiens changent
d'emplacement, 286. — Les mission-
naires chargés de ce district, II, 72;
III, 463; IV, 19, 31. — Double aposta-
sie du catéchiste, III; 683. — Eglise
et presbytère, III, 115, 709. — Visite
pastorale, III, 683. — Conversions de
1873 à 1886, IV, 8. — Population ca-
tholique en 1884, 446.— Eglise (grav.),
V, XLI.

Nandialamapett. Etat de la chrétienté
I, 63.
Nandigonda. Visite de Charbonnaux,
II, 93. Eglise, II, 112; III, 711; (Grav.),
V, LXXI.
Napoléon III. Sa fête à la léproserie de
Pondicnéry en 1860, III, 186. — Au-
dience accordée à Charbonnaux, 67.
Narasanguiburam. Conversion du village,
IV, 36.
Naricarambé. Chapelle, III, 706.
Nariappenur. Chapelle, III, 708.
Nassaranis. Détails sur les chrétiens par
Bonnand, II, 100.
Nattam. Révolte IV, 327. — Chapelle, IV,
83.
Nativité. Fête de la Nativité à Ariancu-
pam, I, XLIII. — Indulgences accor-
dées en 1788 pour cette fête, 91.
Navamangalam. Chapelle, III, 708.
Navapatti. Conversions, IV, 47.
Nayacoté. Chapelle et presbytère, III, 709.
Nayambady. Chapelle et presbytère, III,
711; IV, 89. — Camp de secours, IV,
45. — Eglise, char de procession
(grav.), V, CI.
Nedlibandla Arlappa, catéchiste de
Bonnand. Eloge, I, 266.
Negapatam. Hollandais s'en emparent et
interdisent le catholicisme, I, CXII. —
Administré par un franciscain, portugais, 179. — Mauvais exemple donné
par les prêtres goanais, II, 158. —
Lehodey et les govéars, 203, 346. —
Difficultés de Lenodey à propos d'un
cimetière, 205. — Etat du district en
1848, 346. — Quelques-uns des missionnaires, II, 72, 344; III, 405; IV,
419. — Bonnand y est reçu, II, 201.—
Les Jésuites y possèdent une maison,
310. — Ils y fondent un collège, 540,
587. — Ecoles de garçons en 1841,
141. — Mort de Dépommier, III, 701.
Negombo. Visite apostolique, III, 377. —
Usurpation commise par l'archevêque
de Goa, 652.
Nekonam. Eglise, IV, 83.
Nelarcadu. Chapelle, III, 711.
Nellalacupam. Laouënan offre de laisser
ce village aux goanais, IV, 328.
Nollapaloam. Conversions, IV, 11.
Nellatur. Eglise, I, 286.
Nelliampatty hills. De la mission actuelle
du Coïmbatour, I, II.
Nelliankulam. Détaché de Tindivanam,
IV, 74. — Eglise, 86.
Nellicupam. Eglise et presbytère, III, 706.
Nellimarattampatty. Origine de la chré-
tienté, I, XV. — Chapelle, III, 708.
Nellitope. Etymologie de ce nom I,
XLVIII. — Origine, XLVIII. — Guirbal-
di et Gibeaumé, 113. — Michelnader,
III, 443. — Indulgences pour la neu-
vaine, II, 46. — Eglise, II, 108, 379;
III, 112, 706. — Achat d'un terrain

II, 112. — Les païens veulent y faire des processions, I, 358. — Règles pour la procession, 390. — Les chrétiens refusent de participer à la révolte au sujet du séminaire, II, 428. — Ecole de garçons en 1841, 141. — Fondation du couvent du Saint et Immaculé Cœur de Marie, II, 491 ; IV, 250. — Agitation des chrétiens contre les missionnaires; lettre à Rome, II, 290. — Subvention annuelle de 200 fr. ; arbres, III, 261. — Arrêtés concédant une plantation de cocotiers, 261. — Crédits nécessaires pour y assurer les besoins du culte, 264. — Population catholique en 1859, 264. — Langier permet aux païens d'y construire une pagode, IV, 295. — Eglise (grav.) V, XIX.

Nellore. Chrétienté ancienne, I, XXIX. — Pas de conversion chez les Chutres, 263.

Nellur. Conversions, IV, 9.

Nemeli. Fondation de la chrétienté, I, 284.

Nerconam. Chapelle, III, 709.

Nerkambai. Village chrétien, (grav.) V, XCIII.

Nerur. Chrétienté datant du XVIIIe siècle, I, XCIV ; II, 71. — Chapelle, III, 121.

Neuville (Hyde de). Annonce la nomination de Calmels, I, 344.

Neveu. Arrivée au Maïssour, III, 439. — A Shimoga, 696. — A Mysore, V, 124, 132. — Rapports avec les ministres du Rajah, 269, 270. A la ferme d'Hossur, 138.

Nevey, prêtre goanais. Sa conduite à Cochin, II, 176.

Neyret. Vicaire apostolique de Vizagapatam, II, 366.

Nicobar (Iles). Tentative de Supriès pour les évangéliser, I, 435.

Nicolas, prêtre goanais. Lutte contre les missionnaires, II, 171, 199.

Nicolas V. Constitution sur le patronat, I, 23.

Nidiapen. Catéchiste de Grosboore, IV, 142.

Nigarupallé. Visite de Bonnand, I, 413.

Nilgiris. Dans la mission de Coïmbatour, I, II. — Description, II, 101 ; IV, 172. — Trace de christianisme en 1608, I, XCV. — Voir : Aotacamund.

Nicolé. Chapelle, III, 112.

Nisam. Pillages, I, CXVIII.

Niveaux. Dét. biogr., III, 439 ; IV, 441, 593. — Près de Dépommier mourant, III, 701.

Nobili (de). Jésuite vit comme les saniassys brahmes, I, CV. — Travaux, I, III, IX, X, XIV, XXII, LXXXV.

Noguera, jésuite. A Kanavakarei, I, LXXXVIII. — A Karumattampatty, I, XC.

Norbert, capucin. Fait venir les Ursulines à Pondichéry, I, XXXVII.

Noronha Sébastien, prêtre, à Gadanhally III, 495 à Tuticorin, 654.

Notre-Dame des Anges à Pondichéry. Annexe de l'église paroissiale de Saint Louis, I, XXXVI. — Construite par les capucins, XLII. — Aujourd'hui église de la paroisse blanche, gravure, V, IX. Voir : Pondichéry, (paroisse) Karikal.

Notre-Dame de Bon Secours. (Religieuses de). Augmentation du nombre des orphelines, III, 164. — Etat de l'orphelinat à Pondichéry en 1860, en 1870, 168, 573. — Chargées d'un hospice de vieillards à Pondichéry, 176. — Dirigées successivement par Dupuis et Ligeon, 187. — Le Refuge en 1858, de 1861 à 1872, 187, 569. — Transfert de l'orphelinat, IV, 131. — Chargées de l'hospice Desbassyns, 157. — Etat de la communauté en 1870, III, 573. — Etat en 1886-1887, IV, 268, 447. — Délimitation de son champ d'action dans le Vicariat de Pondichéry, 269.

Notre-Dame de la Miséricorde, Congrégation de religieuses indigènes. — A changé son nom en celui de l'Immaculée Conception, III, 557. Voir : Immaculée Conception.

Notre-Dame des Victoires. Archiconfrérie à Pondichéry, au Maïssour et au Coïmbatour, III, 139, 144.

North Arcot, district civil. Partie du territoire actuel de la mission de Pondichéry, I, I. — Historique des anciennes chrétientés de ce district, XXI.

Noronha, à Tuticorin, III, 654.

Noronha (Jean), prêtre du Maïssour. Ordination à Shimoga, III, 444.

Noronha (Paul-François), prêtre de Goa. A Mandjacupam, commence la chapelle de Cuddalore, I, 287.

Noronha (Sébastien), prêtre du Maïssour. Ordination à Settihally, III, 444.

Nottapa. Chapelle, III, 114.

Nottapur. Chapelle et presbytère, III, 708.

Nubilité. Au sujet des cérémonies qui ont lieu à cette occasion, I, 305, 307 ; III, 26.

Nuchivendiram. Chapelle et presbytère, III, 709.

Nunès. Division qui éclate à Virarajendrepett sous son administration, I, LXXIX. — Règlement pour la célébration de certaines fêtes, LXXXII.

O

Obary. Révolte des chrétiens, IV, 333.

Obéissance au Saint-Siège, de l'évêque et des missionnaires de Pondichéry, louée par la Propagande, II, 294.

O'Connor. Vic. apost. de Madras, prétend avoir droit de propriété sur la chapelle de Mutalpett ; Rome lui donne

tort, I, 451. — Relations avec Jarrige, 455. — Interdit le prêtre goanais Arokiam, II, 169. — Manque de missionnaires, 164. — Veut garder pour ses prêtres les postes de chapelains, III, 92. — Difficultés avec Bonnand au sujet des registres de baptêmes et de mariages, 602.

Odayampalcam. Persécution, III, 147.

Odelevady. Conversion, IV, 36.

Œuvres. Les Œuvres sont classées sous leur titre particulier : Confréries, Ecoles, Hôpitaux, Instruction, Léproserie, etc.

Offices. Concession d'offices votifs à la mission malabare, I, 91.

Oilcottay. Méhay contre les Goanais, II, 174.

Oleru. Chrétienté, Manente; ruines, I, XXVI, XXIX; 63, 114, 264. — Austruy, 187. — Bonnand, 264. — Eglise, 200, 287.

Olerampattur. Conversion, IV, 40.

Oliff (Marc). Supérieur de la mission de Hyderabad; III, 360.

Olnasinen. Un des chrétiens qui bâtirent l'église de Biliakkipally, I, L.

Omnium sollicitudinum. Bulle de Benoît XIV sur les rites malabares, I, CVIII. — Son observance, difficultés de quelques missionnaires, I, 98, 303; II, 57, 168, 295; III, 22, 261, 361, 374, 382, 457; IV, 66. — Influence de la bulle sur les chrétiens de l'Inde, I, CIX, CXV, CXXVIII. — Les prêtres de passage dans la mission malabare ne sont pas tenus au serment; 105. Voir : Rites.

Ongole. Chrétienté, I, XXIX. — Pas de conversions, 263.

Ongur. Chapelle, III, 709.

Ootacamund. Eglise, II, 121, 531; III, 413, 502, 503; 711; IV, 121. — Conversions, I, LIII; II, 177; III, 146. — Les Goanais, II, 157, 177; III, 301. — Pacreau, II, 178. — Pouplin, III, 188. — Visites pastorales, 68. — Etat du district en 1846, II, 386. — Besoin d'une école catholique, III, 533. — Mort de Saba, commissaire apostolique, III, 634. — Proclamation de l'extinction de la double juridiction au Coïmbatour, IV, 393. — Les missionnaires, II, 89, 95; IV, 121, 444. — Archiconfrérie de N.-D., des Victoires, III, 144, 146. — L'Apostolat de la prière, 56b; — Les sœurs de Loretto, II, 523, 529. — Les franciscaines, écoles, etc., II, 619; IV, 89, 92, 125, 147, 169, 273, 533. — Laurence asylum, 150. — Ecole de garçons, II, 141; IV, 244. — Etat de la chrétienté en 1842; II, 101. — Population catholique en 1884; IV, 418. — Eglise, école, couvent, chapelle des Franciscaines (grav.), V, XCVII, XCIX.

Organisation et discipline de 1850 à 1881, II, 706, 745. — Coup d'œil sur l'orga-

nisation actuelle des trois missions IV, 453-456.

Orixa (côte de). Feinte soumission des Goanais, III, 290.

Orphelinats. Orphelinats chûtre et paria en 17.., I, 127. — Détails sur plusieurs des orphelinats de Pondichéry, III, 163, 165, 573, 574, 575, 588; IV, 131. — Agrandissement de l'orphelinat pour les parias, IV, 131. — La mission de Pondichéry n'en a pas pour les garçons, motifs, III, 165. — Essai à Attipakam, 573. — Statistique en 1836, II, 9. — Statistique pour la mission de Pondichéry en 1845, 378. — En 1846, III, 162. — En 1857, 164. — En 1861, 168. — En 1867, dépenses, 573-576. — En 1871, 575. — En 1886; IV, 447. — Orphelinat au Maïssour. Mémoire de Charbonnaux, III, 165. — Celui des enfants d'Européens, à Bangalore, subventionné par le gouvernement anglais, 166. — Orphelinats agricoles, IV, 133, 135, 138, 142. — Orphelinats de garçons, III, 166, 576. — Orphelinats du Bon Pasteur, II, 516; II. 166, 577, 578; IV, 132, 143, 146. — Orphelinats des sœurs de l'Immaculée Conception 146. — Statistique au Maïssour en 1846, III, 165. — En 1886, IV, 448. — Orphelinats du Coïmbatour, III, 166, 167, 578, 584, 585, 586; IV, 274, 275. — Difficultés dans celui de filles à Coïmbatore relatives à la caste, 1864 III, 580. — Difficultés de trouver des familles pour adopter les enfants, 584. — Au point de vue pécuniaire, 583. — Bien produit dans les orphelinats, 485, 583. — Situation et statistique de 1861, 1873; 578. — En 1886, IV, 449. — A Bombay, III, 273. — Ne sont pas soutenus par le gouvernement anglais, 272. — La Cie des Indes consent à donner une subvention, 279. — Difficultés des mariages d'orphelins, 582. — Avantages et inconvénients, III, 581; IV, 148, 534. — Orphelinats protestants, II, 612; IV, 529. — Le Lawrence Asylum, IV, 150. — Statistique générale pour les trois missions en 1861, III, 168. — En 1896, IV, 534. — Orphelinats (grav.), V, LI, LXV, LXXVII, LXXIX.

Osaria. Prêtre de Goa, à Cuddalore, I, 287.

Osseli Arlappa. Mort édifiante, I, 279.

Ossur. Dubois obtient des Anglais une propriété, I, 200. — Eglise et presbytère, III, 112, 413; IV, 88. — Cédé à Pondichéry, III, 71.

Oulgaret. Voir : Ulgaret.

Ouvroir. Débuts de celui de Pondichéry, II, 154. — Origine de l'ouvroir des Sœurs de Saint-Joseph à Pondichéry (Voir : Smith), 149. — Fondation de celui de Karikal, I, 500. — Statistique pour Pondichéry en 1886, IV, 447.

P

Pacheco, prêtre intrus de Goa. A Vira-rajendrapett, I, LXXX.

Pacreau au Coïmbatour, I, 238, 282. — Accompagne Bonnand, II, 98. — Au synode de 1844, 260. — Postes et travaux, 95, 120, 126, 178, 252 ; III, 100, 101, 405. — Idée d'une association de prières, 140. — Désir d'aller aux Maldives, II, 24, 26 ; III, 102. — Dévotion pour la Sainte Vierge, 102. — Quitte l'Inde, 101, 103.

Padiampattu. Conversion, IV, 42.

Padipakam. Un chrétien de cet endroit vient s'installer à Amery, I, XXI.

Pagani, évêque de Mangalore. Au concile de Bangalore, IV, 383.

Paganisme. Opposition au Christianisme, IV, 499. Voir : Brahmanisme.

Pageault. Au Coïmbatour, II, 383. — Travaux, III, 436, 502, 586 ; IV, 45, 46, 89.

Pagodes. Participation du gouvernement français aux pagodes, III, 250, 259. — Arrêté abrogeant les règlements administratifs sur la gestion des biens des pagodes, III, 259. — Participation des soldats, I, XXXIII ; II, 36. Voir : Angleterre, France.

Panikencupam. Chapelle et presbytère, III, 709.

Païens. Conduite de l'administration française envers eux, I, XXXII, XXXIII, XXXIV, III, 251. — Difficultés avec les chrétiens, I, 358, 362, 371, 417 ; III, 229, 238 ; IV, 301. — Raisons données de l'éloignement des païens pour les chrétiens, I, 200. — Rapports avec les missionnaires, III, 59, 459, 479, 494 ; IV, 507. — Qualités que doit déployer le missionnaire pour les attirer à la foi, I, 261 ; II, 494, 690 ; III, 70, 72, 73, 456, 466. — Leurs enfants admis au petit séminaire de Pondichéry, II, 374. — Répugnance à envoyer leurs enfants à l'école des religieuses du Saint Cœur de Marie, 486. — Ecoles fondées par des associations païennes, moins pernicieuses que celles des protestants, 609. — Faut-il délaisser un peu les anciens chrétiens pour s'occuper davantage des païens, IV, 527. — Comment ils considèrent la religion catholique, 507. — Vie moyenne, comparaison avec les chrétiens et les musulmans, IV, 494.

Pajean, au collège royal, II, 569. — Au Coïmbatour, 383, III, 120. — Chapelain militaire, 618. — Au sacre de Godelle, 732. — Rentre en France, mort, IV, 444.

Palacol. Lieu de la mort de Cotolendi, I, 5.

Palanellur. Visite de Bonnand, I, 407.

Palanganam. Se révolte, IV, 327.

Paleam. Baptême des païens, IV, 40. — District, II, 740. — Les chrétiens appellent les missionnaires, I, 427. — Eglise et presbytère, III, 114, 708. — Missionnaires, III, 497 ; IV, 422. — Dons pour le denier de Saint-Pierre, III, 592. — Population catholique en 1884, IV, 446.

Paleam. Conversion, IV, 36.

Palecondah. Visite apostolique, III, 376.

Paleireniers. Pas nécessaire qu'ils soient de caste, II, 282.

Paleyur. Conversions durant la famine, IV, 45, 47.

Palghat. Chrétienté ancienne, I, XCV, XCVII, XCVIII. — Appartient au Coïmbatour. — Diverses négociations avec Mangalore, II, 387. — Les goanais, II, 157, 158, 180 ; III, 299. — Les missionnaires, II, 254 ; III, 99, 299, 444, 569. — Etat du district en 1843, II, 386. — Révolte des chrétiens, III, 99. — Visites pastorales, II, 100 ; III, 68, 378. — Eglise et presbytère, II, 387 ; III, 500, 711. — Le district d'Atticodu en est détaché, II, 741. — Archiconfrérie de N.-D. des Victoires, III, 144. — Apostolat de la prière, III, 565. — La famine de 1876, IV, 44. — Bien fait par l'hôpital catholique, 533. — Ecoles, II, 141, 619 ; III, 532, 558 ; IV, 244. — Population catholique en 1884, 448. — Les protestants II, 614 ; III, 533. — Eglise, école (grav.) V, CI.

Palhally. Notes sur la chrétienté, I, LV, 276. — Sahib, I, V. — L'Eglise, II, 112 ; III, 118, 710 ; IV, 435. — Passage de Charbonnaux, II, 93. — Propagande protestante, III, 209.

Paliapatty. Conversions, III, 86. — Chapelle et presbytère, III, 708.

Palicate. Les Hollandais, I, 6.

Pallaniapallam. Révolte des chrétiens, III, 643.

Pallapaleam. Origine et extension de la chrétienté, I, XCIV, 285. — Erigé en district, II, 741. — Le P. Arul, II, 452 ; IV, 441. — Révolte, III, 39. — Règlement de la confrérie du Sacré-Cœur, IV, 118. — Eglise, III, 120, 500, 711. — Ecoles, III, 558 ; IV, 244, 276. — Population catholique en 1884, IV, 448. — Eglise (grav.), V, LXXXIX.

Pallavaram. Se révolte, IV, 327.

Pallenollur. Fondation, I, 284.

Pallers. Dangers pour leur foi au Tanjore, II, 125.

Pallavadei. Chapelle, IV, 83.

Pallikudatanur. Fondation du village, II, 122.

Pallu, Fr., principal fondateur de la Société des Missions-étrangères. Traverse l'Inde, I, 5. — Voudrait les Français de l'Inde indépendants spirituellement des Portugais, 7. — Bonnand limite en s'occupant des intérêts de la France, III, 387.

Pallum, orphelinat, IV, 441.

Pallys, moralité, II, 101, 104.

Palnar (le). Les infidèles ont moins d'aversion pour les chrétiens, I, 263.

Paloamcotté. Chapelle et presbytère, III, 709.

Pamuru. Antipathie des païens pour le catholicisme, I, 263.

Panamaram. Eglise, III, 710 ; IV, 88.

Panamaru. Visite de Charbonnaux, III, 65.

Panavamangalam. Inondation, III, 107.

Pandam. Se révolte, IV, 327.

Pandara-suamys. Etablissement de cette classe de missionnaires par les jésuites, I, CVI. — Benoît XIV approuve temporairement leur institution, CIX.

Pandarams. Nécessité de les conserver, II, 105.

Panikencupam. Visite pastorale de Bonnand, III, 58. — Dons pour le denier de Saint-Pierre, 592. — Population catholique en 1884, IV, 446.

Panjalam, Conversions, III, 458.

Pannur. Visite de Bonnand, I, 407.

Papambady. Conversions, I, XCVI ; V, 16, 41, 60.

Papanna, un de ceux qui construisirent la chapelle de Kamanhally, I, LIV.

Papias (ou Puchepanader). Prêtre de Pondichéry, II, 378, 458.

Paravers. Leur conduite à Tuticorin, II, 200, 220, 226, 227, 229, 231, 234.

Parias. Etymologie, rang hiérarchique, qualités, origine, I, CIII, CIV. — Place qu'on leur réserve dans les églises, CVI. — Mandement du cardinal de Tournon, CVII. — Ecole de filles pariates en 1777, 65. — On leur administre les sacrements comme aux autres chrétiens, III, 26. — Soins donnés par les missionnaires aux chrétiens parias. — Construction d'églises, 41. — Leurs prétentions exagérées en 1831 ; I, 381, 384, 386. — En 1848, sont causes d'émeutes, III, 235. — Difficultés de castes, II, 102 ; III, 50, 245, 692. — Différence que Bonnand remarque entre les chrétientés pariates et chutres, I, 263,411. — Dangers que court leur foi au Tanjore, II, 195. — Conversions, I, XXXIX ; III, 76, 79, 81, 225,458, 461. — Demandent pour eux l'ouverture de l'école Calvé, IV, 177. — Proportion des parias parmi les chrétiens, IV, 476. — Difficultés de recruter des prêtres parmi les parias 476-478. — Congrégation des religieuses pariates. *Voir* : **Saint Louis de Gonzague** (Congrégation de).

Parimi. Chapelle, I, 287.

Parisot. Pacifie les révoltés à Karikal, I, 189.

Parupur. Chrétienté, I, XXIV.

Pascal, prêtre goanais. A Saveriarpaleam, II, 180.

Passar. Chrétienté, I, VII.

Passion. Cérémonies indiennes, I, 211.

Pasubadepaleam. Chapelle, III, 502, 711.

Patanavers. Séparation des parias à l'église, II, 161.

Patard. Arrivée en mission, III, 438.

Patché-Malé. Chapelle, III, 497.

Patna (mission de). Champenois visiteur apostolique, I, 179. — Statistique des prêtres et catholiques de ce Vicariat en 1853, III, 269. — Soumis au patronat par le concordat de 1857, III, 317. — Visite apostolique, 390. — Aucun prêtre indigène en 1875, IV, 102. — Erection en Vicariat apostolique, II, 339 ; IV, 379. — Le Vicaire apostolique en 1870 signe la lettre collective demandant l'abolition du patronat, III, 651. — Erigé en évêché, IV, 375 ; 392.

Patronage portugais. Résumé historique. bulles pontificales l'accordant, obligations qu'il impose au Portugal, I, 23, 24 ; II, 182 ; III, 322, 340. — Actes restrictifs de Clément X, Innocent XI, Innocent XII, et Clément XI, I, 24, 25. — Lettre de Clément VIII, II, 182. — Protestation de la Propagande contre ses prétentions, I, 24, 25. — Aboli par le bref *Multa præclare*, II, 225. — Premier coup qui lui est porté : érection des Vicariats apostoliques, I, 428, 430. — S'étendra, d'après le concordat de 1857, sur l'Inde entière, III, 312, 314, 315. — Opinion de Bonnand, 316, 333, 343. — Comment Pie IX l'entendait maintenir en négociant le concordat de 1857, 343. — Le Portugal ne tient pas ses promesses, II, 182, 185, 193 ; III, 321 ; IV, 343. — Maux, opposition du Portugal, I, 25, 87, 413-431 ; III, 303, 639, IV, 320. — En 1870, les Vicaires apostoliques en demandent instamment l'abolition, 646. — Réunion au Trichinopoly, IV, 316, 329. — Mémoire des évêques de la présidence de Madras, en 1883, au gouvernement anglais sur les maux qui en résultent, 329. — Note du cardinal Jacobini à l'ambassadeur du Portugal en 1884, 335. — Intervention du gouvernement anglais, 339, 344. — Pétitions pour et contre le patronage, IV, 341. — Bref *Studio et vigilantia* abolissant la double juridiction, 337. — Négociations. — Signature du concordat de 1886, texte du concordat, 314-409. *Voir* : **Goa, Portugal**.

Patten-Samiar. Appelé par Joachim à Erichambady, II, 180.

Pattiavaram. Débuts du district, IV, 73, 74. — Eglise, I, 201.

Paul III. Bulle de 1539 relative au Patronat, I, 23.

Paul IV. Lettres apostoliques établissant le diocèse de Cochin, I, 24 ; II, 182. — Lettres relatives à l'érection de l'archevêché de Goa, 184.

Paul V. Institue l'évêché de Cranganore, clauses restrictives au droit de patronage, I, 24. — Lettres apostoliques *Alias postquam* et décret érigeant l'évêché de Mailapur, II, 182.

Paul, prêtre de Pondichéry. A Mogur, II, 487.

Paul, prêtre syriaque. Refuse de se séparer de Texeira, II, 200.

Paul, soldat. Affaire de superstition. II, 4?.

Pauline (du Désert). Intervention de la Sainte Vierge pour son entrée au couvent, III, 137.

Pavanamangalam. Chrétienté, I, VII. — Eglise et presbytère, III, 767.

Pavator, jésuite. A Prattacudy, II, 173.

Pavenasam. Eglise (grav.). V, XLVIII.

Pavone, jésuite. Dét. biogr., travaux, mort, I, XCVI, CXXIV, 137, 219.

Pêcherie (Côte de la). Mission dépendant de l'ancienne mission du Maduré, I, III. — Nombre des jésuites qui y demeurent après la suppression de la Cⁱᵉ, CXXIV. — Triste état de la mission en 1830, 419. — Lutte des schismatiques contre les jésuites, II, 226. — Visite de Bonnand, 226.

Pêcheur. A Mayaveram, IV, 113.

Pedecini (cardinal). Préfet de la Propagande. — Exhorte Hébert à ne pas abandonner le Maduré, I, 420. — Mémoire à la cour de Portugal au sujet des sièges épiscopaux de l'Inde, 423.

Pedro V (Dom), roi du Portugal. Publie le concordat de 1857, III, 512.

Pedro d'Alcantara. Rédige le règlement pour l'église du Coorg, I, 477.

Pedro Minezès. Prêtre du Maïssour, II, 381.

Pégu. Voir : Ava.

Pèlerinages. Indication de divers pèlerinages, cérémonies, I, XLIII, 287 ; II, 89, 98, 100 ; IV, 81, 487.

Pelianculam. Origine de la chrétienté, I, LXXXII. — Construction d'une chapelle vers 1820, I, 288 ; III, 119, 711. — Eglise (grav.), V, LXXXVIII.

Pélissier (Mᵐᵉ). Le gouvernement lui refuse l'autorisation d'ouvrir un pensionnat à Pondichéry, II, 503.

Pelletier (Marie de Sainte-Euphrasie). Fondatrice du Bon-Pasteur. Accorde ses religieuses pour le Maïssour, II, 509, 512.

Peluvandel. Rattaché au district de Polur, IV, 41.

Pénitence. Voir : Confession.

Pénitents hindous. Leurs mortifications, IV, 504.

Pénitencerie (Sacrée Congrégation). Instructions relatives au jubilé de 1864, III, 456.

Pennagair. Conversions, IV, 16.

Penta. Famille convertie, I, XXIV.

Pepambalur. Eglise et presbytère, III, 708.

Perambelur. Pierre y est envoyé, III, 83.

Peranampakam. Conversion du village, IV, 40, 41.

Perangulpuram. Divisions suscitées par un prêtre goanais, IV, 334.

Perceval. Au Coïmbatour, II, 383. — Dét. biogr., II, 120 ; III, 421 ; IV, 593.

Pereira, jésuite. A Karumattampatty, I, XC.

Periacombey. Travaux de Brisard, III, 84.

Perianeyambady. Conversions, IV, 46.

Periapatna. Virarajendra y est gardé prisonnier, I, LXVI. — Eglise II, 112 ; III, 118, 710.

Periataley. Accueil fait à Bonnand, II, 227, 228.

Periavalachery. Origine du district, I, X. — District, II, 740. — Eglise et presbytère, III, 110, 707. — Dépendant autrefois de Prattacudy, III, 60. — Conversions, III, 79. — Perversion de catholiques par les protestants, 214. — Villages occupés par les Goanais, IV, 327. — Visites pastorales, III, 58, 59 ; IV, 69. — Dons pour le denier de Saint-Pierre, III, 592. — Population catholique en 1884, IV, 446.

Periacovilpaleam. Eglise, III, 119.

Perianagayam (dit Cambronne). Conversions qu'il fait, II, 458. — Aide à la fondation de l'école pariate, 495.

Periataley. Difficultés causées par les goanais, III, 651 ; IV, 331 ; 333.

Periendapuram. Chrétienté au XVIIIᵉ s., I, XCIV.

Peringavur. Se révolte, IV, 327.

Permensulapaleam. Punition des révoltés, III, 89.

Perny. Assiste aux derniers moments de Godelle, III, 658.

Pérocheau. Blâme Bonnand d'avoir fait diminuer les jours de jeûne dans son Vicariat, III, 5.

Persécutions. Suscitées par les Hollandais à Ceylan, sur la côte de Malabar, I, CXII. — Négociations pour faire cesser les persécutions de Tippu, I, LV, CXIV, 60, 134-148. — Persécutions diverses dans quelques chrétientés, I, VI, VIII, IX, XXV, LI, LIX, LXXXV, LXXXVII, CXX, 273, 277, 297 ; II, 61, 102, 493 ; III, 81, 123, 147, 474.

Persico, capucin. Député à Londres pour exposer l'état des catholiques dans l'Inde, III, 267, 276. — Délégué à Rome par les Vicaires apostoliques, 307. — Approuve les Vicaires apostoliques de se refuser à toute transaction, IV, 328.

Perrin. A Pondichéry, I, 48. — A Punganur, 115. — Supérieur du séminaire, 118. — Ses hésitations sur les castes et les usages, 100, 102.

Peruman. Vision qui décide de sa conversion, IV, 34.

Perumaniur. De l'ancien district de Pillavadandey, I, V. — Population catholique en 1884, IV, 446.

Perumculam. Les Kaïcolers de ce village, I, XCVII.

Petepaleam. Chapelle, III, 496.

Petit d'Hauterive, procureur général. Attitude dans le procès des révoltés de Karikal, II, 81.

Petit de Lincourt, premier juge à Karikal. S'efforce d'apaiser la révolte de Karikal, II, 78.

Petitjean. Dét. biogr., I, 73, 148 ; IV, 589.

Petitnicolas. Dans l'Inde, passe en Corée, II, 377 ; III, 410.

Petites sœurs des Pauvres. Godelle songe à les appeler, III, 588.

Peyramalle. Au Coïmbatour, 1870, III, 439. — A Pallapaléam, III, 120.

Pharmacie. A Pondichéry, avant 1777, I, 65. — A Pondichéry en 1885, IV, 447. — Au Coïmbatour en 1886, 449.

Philippe, prêtre de Pondichéry. Ordination, I, 120.

Philippe, prêtre goanais. Reproches, III, 653.

Philippe, Supérieur des Frères de la Doctrine chrétienne. Accord passé avec Godelle, au sujet de l'emploi de ses religieux dans la colonie française, III, 517.

Pie VI. Nomme Champenois évêque de Dolicha, I, 75.

Pie VII. Sentiments des missionnaires en apprenant ses malheurs, I, 231.

Pie IX. Envoie Luquet en mission en Suisse, II, 371. — Consulte les évêques de la catholicité sur la croyance à l'Immaculée-Conception, III, 13. — Confirme le partage fait par Grégoire XVI, en trois Vicariats, des missions des M.-E. II, 709. — Le schisme goanais ; le concordat de 1857 ; lettres de 1861 et de 1864, III, 302, 303, 305, 308, 324, 328, 348, 624, 635. — Audience à Charbonnaux, 66. — Faveurs à Jarrige à l'occasion de ses noces d'or, 440. — Le jubilé, 456. — Décide la visite apostolique de l'Inde, 351. — Lettre des trois Vicaires apostoliques en apprenant l'insurrection, à Rome, II 645. — Bref d'éloges adressé au Bon Pasteur de Bangalore, 556. — Bref à Godelle après son sacre, II, 734. — Audience à Charbonnaux et à Godelle, III, 657. — Laouënan ordonne des prières pour lui, 693.

Pierre. Arrivée dans l'Inde, II, 377. — Jugement par Bonnand, 401. — Au Colimaley, III, 82, 85. — Consulté sur la division de Prattacudy et Vaduguerpatty, II, 740. — Baptêmes d'enfants de païens, III, 482. — Travaux, 79, 85, 110, 112, 464, 466, 467, 497 ; IV, 83. — Refuse de retourner en France, III, 468.

Pierre, prêtre de Pondichéry. Ordination, en 1814, I, 256.

Pierre, prêtre de Pondichéry. Ordination en 1823, I, 256.

Pierre ou Arlanda, prêtre de Pondichéry. Ordination en 1828, I, 256.

Pierron. Favorable à un nouvel essai des sœurs de Loretto, II, 531. — Provicaire de Coïmbatour, démissionnaire, III, 435. — Démarche pour avoir un Vic. apos., 436.

Pietro (Cardinal di), internonce à Lisbonne. Négocie le concordat de 1857, III, 312, 320, 348. — Reconnaît s'être trompé, 328.

Pigneau (de Béhaine). Directeur du séminaire général qu'il transfère à Pondichéry, I, 9. — A Ariancupam, 67. — aide à conclure un accord pécuniaire entre les anciens jésuites et les prêtres de la mission malabare, 67. — Réflexions sur la mission malabare, 116. — Bonnand marche sur ses traces en s'occupant des intérêts de la France dans l'Inde, III, 387.

Pillavadandey. Origine, Saint François-Xavier, I, IV. — Le B. J. de Britto, V. — Etendue du district, V. — Prêtre goanais, II, 158. — District, 344, 738, 740. — Les missionnaires, III, 667 ; IV, 434. — Eglise et presbytère, II, 110 ; III, 707. — Revenus de l'église, II, 739. — Visite pastorale de Bonnand, 104. — Caractères des chrétiens, 739. — Le cyclone du 6 novembre 1871, III 492. — Eglise (grav.) V,XXXI.

Pineau. A Pondichéry, dét. biog., mort, III, 438 ; IV. 420, 592.

Pinnavapel. Se révolte, IV, 327.

Pinneipundy. Origine de la chrétienté, I, XXI, 11. — Eglise et presbytère, 64, 100 ; III, 709. — Visites pastorales, I, 405, III, 683. — Moyen employé pour faire apostasier un néophyte, IV, 69. — Foliète, 432. — Population catholique en 1884, 446. — Rattaché au district de Nelliankulam, IV, 74.

Pinnom. Brisard, III, 84.

Pinto, prêtre goanais. Excite les chrétiens du Maduré à la révolte, III, 651 ; IV, 333.

Pinurchary. Chapelle, IV, 88.

Piracadaru. Pays du premier ukelier qui se convertit, I, XCII.

Pirambucum. Défaite des Anglais par Haïder-Ali, I, 130.

Piranguipuram. Chrétienté, I, XXIX. — Etat en 1777, 63 ; en 1827, 261 ; en 1843, II, 314. — Les missionnaires, I, 260, 267, 269, 270, 290, 399, 442, 444. — Conversions, 261, 262, 265. — Ecole en 1841, II 141. — Cédé à Madras, 312, 314.

Placembady. Chapelle, 1850, III, 119.

Plutho. Ministre protestant à Tranquebar, I, 308, 309.

Podugarey. Station chrétienne, I, VII.

Podutur. Chrétienté à la fin du XVIIIe siècle, I, LIV.

Pognon, administrateur de Karikal. Rapport sur l'excommunication lancée par Tesson, I 372.

Poirault. Arrivée dans l'Inde, II, 377. — A Viragalur, III, 114.

Polur. Jarrige I, 276. — Chef-lieu de district, IV, 41, 73. — Grosbon, 42. — Verchery, 60. — Conversions, IV, 37, 41. — Population catholique en 1884, 446. — Eglise (grav.) V, XXXVII.

Pomanur (et non Pumenur), III, 711.

Ponnavassel. Eglise et presbytère, III, 707.

Population catholique au XVIIIe siècle, I, CXIII-CXV. — Tableau statistique de

1850 à 1886, IV, 577. — Vie moyenne des chrétiens et des païens, 494.

Pondichéry. *Colonie française et ville.* Sa fondation, I, XXIX, CXXI. — Description de la ville en 1691, XXXI. — Dupleix, XXXVIII. — Lally, CXXI. — Etat en 1777, 60, 483. — Divers sièges de Pondichéry, XLI, CXXI, 127, 164, 185. — Capitulation de la ville ; les Anglais, 128. — Rendue aux Français, 130, 133, 185, 234. — Population en 1791, 488. — La révolution française à Pondichéry, 152-164. — Triste état de la colonie en 1816, 235. — Les gouverneurs de 1816, 235. — Les gouverneurs de 1816 à 1836, 323. — La révolution de 1830, 375. — La République de 1848, II, 435 ; III, 234. — Les gouverneurs de 1844 à 1861, III, 238. — Proclamation de l'empire (16 janvier 1853), 235, 236. — La révolte des cipayes en 1857 ; préparatifs de défense, 284. — Bontemps, gouverneur en 1864, IV, 294. — Trillard, gouverneur en 1867, 545. — Faron, gouverneur en 1873, 493. — Limites du territoire actuel de Pondichéry, I, III. Pourrait devenir un évêché, IV, 359. — *Voir :* Pondichéry, *Mission,* et Pondichéry, *Paroisse.*

Pondichéry. *Mission.* Est désignée jusqu'en 1836 sous le nom de *mission Malabare. Voir ce mot pour ce qui concerne les faits avant 1836.* Episcopat de Bonnand, 1836-1861, vol. II ; tout entier ; III, 1-420. — Episcopat de Godelle et commencement de l'épiscopat de Laouënan 1861-1872, III, 432-715. — Episcopat Laouënan, coadjutorie de Gandy, vol. IV, tout entier ; Etat de la mission en 1836, II, 5-10. — En 1846, 376-394. — De 1861 à 1873, III, 431. — En 1869, IV, 4. — Synode de 1844, II, 261-297. — Synode de 1849, 636. — Plan général d'administration 646. — Règlements paroissiaux, 695. — Directoire de Laouënan, IV, 288, 289. — Règlements relatifs aux examens des missionnaires et des prêtres indigènes, 290. — Règlements relatifs aux missionnaires de passage, 292. — Délimitation de la mission du côté du Maduré, du Maïssour, II, 163, 254, 269, 297, 298, 314, 318, 3/4, 331, 340, 343, 344, 721. — Texte des décrets de 1843 et 1845, délimitant Pondichéry et le Maduré, 747. — Organisation : Érection du Vicariat, II, 337, 339, 344, 706-714. — Vicaires apostoliques, coadjuteurs, provicaires (nomination), 724. — Discrits comptes-rendus, 735 ; IV, 453, 456. — Ressources et dépenses, II, 9, 304, 389, 390. — Règlement du viatique des missionnaires, 393. — Crédits qui seraient nécessaires pour assurer le culte d'après le mémoire Lefaucheur, III, 264. — La question du viatique des missionnaires, 1881 et 1885 ; IV, 291. — Manière de conserver les titres des biens de la mission, II, 651. — Rapports de l'administration française avec la mission, de 1846 à 1861, III, 228-266 ; IV, 274. — Ingérence gou-

vernementale dans le sacre des évêques à Pondichéry, II, 781 ; III, 437, 674, 679. — Difficultés causées à la mission par la politique, IV, 193, 352-355. — Discipline, jeûne et abstinence, mariage, III, 3. — Mariage, III, 594-622 ; IV, 273. — Rites, débats, III, 17-51. *Voir :* Rites. — Travaux apostoliques et conversions, de 1836 à 1846, II, 64-97, 121. — De 1846 à 1861, 69-97. — De 1861 à 1872, III, 445-489. — Conversions de 1850-1861, 1862-1872, 457. — Début du mouvement de conversions en 1860, 458. — Conversions avant la famine, IV, 8-25. — Conversions durant la famine, IV, 19, 31, 52. — Diminution des conversions après la famine ; les missionnaires s'occupent d'instruire les nouveaux néophytes, 65. — Œuvres fondées pour affermir les conversions, 68. — Le mouvement de conversions reprend, 71. — Augmentation des conversions en 1885 et 1886, 73. — Résultats obtenus pendant et après la famine dans quelques districts du nord, 73. — Pourquoi les conversions y sont plus nombreuses qu'au Maïssour et au Coïmbatour, 75. — Coup d'œil général sur les conversions, IV, 495. — Statistique des conversions de 1850 à 1880, 577-579. — Visites pastorales par Bonnand, II, 97-105, 414 ; III, 53. — Par Laouënan, III, 682-685. — Constructions d'églises et de presbytères, II, 105 ; III, 109, 476 ; IV, 78, 482. — Etat des églises, chapelles et presbytères en 1857, III, 706. — Clergé indigène : recrutement, ressources, détails sur quelques prêtres, II, 378, 454, 461, 464. — Etudes, IV, 90. — Rapports avec les missionnaires, II, 456 ; IV, 95. *Voir :* Clergé indigène. — Séminaires, état, innovations, constructions, II, 422. *Voir :* Séminaire. Instruction des garçons, II, 441, 538 ; III, 578 ; IV, 173, 403, 535, 573. — Instruction des filles, II, 467 ; III, 540 ; IV, 245, 535, 570. — Instruction dans la colonie anglaise, II, 604 ; IV, 206, 535. *Voir :* Instruction. — Imprimerie. Livres, II, 128, 634 ; III, 559 ; IV, 277. — Catalogues des principaux ouvrages, 580. — Œuvres de charité, II, 620 ; III, 162, 178, 513 ; IV, 130, 156, 531. — *Voir :* Hôpitaux, Léproserie, Orphelinats. — Œuvres de prière, III, 132, 512 ; IV, 108. *Voir :* Apostolat, Prières. — Œuvres de zèle, III, 151, 567 ; IV, 121, 495. *Voir :* Conversions. — Projets d'œuvres, III, 188, 505, 564. Le schisme goanais de 1836 à 1845 : Paroisses occupées par les prêtres goanais, le bref *Multa præclare,* les gouvernements civils, Silva y Torrès, Texeira, II, 155-255. — Le schisme et le concordat de 1857, III, 289-312, 624-656. — Mission de Luquet. Préparation de la Hiérarchie, II, 297. — Idée de Bonnand, 310. — Avantages de l'érection d'évêchés, 336. — Motifs pour lesquels l'évêque ne doit pas être nommé par le gouvernement français, IV, 365. — Le concordat de 1886, 315. — Le gouvernement

français consent à l'érection d'un évêché dépendant uniquement du Saint-Siège pourvu que le titulaire soit toujours un français, 371. — La préfecture apostolique donnée à la mission, IV, 348-375, 394-403, 574. Voir : Pondichéry, Paroisse. Préfecture apostolique. — Pondichéry érigé en archevêché. Établissement de la Hiérarchie, 375-394, 559, 565, 567. — Évêques et missionnaires II, 6, 377, 394 ; III, 403, 433, 438, 656 IV, 302, 410, 453. — Liste des évêques et des missionnaires morts appartenant à la mission de Pondichéry, 589. — Statistique générale des missionnaires, prêtres indigènes, catéchistes, baptêmes d'adultes et d'enfants de païens, écoles, orphelinats etc., de 1850 à 1886 ; IV, 577. Protestants, moyens de propagande, résultats, II, 123 ; III, 201.

Pondichéry. Paroisse. Capucins et Jésuites en sont chargés, I, XXX. — Accord sur la juridiction, XLI. — La cure de la paroisse blanche, XXXVI. — Benoît, curé vers 1793, 81. — État religieux en 1775, I, 69. — Statistique en 1777, 68. — Destruction d'églises par les Anglais, XLII, 129. — Le procureur des Missions-Étrangères, XXX, 7. — Usages observés du temps de Hébert, à la cathédrale, exposition du Saint-Sacrement ; chant des vêpres, I, 390, 392. — Coutumier de Hébert retouché en 1845, son contenu, II, 646. — Reconstruction de Notre-Dame des Anges et commencement de la cathédrale, I, XLII. — La cure de la paroisse blanche officiellement reconnue, XXXVI. — Les jésuites élèvent une église dédiée à Notre-Dame de la Conception, XXX, XXXVI ; XLII. — Description de la cathédrale par Bonnand, II, 379. — Difficultés des castes rencontrées par les jésuites en 1765, lors de la construction de la cathédrale, I, 100. — Garofallo et Garret en sont chargés, 11. — Nécessité d'un missionnaire exclusivement chargé de la chrétienté indigène (synode de 1844), II, 269, 276. — Cloche de la cathédrale, I, 367 ; II, 111. — Don à la mission de la place située devant l'évêché (novembre 1829), I, 367. — Scandale d'apostasie donné par un chrétien en 1847, III, 98. — Révolte des chrétiens à cause de changements au Séminaire, II, 427. — Plainte de plusieurs chrétiens contre les missionnaires, 290. — Affaire Hurtrel (caste), III, 245. — Affaire du temple protestant, III, 202, 246-249, IV, 296, 528. — La neuvaine de saint François-Xavier, I, 92. — La première communion solennelle, III, 150. — La Sainte-Enfance, 160. — Les catéchismes, 162. — Conférence de saint Vincent de Paul, 177. — La Fête-Dieu, 230. — Le jubilé de 1864, 456. — Église et presbytère en 1857, 706. — État en 1859, II, 720. — Désir de construction d'une chapelle particulière par un chrétien, 128. — Construction de Notre-Dame de Pitié,

IV, 78. — Lehodey, curé de la cathédrale, II, 456. — Prieur, id. III, 545. — Établissement d'un conseil de fabrique en 1872 et de tarifs divers, III, 692. — Cercle catholique, IV, 126. — Étendue de la juridiction du préfet apostolique et du supérieur de la mission malabare, I, 45, 80, 81. — Érection de la préfecture apostolique et nomination du préfet, 343. — Décret sur la juridiction du préfet apostolique, II, 19, 746. — Motifs pour lesquels la mission devrait s'en charger, 542. — Luquet chargé de faire de nouveaux arrangements avec le Saint-Esprit et le gouvernement français, 304. — Au sujet de la suppression de la préfecture apostolique, 711, 715. — La préfecture donnée à la mission, IV, 348-375. — Prise de possession, décrets, promulgation, 394-403, voir : Pondichéry, Mission. Église de l'Immaculée-Conception (cathédrale), église de Notre-Dame des Anges, Hospice Desbassyns de Richemont, Carmel, couvent du Saint et Immaculé Cœur de Marie (grav.), V, IX, XI, XIII.

Pondota Amrutoppa. Catéchiste de Bonnand, I, 266.

Ponnusami. Chef du camp de secours, IV, 44.

Ponnen. Conversion, IV, 16.

Poona. Mission dirigée actuellement par les jésuites, I, II. — Visite apostolique, III, 387. — Erection en Vic. apost., IV, 379. — Évêché, 375. — Églises laissées aux goanais, 392. — Suffragant de Bombay, 392.

Population, voir : Coïmbatour, Maïssour, Pondichéry.

Portier. Gouverneur intérimaire de Pondichéry, IV, 359.

Porto-Novo. Misères, I, XV ; IV, 85. — Apostasie des rettys, I, CXXVII.

Portugal. Soutient les missionnaires, I, CXVII. — Rappelle les missionnaires jésuites en Europe, I, CXXII, CXXIII. — Sur le transfert de la mission malabare, 26, 27. — S'oppose à la nomination d'un Vicaire apostolique à Pondichéry, I, 32, 37. — Invité par la Propagande à présenter un archevêque pour Goa, 423. — Renoue des relations avec le Saint-Siège ; craintes des missionnaires, II, 235. — Incapable de pourvoir aux nécessités religieuses de l'Inde, III, 320, 336, 338. — Rédaction des bulles d'institution de l'archevêque de Goa, II, 237. — Pamphlets, II, 243 ; III, 393. — Soutient les prêtres goanais, III, 290, 312, 335, 626. — Nomination de Silva y Torrès, II, 237, 238, 243, 247 ; III, 302. — Les Vicaires apostoliques voudraient que le Portugal renonçât au patronage, III, 307. — Le concordat de 1857 accordé au Portugal le patronage des nouveaux évêchés à créer d'un commun accord avec le Saint-Siège dans l'Inde, 312, 314. — Ne peut revendiquer comme fondées par lui un grand

nombre d'églises de l'Inde, 338. —
Concordat de 1857, 312, 331, 349, 625.
— L'ambassadeur à Rome accuse Howard et Dépommier, 634. — Pie IX se
plaint du Portugal, 635, 638. — Placet
nécessaire pour la publication des
actes pontificaux dans l'Inde, 639. —
Sur la délimitation définitive des diocèses suffragants de Goa, 654. — Les
négociations avec Rome et le concordat de 1886, IV, 316-348. — Ce que le
concordat de 1886 laisse au patronage
IV, 375. — Domination du Portugal
favorable au catholicisme, I, 320 ; II
156 ; III, 322. *Voir* Goa, Patronage.

Posserun. Punition des révoltés, III, 39.

Possession. Cas de possession, I, LIII ;
II. 69, 100 ; III, 90, 461, 478 ; IV, 85. —
Observations du synode de 1844, II,
380.

Possevin, jésuite. A Chandernagor, I,
XLIV, LXII, CXVIII, 61, 77, 78.

Poste. Franchise postale, I, 380 ; II, 594 ;
III, 262.

Pottier. Au Coïmbatour, II, 383. — Chapelain militaire, III, 536. — Projet
d'un institut de Frères, 536. — Travaux, 120, 569, 645.

Pottu. Usage, I, 102, 111, 303, 306 ; II, 256.
— Consultation de Magny, I, 106. —
Réponse de Champenois, 108.

Poundy. Inondation, III, 107.

Pounnour, Jean, prêtre de Pondichéry.
Lutte contre les goyears, II, 171.

Pouplin. Départ, I, 298. — Aux synodes,
II, 260, 264. — Prend part à la rédaction du plan général d'administration,
648. — Favorable à la mission de
Luquet en Europe, 301. — Difficultés
à Karikal, 72. — Plaide la cause du
Carmel, III, 133. — Procureur de la
mission, 133. — Malade, 134, 188. —
Eloge, II, 78.

Pouspaguery. Eglise et presbytère, I, 63.

Poutière. Dét. biogr., IV, 430, 592.

Poutite Shaveriamma. Chrétienne dévouée, II, 413.

Pouvoirs. Accordés aux missionnaires
d'après le directoire de Hébert, I, 389 ;
II, 668. — Les mêmes que ceux
des missionnaires sont donnés aux
prêtres indigènes chargés d'un district, 465.

Pouzol. A Pondichéry, III, 438. — A Karikal, a Karumbagaram, IV, 113.

Povur. Chapelle, III, 707.

Pragassapullé. Famille qui donne à la
mission la chapelle de Saint-Antoine,
I, 285.

Prattacudy. Origine de la chrétienté, I,
XI, LXXXIV ; II, 491. — Missionnaire :
I, 468 ; II, 344, 491 ; III, 54, 151 ; IV, 83,
84, 412. — Les Goanais, II, 157, 159,
171, 175, 201 ; III, 289, 641 ; IV, 327. —
Eglise et presbytère, III, 110, 707. —
Caractères des chrétiens, 55, 98. —
Dépend de Pondichéry et du Maduré,
II, 312, 325, 326. — District, 739. —
Visites pastorales, III, 53 ; IV, 69, 231.

— Apostolat de la prière, III, 565. —
Denier de Saint-Pierre, 592. — Statistique en 1842, 1843, 1884, II. 316,
381 ; IV, 446.

Préfecture apostolique. Etendue de la
juridiction du préfet apostolique, I,
39, 45. — Origine de la double juridiction, premières difficultés, XXXI.
Accord conclu entre les Jésuites et
les Capucins, XLI. — Décret nommant le P. Sébastien préfet apostolique de Pondichéry, I, 37, 38, 44, 69,
343, 483. — Protestation de l'évêque
de Maïlapur contre la nomination
d'un préfet apostolique, 46. — Décret
de 1778, 79. — Décret de la Propagande, 1788, 80, 485. — Accord de
1793, 80. — Les Capucins croient avoir
juridiction sur Chandernagor, Brigot
y consent, 76. — Insuffisance du clergé capucin en 1791, 156. — Etablissement définitif de la préfecture sous
Desbassyns, 322, 341. — Décret d'érection, 343, 344, 490. — Nomination
de Calmels, craintes, I, 342, 43-348,
491. — Décrets sur la juridiction, II,
17, 19. — Le traitement du préfet
apost. I, 344. — Rivalité latente avec
la mission, 349, 404 ; III, 150. — Au
sujet de sa suppression, de 1804 à
1857, I, 39, 185 ; II, 711, 713, 714,
715, 719, 720, 721, 751 ; IV, 350, 352.
— Décret de la Propagande du 28 février 1841 ; II, 746. — En 1859, les
Jésuites l'accepteraient volontiers,
720. — La question de 1859 à 1866 :
Brunie propose de transférer le territoire français à la congrégation du
Saint-Esprit, IV, 348. — Rapport de
Godelle sur les conséquences du départ
des missionnaires, 349, 355. — Combinaison de Laouënan ; la préfecture
et la question politique, 352, 355, 361,
368. — Projet de créer un diocèse dans
la colonie française, 359, 364, 371 —
Donnée à la mission, 348, 375. —
Suppression de la préfecture, décrets,
etc., 393, 398, 570. — Mandement de
Laouënan, 394.

Presbytères. Aspect des constructions,
IV, 485. — Voir Eglises (construction d').

Présentation (Religieuses indigènes de la)
Débuts du nouvel institut, II, 532. —
Aperçu de leur réglement, 535. — Se
développent difficilement, 535 ; III,
438, 580. Etat de la congrégation en
1869, 558. — Question de céder leur
couvent aux sœurs du Bon-Pasteur,
IV, 274. — Couvents et œuvres, III,
558, 586 ; IV, 146, 276, 449. — Envoient
des religieuses à l'école normale de
Guddalore, 262. — Statistique, état de
leurs écoles en 1896, 457, 540. — Religieuses (grav.) V, LXXXVII.

Prêts. Règles données par la Propagande,
IV, 3. — Taux légal du prêt à intérêts (synode de 1844), II, 281.

Prevel. Arrivée en mission, II, 7. — A Négapatam, III, 405. — Dét. biogr. IV,
590.

Prières (Association de), IV, 117.

Prieur. Arrivée dans l'Inde, II, 377. — A Kumbakonan, III, 492. — A Attipakam, 103, 114, 123; IV, 32, 83. — Curé de la cathédrale, III, 545. — Supérieur des religieuses de Saint-Louis, Gonzague, 545. — Grand prédicateur 454, 455, 456; IV, 69, 87. — Appréciation, II, 400; III, 367, 454, 669.

Prigent. Arrivée à Pondichéry, III, 438.

Prinsep, secrétaire du procureur général de l'Inde. Lettre au Vicaire apostolique de Bombay sur le patronage goanais, II, 202.

Probe nostis. Bref adressé par Pie IX aux évêques de l'Inde, III, 308. — Appréciation Bonnand, 310. — Mécontente les Portugais, 311.

Procès. Le missionnaire doit-il s'occuper des procès de ses chrétiens, IV, 465.

Processions. Description, IV, 488. — Goût des chrétiens pour les processions, 488. — Des musulmans à Karikal. — Des païens à Mutalpett, difficultés avec les chrétiens, III, 238. — Gravures, V, XXXVII, Cl.

Procure. A Pondichéry I, XXX, 8. — Visdelou y habite, CVIII. — Son emplacement occupé par les troupes anglaises, 165. — Don d'un terrain à la Société des M.-E. par une chrétienne de Pondichéry, I, 8, 9, 148, 181. — Titulaires de la procure de la mission, 393 ; IV, 419, 427, 429.

Procureur (de la mission). Obligations et avantages de ce poste, II, 404.

Produrutu. Manque de foi des chrétiens, I, 413.

Proenza (de), jésuite. Opinion sur les distinctions des missionnaires brahmes et parias, I, LXXXVI. — Mort, X.

Propagande. Déclaration sur l'application de la bulle *Omnium sollicitudinum* au sujet des musiciens, I, 102, 106, 111, 238, 305 ; II, 57 ; III, 7, 21, 27, 41, 381. — Autorise les missionnaires à porter des vêtements de couleur autre que le noir, I, 105. — Concession des offices du Saint-Sacrement, Immaculée-Conception, Saint François-Xavier; Privilèges pour les messes de morts; Privilège pour la célébration du saint Sacrifice en plein air ; Indulgences pour certaines fêtes I, 91. — Nomme Champenois visiteur apostolique, 179, 182. — Déclarations et décrets sur la juridiction du préfet apostolique 38, 343, 482, 490 ; II, 17, 18, 19. — Déclarations et décrets sur la juridiction du supérieur de la mission malabare, I, 32, 74, 79, 80, 84, 167, 483, 485. — Déclarations et décrets sur la juridiction du supérieur de la mission et du préfet apostolique, I, 80, 81; II, 746. — Approuve le synode de Pondichéry de 1844. — *Voir* : synode 292. — Loue l'obéissance des missionnaires de Pondichéry, 294. — Prend occasion du synode de 1844, pour publier une instruction générale sur le clergé indigène, les catéchistes et les écoles, 295. — Décret plaçant le Coorg

sous la juridiction du Vicaire apostolique du Grand Mogol (1797), I, 475. — Déclarations et décrets sur la limite de diverses missions, I, 26,88,144, 420, 424, 486; II, 20, 313, 327, 331, 339, 330, 841,342, 723, 747. — Le plan de division des missions de l'Inde est approuvé par Grégoire XVI, II, 342. — Exhorte Bonnand à accepter la charge de coadjuteur, I, 394. — Autorise l'imprimerie de Pondichéry, 446. — Sur le collège royal, 572. — Instructions de 1868 sur les écoles neutres et l'admission des protestants dans les collèges et internats catholiques, IV, 224. — Projets de divisions, mémoires, I, 428; II, 297, 298, 339. — Offre aux Missions-Étrangères de nouveaux Vicariats dans le sud de l'Inde, 299, 721. — Diverses nominations et démissions, II, 341, 362, 724, 728, 730. — Remerciements à Gailhot à la fin de son administration de Vizagapatam, II, 366. — Circulaire de 1845 sur la formation et les égards à montrer au clergé indigène, 461. — Son opinion sur les droits attachés au titre de missionnaire apostolique, 462. — Désapprouve le projet de réforme de la Société présenté par de Brésillac, 726. — Ordres sur la visite apostolique, III, 355, 358, 390. — Ordres pour l'île de Ceylan, II, 30 ; III, 62. — Consulte les évêques de Bombay et d'Agra sur l'état des missions de l'Inde, 353. — Éloges aux congrégations religieuses de femmes de Pondichéry et du Coïmbatour, III, 559. — Instruction du 8 septembre 1869 aux missions de l'Inde III, 550 ; IV, 3. — Application de l'instruction *Neminem*, II,467; 537. — Pouvoirs accordés aux évêques de l'Inde relativement aux taxes de dispenses de mariage, IV, 287. — Mémoire adressé au Portugal en 1832 pour le prier de remplir ses obligations au sujet des sièges épiscopaux de l'Inde, I, 423. — Le patronat portugais et le concordat de 1857, I, 25 ; II, 224, 225, 235 ; III, 323, 329, 330. — Précise aux Vicaires apostoliques l'étendue de la juridiction de Silva y Torrès, II, 246. — Ordonne en 1850 aux Vicaires apostoliques de publier le concordat, III, 344. — Nomination d'Amorin comme archevêque de Goa, 624. — Charge l'évêque de Southwark, Grant, de négocier avec le gouvernement anglais les affaires concernant la religion catholique dans l'Inde (1853), III, 276. — Refuse de consentir à l'éloignement des missionnaires de la Société des Missions-Étrangères du territoire de Pondichéry, IV, 359. — Lettre du Cardinal Préfet à Laouënan sur l'établissement de la hiérarchie, 336.

Propagation de la Foi. N'a pas coutume de faire des allocations pour les œuvres particulières, II, 529. — Viatiques des évêques et missionnaires en 1838, 10. — Allocation aux trois missions en 1845, 390. — Craint

que la Sainte-Enfance ne lui nuise, III, 95, 158. — Chiffre des allocations en 1860, III, 218. — Dons recueillis en 1870 et 1871, 567, 691. — Etablissement de l'œuvre dans le Vicariat de Pondichéry, III, 158. — Recrutement de nouveaux associés, 567, 692. — Messe mensuelle pour l'œuvre, 568. — Remerciements, 568.

Protestantisme. Introduction du protestantisme en 1556, I, 117; 308. — Publications de Dubois contre les protestants, 312, 316. — De Charbonneaux, II, 135. — Publication et diffusion de la Bible, I, 309, 311, 313. — Protection des autorités anglaises, I, 308, 320; III, 214, 216. — Influence des ministres sur les magistrats, 216. — Propagande protestante, I, CXXIII, 426; II, 123, 125, 127, 380; III, 56, 165, 204, 209, 214, 533, 683; IV, 38. — Church missionnary Society, III, 204, 206, 215. — Eglise d'Angleterre, IV, 528, 529. — Ses succès, I, 284, 418, 419. — Les protestants cherchent à pervertir les catholiques, I, VIII, CXXVIII; II, 159, 493; III, 215, 278, 318, 321, 389, 383, 487; IV, 37, 528. — Les premiers ministres à Tranquebar, I, 308; II, 123, 125; III, 202, 227. — Obstacles à leur installation à Pondichéry, II, 84; III, 247. — Attaques contre l'Eglise catholique (rapport Laouënan 1858), I, 316; III, 227. — Dans la ville de Pondichéry, III, 246, 247, 249; IV, 296. — Dangers de son action au point de vue de l'apostolat catholique, I, 321. — Bonnand voit dans l'acceptation du collège un moyen d'empêcher son infiltration dans la colonie, II, 545, 516. — Ecoles fondées par les protestants et leur influence, II, 609-618; III, 210, 213, 510, 531, 539, 554; IV, 150, 220, 225, 229. — Manière dont ils recrutent des adeptes, I, 267, 315; II, 123, 635; III, 204, 205, 206, 208, 218. — Comparaison entre ses ressources et celles du catholicisme, III, 218. — Difficultés qu'il occasionne; les mariages mixtes et leurs résultats, I, 310; III, 594. — Valeur des adeptes, I, 314, 321; III, 203, 227. — Etat comparé du catholicisme et du protestantisme dans le sud de l'Inde en 1858, III, 203. — Les œuvres protestantes dans l'Inde, par Laouënan, 201-227. — Actes et opinions diverses sur l'observance de la caste, III, 52, 222; IV, 513. — Sociétés qui remportent les plus grands succès, III, 204. — Ressources, III, 209, 210-214, 217, 218, 270. — Rebaptiser sous condition, II, 278. — Règles de conduite à observer à l'égard des protestants d'après le coutumier du Maïssour, II, 691. — Abjurations à différentes époques à Pondichéry, au Maïssour, au Coïmbatour, etc., I, 310, 315; II, 346, 381; III, 202, 247. — En 1896, IV, 528, 530.

Provicaires. Leur utilité, II, 666. — Nomination, 724. — Bonnand projette de nommer des provicaires secondaires, 735. — Nomination de provi-

caires après l'érection des Vicariats apostolique, 724. — Celui de Pondichéry reçoit le pouvoir de légaliser les signatures des missionnaires, IV, 281.

Prudent. Notes sur Porto-Novo, I, XV; IV, 85.

Puardy. Station chrétienne, I, VII.

Publications catholiques, II, 128.

Pucinelli, jésuite. Délégué à Rome, III, 307.

Puchepanader, prêtre de Pondichéry. A Vettavalám, III, 116. — Sa mort IV, 410.

Pudabady. Chrétienté du XVIII⁰ siècle, I, XCV.

Pudambady. Les chrétiens émigrent à Kanampaleam, III, 119.

Pudamangalam. Conversions, IV, 39.

Puducoté. Eglise et presbytère, III, 707.

Pudomaly. Chapelle, I, 288.

Pudupaleam. Fondation, I, XCVII, XCVIII.

Pudupet. Eglise, II, 120. — Visite pastorale, III, 165.

Pudur (district de Kandamangalam) I, VII.

Pudur (district d'Arni). Fondation de la chrétienté, I, 283-285.

Pudur (district de Tolurpatty), Eglise, I, 291.

Pudur (district d'Eritchambady). Fondation du village, II, 127. — Eglise, III, 116.

Pudur (district d'Utamenur), se révolte, III, 35, 39; IV, 327.

Pudur-Padvattu. Chrétienté florissante de Nobili, I, XXII, 142.

Pudusattiram. Eglise et presbytère, III, 706.

Pujol, gouverneur de Pondichéry. Au sacre de Charbonnaux, II, 359. — Arrêté de 1844 créant un établissement des Sœurs de Cluny à Karikal, II, 500. — Arrêté réorganisant la commission d'instruction publique, 567. — Confie le collège à la mission, 544, 556, 562, 570, 571; III, 229. — Bons rapports avec la mission, III, 229.

Pujol. Destiné au Maïssour, se noie, III, 412.

Pukilipaleam, église, (grav.) V, XCIX.

Pulachi, église (grav.) V, XCIII.

Pulampady. Eglise, I, 204; III, 707; IV, 83.

Pullapatty. Fondation de la chrétienté, I, 284.

Pulluru. Eglise et presbytère, III, 706.

Pulo-Pinang. N'est pas compris dans la juridiction épiscopale de l'ancien diocèse de Malacca, III, 313.

Pumenur lire Pomanur, III, 711.

Pundy, Chapelle, III, 111, 707.

Puneikael. Les goanais, IV, 332.

Punganur. Origine de la chrétienté, I, XXIII. — Chrétiens assassinés en 1743,

CXIX.—Persécution de Tippu, 139, 274. — Les missionnaires, 61, 115, 229, 274, 294, 444.—Population catholique, différentes époques, 204, 412; II, 314. — Visite pastorale de Bonnand, I. 412. — Les chrétiens refusant de signer une pétition, 415. — Conversions, 277. — Cédé à Madras, II, 312, 314.

Punjab. Erection en Vicariat apostolique, IV. 379. — En évêché, 375, 392.

Punur. Origine de la chrétienté, I, XC. — Possède un petit revenu, II, 392.

Purification. Indulgences pour cette fête en 1788, I, 92.

Pussauhally. Ancienne chrétienté, I, LXII.

Putucote. Chapelle, II, 111.

Putunader. Son tombeau. I, L.

Puvalur. Se révolte, IV, 327. — Chapelle, III, 707.

Puy (du), Gouverneur de Pondichéry, I, 322. — Fonde le village de Dupuy-pett, 286. Demande à la mission la réouverture de son petit collège, 328. — Correspondance au sujet de la mission malabare. I, 234, 326, 329. — Songe à confier la paroisse blanche aux Missions Etrangères, 341. — Comment il entend la participation des employés du gouvernement aux fêtes paiennes, I, 360, II, 46. — Réglemente l'administration de la pagode de Villenur, III, 252. — Eloge, I, 327.

Q

Quakers, mépris pour les rites sacramentaux, II, 293.

Quam ex sublimi (Bulle de Benoît XIV). En conformité avec cette bulle, Bonnand nomme un provicaire, II, 725.

Quémener. Evêque de Sura, reçoit au nom de la Société des M.-E. un terrain donné par une chrétienne de Pondichéry, I, 8.

Quenard. Chapelain militaire à Bangalore, IV, 76.

Quéralay (Texier de), Vic. ép. de Siam. Procureur de la Société à Pondichéry, Dét. biogr., I, 8.

Quilon. Luquet l'indique comme Vicariat apostolique, II, 339. — Proposé aux Missions-Etrangères, 721. — Statistique des prêtres et des catholiques en 1853, III, 269. — Soumis au patronat par le concordat de 1857, 317. — Bonnand pense qu'on pourrait l'accorder au Portugal, 343. — Visite apostolique, 378. — Le gouverneur épiscopal soutient les actes du prêtre goanais Pinto, 651. — Etat du clergé indigène en 1875, IV, 102. — Le Portugal obtient le droit de présentation à ce siège par le concordat de 1886, 346. — Evêché en 1886, 375, 387, 392. — Statistique des protestants, III, 202, 203.

R

Radjendra. Pierre tombale de ce prêtre, V, XLIX.

Ragunadasamuttiram. Conversion, IV, 36.

Ramasa. Ancienne chrétienté, I, LXIII.

Ram-Mohum-Roy. Essaie de concilier le brahmanisme et le christianisme, I, CXV.

Ramnad. Statistique en 1842, II, 346.

Rappart. Au Maïssour, travaux, II, 59, 381; III, 567; IV, 43, 293. — Constructeur d'églises, III, 118, 498; IV, 89.

Rassuguéry. Eglise et presbytère, III, 707.

Rattinader. Accompagne Bonnand, III, 60, 368. — Livres publiés par lui, IV, 581, 582, 584.

Ratnavaram. Difficultés et conversion, I, 266.

Ratsiour. Jésuites qui y restent, I, CXXIV.

Rautureau. Au Maïssour, construit la chapelle de Sunticoppa, IV, 89.

Ravatanellur. Fondation de la chrétienté, I, 283. — Visite de Bonnand, 405. — Chapelle et presbytère, III, 709.

Ravel. Au Coïmbatour, II, 383. — Fonde la congrégation des sœurs de la Présentation, 532. — Au sacre de Godelle, 733. — Démarches pour avoir un Vic. apost. III, 436. — Supérieur du séminaire, 444. — A Palghat, II, 619, III, 644. — Termine l'affaire des révoltés du Coïmbatour, 38. — A Coïmbatore, 168. — A Wellington, 502. — Mort, IV, 442. — Dét. biogr., 593.

Rayachoti. Chrétienté, I, XXIX.

Rayappa, prêtre. Travaux I, 408. — Mort, 445.

Rayappanader, prêtre du Coïmbatour. Au séminaire, II, 440. — Ordination, III, 444.

Rayappen. Catéchiste, III, 183.

Rayapuram. Usurpation schismatique d'un prêtre de Goa, III, 651; IV, 334.

Rayer. Conduite pendant le schisme goanais, III, 294.

Raymond de Saint-Joseph, évêque de Sure, Vic. ap. de Verapoly. Sacre Hébert, I, 229.

Rebello. Au Coorg, I, LXXX, LXXXI.

Recton. A Pondichéry, III, 438.

Refugos. Etablis par les deux Congrégations de Notre-Dame de Bon-Secours et Saint-Louis de Gonzague, III, 187. — Etat dans la mission de Pondichéry. Essai au Coïmbatour, au Bon-Pasteur à Bangalore, III, 567, 572; IV, 125.

Régis, trappiste. Au sujet d'une fondation de Trappe au Coïmbatour, III, 566.

Régis, prêtre. A Chicca Arsinkeré mort, I, 137.

Registres. Pour les baptêmes, I, 416 ; II, 11, 278 ; III, 602. — Prescrits par le Synode de 1849, III, 645. — Pour les mariages dans la colonie anglaise, III, 602, 621. — Dans la colonie française, III, 622 ; IV, 280-282. — Observations dans le plan général d'administration, II, 667.

Règlements. De la confrérie de Sainte-Anne érigée au Coorg par le P. da Costa, I, LXX. — Pour les chrétiens du Coorg, LXXV, 475. — Porté en 1811 par Pedro d'Alcantara, LXXVII, 477. — Pour rétablir l'union à Virarajendrapett, LXXX, 479. — Au Coorg pour la célébration de certaines fêtes et offices, LXXXII. — De la paroisse Notre-Dame des Anges pour les convois funèbres (en 1787), 486. — Directoire de la mission Malabare, publié par Hébert, 389. — De la procure de Pondichéry sous Hébert, 391. — Usages de la cathédrale de Pondichéry sous Hébert ; Exposition du Saint-Sacrement, chant des vêpres, 392. — Plan général d'administration par Bonnand, II, 646-686. — Sur les droits du curé de Karikal et du supérieur du collège séminaire, 593. — Concernant l'impression et la vente des livres au Maïssour, III, 560. — Règlements de 1887 ordonnant communication à l'autorité civile, chaque semestre, des registres de baptêmes, mariages et sépultures, 602. — Examen de quelques difficultés théologiques, publié par Godelle, IV, 288. — Dans les trois missions, de 1873 à 1887, 288-292. — Publication du directoire de Pondichéry, 288. — Esquisse de règlement publiée par Bardou en 1879, 289. — Relatifs à l'examen des missionnaires et prêtres indigènes, 290. — Règlements des missions, II, 646-705. — Coutumier du Maïssour, 688-695. — Coutumier de Coïmbatour, 695. — Règlements paroissiaux de fabrique à Kumbakonam par Laouênan ; à Karummattampattey par de Brésillac, 695, 704. — Projet d'un règlement unique pour les trois missions de Pondichéry, Maïssour, Coïmbatour, par Godelle, 704. — La question des viatiques, IV, 291. — De la Congrégation du Saint et Immaculé Cœur de Marie, II, 476-481. — De la Congrégation de Sainte-Anne, 521. — Aperçu du règlement des sœurs indigènes de la Présentation, 535. — Des sœurs de Saint-Joseph de Tarbes, à l'hôpital Bowring, IV, 162. — Des Frères de Saint-Joseph de Bangalore, II, 628-632. — De l'association de prières pour obtenir la conversion des infidèles, fondée par Pacreau, III, 141. — De l'archiconfrérie de N.-D. des Victoires, établie à Blachpally, 145. — De la confrérie du Sacré-Cœur à Pallapaleam, IV, 118. — De la congrégation de Saint-Thomas, IV, 194-201. — Règlement intérieur du collège royal en 1847, II, 570, 748. — Règlement intérieur du collège colonial (mai 1885), IV, 573. — Règlement de l'école ouverte en 1827 par les sœurs de Saint-Joseph de Cluny, I, 333. — Pour le pensionnat des sœurs de Saint-Joseph à Karikal, II, 501. — Sur la composition du comité de surveillance des écoles de filles sur le territoire français, IV, 254. — Règles pour les secours accordés en vue de l'instruction par la Compagnie des Indes, II, 607. — De la révision du règlement de la société des M.-E., III, 368.

Religieuses. *Voir* : Bon-Pasteur, Loretto, Franciscaines missionnaires de Marie, Madeleines, Sainte-Anne, Saint et Immaculé Cœur de Marie, Saint-Louis de Gonzague, Présentation, N.-D. de Bon Secours, Saint-Joseph de Cluny, Saint-Joseph de Tarbes, Petites Sœurs des Pauvres.

Religieux. *Voir* : Frères des Ecoles Chrétiennes, Frères de Lamennais, Frères de Saint-Joseph, Trappistes.

Renati-sima. Visite pastorale de Bonnand, I, 413.

Renaudin. Au Maïssour, II, 381. — Construction de chapelles, III, 118, 498. — Ligne 21. Lire Renaudin au lieu de Renaud. Insulté, 479. — Mort, IV, 435. — Dét. biogr., 592.

Renevier. Arrivée dans l'Inde, III, 378. — Aumônier du Carmel, IV, 110. — Fondation du Carmel de Karikal, 111. — A la tête de l'école Calvé, 176. — Fonde le collège de Saint-Joseph de Cuddalore, 232, 235.

Renius, ministre protestant. Mal causé aux catholiques, II, 124.

Repalle. Ancienne chrétienté, I, XXIX.

Ressources. De la mission malabare, au XVIIIe siècle, I, 66, 213, 215. — De cette mission en 1821, 232. — Des missions de Pondichéry, Maïssour et Coïmbatour en 1845, II, 389. — Insuffisance et difficultés pour les augmenter, 394. — Exiguïté des revenus de la mission de Pondichéry, 459. — Nécessité d'en créer dans les paroisses, idées de Brésillac à ce sujet, 459. — Moyen d'en créer dans les paroisses, proposé par Goust, 461. — Décisions prises par le conseil du Maïssour pour créer des ressources, III, 694. — Recueillies en France pour les affamés de l'Inde, IV, 54. — Quelques chiffres sur les ressources des Sociétés protestantes, III, 217. — Comparaison entre celles des missions catholiques et des missions protestantes, 218. — *Voir* : Lefaucheur, Propagation de la Foi, Sainte-Enfance.

Retord. Son éloge, III, 394, 398.

Retraites. Pour le clergé et pour le peuple, IV, 4. — Des missionnaires, leur utilité, II, 252, 257. — Retraite annuelle du clergé indigène, 456. —

Bonnand se retire avec Luquet à Ariancupam pour préparer la retraite du synode de 1844, 259. — Ordre des exercices, 284. — De Pondichéry en 1849 : Sujets traités de Brésillac, 642. — Retraite annuelle et mensuelle, doit entrer dans le règlement d'un bon missionnaire (synode de 1844), II, 282. — Des missionnaires et des prêtres indigènes, IV, 479. — Pour les catéchistes, II, 283 ; III, 158. — Pour les chrétiens, 454, 457 ; IV, 69.

Rettyur. Chapelle et presbytère, III, 708.

Reverseaux, (de). Son rôle lors du transfert de la mission malabare, I, 19, 20, 21, 42.

Révolution (1789-1793). Premières agitations à Pondichéry, la population s'oppose au départ des troupes, I, 152, 164. — Les prêtres des M.-E. refusent le serment à la Constitution civile, I, 160. — Des capucins et des jésuites le prêtent, 160. — Champenois quitte Pondichéry, 162.

Reys, (Don Salvator Dos). Refuse de quitter le siège de Cranganore, I, CXXIV.

Rhompura. Chrétienté, I, LXV.

Ribeiro, prêtre Portugais. Soutenu par l'archevêque de Goa, luttes, I, LXXIV, LXXV.

Richon. Arrive en mission, II, 6. — Aux synodes, 260, 643. — Lutte contre les goanais au Tanjore, 160, 209. — Construit des églises, III, 110, 112, 131. — Postes et travaux, I, 286 ; II, 72, 344, 407, 435, 592 ; III, 235, 407, 522. — A Karikal : incident occasionné avec l'administration civile au sujet de sa nomination, 236. — Difficultés avec les chrétiens au sujet du cimetière, 242. — Directeur du Carmel, IV, 108. — Sa mort, 413. — Appréciation, II, 7. 415. — Dét., IV, 590.

Rieucau. Arrive dans l'Inde, II, 878. — Construit des chapelles, III, 496, 497.

Ringwald. Différend entre lui et la mission de Karikal, II, 595.

Ripon (Lord), vice-roi de l'Inde. Travaille à la réforme de l'Instruction, IV, 219.

Riss. Arrivée à Pondichéry, III, 438.

Rites. La question des rites malabares et ses conséquences, I, XCIX-CXXVIII. — Ligne de conduite adoptée par de Nobili, CV. — Opinions diverses, CIX-CXI, CXXVIII. — Cérémonies païennes interdites sur le territoire de Nellitope, XLVIII. — Décisions de Rome, de Tournon, CVI-CIX. — La bulle Omnium sollicitudinum, CVIII. — Comment les missionnaires doivent se comporter avec ceux des anciens jésuites qui ne se conformeraient pas à la Bulle, 49. — Demande faite par les anciens jésuites pour qu'on ne fasse plus de changement essentiel, 57. — La bulle de Benoît XIV reste obligatoire, en exposer les principaux points aux catéchumènes, 138, II, 278, 293, 295. — Les

prêtres de passage dans la mission ne sont pas tenus au serment sur la bulle Omnium sollicitudinum, I, 105. — La question au synode de 1844, II, 256. — Marche de cette question de 1849 à 1859, III, 1-52. — Opinion de Tesson, I, 302. — Idées de Charbonnaux, 303, 304 ; III, 31. — Débats sur les rites et les castes, III, 17-40. — Charbonnaux questionné à ce sujet durant son séjour à Rome, 66. — Idées de Brésillac, 19-22 ; 33. — Ne sont pas acceptées par la Propagande, 51. — Excepté Métral et de Gélis, les missionnaires du Coïmbatour désapprouvent l'observation des usages de caste, 33, 36-39. — Superstitieux emploi d'une certaine colonne aux pandels de mariage, 32. — Opinion et lettres de Bonnand, I, 305 ; III, 25, 26, 28, 30, 36, 41, 44. — Sentiment de Laouënan, I, 306. — Exposé de la pratique et fin des débats, III, 40-52. — Comment faire observer aux musiciens les règles de la bulle Omnium sollicitudinum, IV, 66

Robert. Meurt en traversant l'Inde, I, 5.

Rodriguez, jésuite. Supérieur de la mission du Maduré, I, IX.

Rodriguez, prêtre goanais. Au Coorg, I, LXIX. — Difficultés, LXXIV.

Rœss. Arrivée à Pondichéry, 1870, III, 438. — Construit l'église de Musiri, IV, 78.

Roger. Arrive en mission, II, 6. — Aux synodes, 260, 291, 643. — S'occupe du plan général d'administration, 648. — Forme des enfants pour le séminaire, II, 409, 455. — A Mogayur, Attipakam, etc., 72, 457, 569 ; III, 56, 86, 108. — Construit des églises, II, 108 ; III, 110, 112. — Œuvre de rédemption des esclaves, 189. — Archiconfrérie de N.-D. des Victoires, 147. — Consulté sur la division de Prattacudy, et Vaduguerpatty, II, 739. — Sa mort, III, 85, 408. — Dét. biog., IV, 590. — Appréciation sur lui, II, 7, 415 ; III, 86.

Rondy. Arrivée au Coïmbatour, III, 439. — Fonde un orphelinat, IV, 146. — Directeur du collège Saint-Michel, 244. — Construit l'école des topazines, 275. — Fait affilier le collège de Coïmbatore à l'Université de Madras, 539.

Roothan. Général des jésuites. Recommande ses religieux à Bonnand, remercie, II, 21. Sur la délimitation du Maduré et de Pondichéry, 325, 326, 345, 347.

Rosaire (Confrérie du Saint). Pouvoir d'ériger, II, 16. — Neuvaine de la fête à Karumattampatty, 98.

Rouvier. Visite de Laouënan au sujet de la question de la Préfecture apostolique, IV, 369.

Ryan. Amabilité envers Bonnand, II, 101.

S

Saba. Commissaire apostolique dans l'Inde, III, 632. — Travaux, 634. — Mort, 634.

Sacré-Cœur. Confrérie à Pondichéry, indulgences obtenues en 1799, I, 211. — Fondation de la paroisse à Bangalore et construction de l'église, IV, 86. — Église, (grav.) V, LIII. — Consécration du Maïssour au Sacré-Cœur, IV, 117. — Règlement de la confrérie du Sacré-Cœur à Pallapaleam, IV, 118.

Sacrements. Administration des sacrements, synode de 1884, II, 277-280. — Sacrements refusés aux parents qui envoient leurs enfants aux écoles protestantes, II, 617. — Sont administrés aux parias comme aux autres, III, 26. — Administration aux chutres et parias, 45. Voir : Baptêmes, Confirmation.

Sacrifices humains. Au Maïssour, III, 494.

Sadaïmangalam. Chapelle et presbytère, III, 708.

Sadaperiagavundenur. Chapelle vers 1770, I, XCV.

Sadimugé. Dans l'ancien district de Sattiamangalam, I, LXXXVII.

Sagar. Chapelle par Gerbier, IV, 86. — Église (grav.) V, LXXI.

Saignes. Travaux, I, XXII, XXIII, CXVII.

Saintourens. Au Coïmbatour, II, 383.

Saints. Les plus en honneur parmi les chrétiens de l'Inde, IV, 487.

Saint-Amour, jésuite. Ses différents postes, I, 61, 112, 113, 114. — Mort, 219.

Saint-Barthélemy (Paul de), carme déchaussé. Décrit le séminaire de Virampatnam, I, 9.

Saint-Cyr (de), jésuite. Au Maduré, éloge de Bonnand, II, 97 ; III, 397.

Saint-Esprit (congrégation du). Proposée par Saint-Estevan pour prendre la mission malabare, I, 41. — Le gouvernement français songe à lui offrir la préfecture apostolique, 347. — N'est pas opposée à la suppression de la Préfecture apostolique, II, 713. — Lui confier toute la colonie française, 348, 354. — Chargée du collège colonial, IV, 204. — Les chrétiens de Pondichéry demandent le maintien de ces religieux à la préfecture et au collège, 398. — Éloge, 398. — Bien opéré à Chandernagor, 399. — Laouënan demande leur maintien à Chandernagor, 401. — Laouënan leur offre de garder le collège colonial, 403.

Saint-Estevan (de), jésuite. A Pondichéry, I, XXXIV, 13. — A Karikal, XLVI. — Demande qu'on soutienne la mission malabare, 13. — Indiqué comme apte à être Vicaire apostolique, 14. — A Chandernagor, 14. — Demande un évêque ou un préfet apostolique, 15. — Propose la Congrégation du Saint-Esprit pour la mission malabare, 41. — Procureur à Paris de la mission malabare, 14, 61.

Saint et Immaculé Cœur de Marie (Congrégation des religieuses du). Débuts de la Congrégation, II, 468, 472. — Premiers succès scolaires, 473. — Difficultés causées par la révolution de février 1848, 473. — Installation définitive du couvent à la rue Sainte-Thérèse, 474, 475. — Constitutions de la Congrégation, 476, 481. — Difficultés sous le gouvernement de la deuxième supérieure, Marie-Anna, 481. — La première supérieure, Thérésammal, rentre dans le Carmel, 481. — Une sœur de Cluny est chargée de leur formation intellectuelle, 483. — Agrégation au Tiers-Ordre de Saint-François d'Assise, 482. — Secours accordés par l'administration coloniale, 485. — Progrès de l'œuvre, projet de diffusion sur le territoire anglais, 487. — Distribution des prix, bienveillance des gouverneurs, 487, 498. — Enseigne le français, III, 542. — Ouvertures d'écoles, II, 491, 540, 541 ; III, 574 ; IV, 261. — Forme les premières religieuses d'une congrégation établie à Madras, IV, 262. — Convention avec l'administration française pour les écoles dirigées par les religieuses, décrets, 249-257. — Leurs écoles soumises à la direction de l'administration, résultats, 258. — Laouënan demande pour elle l'autorisation légale en 1883, 260. — Odieuses accusations contre une religieuse par le journal le Progrès, 259. — Nouvelles écoles dans la colonie française, 1883 à 1886, 258. — État spirituel en 1879, 265. — En 1887, 263. — Modifications et perfectionnements apportés par Bergez, 249, 264. — Demande de l'approbation des constitutions à Rome, 267. — Champ d'action dans le Vicariat de Pondichéry, 269. — Statistique des secours en 1886, 447. — Résultats de leur école normale de Cuddalore, 537. — État de leurs écoles en 1896, 537. — Couvent à Pondichéry, religieuse (gravure), V, XIII.

Saint-François de Sales (Congrégation de). Administre le Vicariat de Vizagapatam, II, 341. — Obligeance de Bonnand 364. — Voir : Gailhot.

Saint François-Xavier. Office votif concédé à la mission malabare, I, 91. — Indulgences pour sa fête, 91. — Indulgences pour la neuvaine de la grâce, 92. — Église qui lui est dédié à Nagunhally, III, 118.

Saint-François-Xavier. Construction de l'église de ce nom à Bangalore, III, 117, 700, 710. — Agrandissements, IV, 88. — Construction de la chapelle de Pillukaricherry dans cette paroisse, III, 118. — Construction du presbytère, IV, 86. — Bien qui s'y opère, 304. — Grav. V, I, III.

Saint-Hilaire (de), administrateur de Karikal. Eloge de Mehay et de Godelle, II, 86. — Appuie l'offre des jésuites de tender une école à Karikal, 588. — Rôle à Karikal lors de la révolte au sujet du séminaire, 435. — Seconde Mehay, III, 127. — Arrêté défendant aux processions païennes ou musulmanes de passer devant l'église catholique, 238.

Saint-Ignace. Pèlerinage à Vadakanchery, II, 100.

Saint-Joseph (Raymond de). Fait en 1793 la visite du Coorg au nom du Vicaire apostolique du Grand Mogol, I, LXIX.

Saint-Joseph (de Sainte-Rose de Viterbe), franciscain portugais. Travaux, I, 179.

Saint-Joseph. Eglise de Bangalore, au XVIIIᵉ siècle, I, L. — Construction par Bigot-Beauclair, III, 117. — Erigée en paroisse, II, 741. — Eglise et chapelle, III, 710. — Gravure, V, IIII.

Saint-Joseph (collège de). Voir : Instruction, collège de Saint-Joseph à Bangalore.

Saint-Joseph (Frères de). Fondation et Règlement, II, 627. — Au Coimbatour, III, 528, 533. — Pourrait-on les transformer ?-158. — Disparition, IV, 240. — Frères au collège de Bangalore, 538. — Leur noviciat (grav.), V.

Saint-Joseph de Cluny (Congrégation des religieuses de). Etablissement à Pondichéry, I, 322, 333. — Etat, en 1832, de leur école à Pondichéry, 335. — Reçoivent la direction des ateliers de charité, 335. — Eloge, 335, II, 143. — Conditions pécuniaires dans lesquelles cette communauté traite avec le gouvernement français, I, 437. — Ont à lutter contre les préventions de Hébert, 339. — Prennent en 1860 l'œuvre de Mᵐᵉ Smith, I, 154. — Une religieuse est chargée de la formation intellectuelle des sœurs du S. et I. Cœur de Marie, 483. — Religieuses indigènes formées par elles. III, 547. — Fondation de l'établissement de Karikal, I, 499. — Ouverture de l'école pour les européennes et les topazines à Karikal, 500. — Etablissement à Bangalore, 507-509. — Leurs établissements sont exceptés de l'ordonnance de 1843, 539. — Accueil fait par elle aux sœurs du Bon Pasteur, 513. — Allocations données par la colonie, 603. — Rapports avec Bonnand, I, 404 ; II, 505, 507 ; III, 141. — Orphelinat à Karikal, III, 159, 165, 168. — Chapelle à Karikal, 497. — Pénurie du personnel à Karikal, 546. — Bonnand désire qu'elles forment des institutrices indigènes, I, 503. — Premières postulantes indigènes, III, 548-550. — Concessions qu'elles obtiennent à Karikal, 476. — Chapelle à N.-D. de Lourdes, IV, 83. — A l'hôpital de Karikal, 158. — Dans la colonie, française de 1868 à 1886, 245. — Décret de 1879 portant l'admission des topazines à leur pensionnat de Pondichéry, 247. — Ouvrent de nouvelles écoles sur le territoire de Karikal, 248. — Etat de leurs œuvres en 1887, 248. — Statistique des œuvres en 1886, 447. — Etat en 1896, 457. — Etat de leurs écoles en 1896, 537. — Couvent à Karikal, (grav.), V, XXI. Voir : Instruction.

Saint-Joseph de Tarbes, (Congrégation des religieuses de). Circonstances qui les font venir au Maïssour, IV, 161. — A l'hôpital Bowring, 162. — Résultats, 165. — A l'hôpital civil de Mysore, 167. — La congrégation envoie des religieuses passer leurs examens en Angleterre, 271. — Demandent l'autorisation d'avoir une maison et une école à Bangalore, 271. — Ne pourra avoir de pensionnat à Bangalore, 272. — Etat et œuvres au Maïssour, 448. — Etat en 1896, 457, 539. — Leur œuvre dans les hôpitaux du gouvernement à Bangalore et à Mysore, 533. — Couvent et école, (grav.), V, LV, LXI. Voir : Instruction.

Saint-Louis de Gonzague. Congrégation fondée par le P. Ansaldo pour les pariates, utilité, règlement de vie des religieuses, I, 65. — Dupuis, supérieur, II, 468. — Maison pour le couvent, 495. — Ouverture de l'école pariate, 496. — Résultats de leurs écoles, III, 42. — Agrandissement de l'orphelinat, 164. — Chargé de l'orphelinat de Vellore, 166. — Etat des orphelinats de Pondichéry et de Vellore, en 1861, 168. — Subvention pour enseigner le français, 544. — Progrès, 545. — Refuges, état stationnaire, 519. — Etat de leur orphelinat à Pondichéry en 1870, 574. — Orphelinat agrandi, IV, 131. — Etat de leur congrégation de 1868 à 1886, 268. — Son champ d'action dans le Vicariat de Pondichéry, 269. — Statistique des œuvres en 1886, 447. — Etat de la congrégation en 1896, 457. — Etat de leurs écoles en 1896, 538. Voir : Instruction.

Saint-Office. Réponse à Bonnand au sujet de la publication du décret Tametsi (14 décembre 1853), III, 9. — Eclaircissements sur l'instruction du cardinal Antonelli, relative aux mariages mixtes (4 décembre 1862), 595.

Saint-Sacrement. Office votif concédé à la mission malabare, I, 91. — N'est conservé en 1863 que dans les églises de Karikal et de Pondichéry, 204.

Saint-Simon (de), gouverneur de Pondichéry. Favorise les païens, I, 322, 380. — Rend des services à la mission malabare, 381, 455. — Prend parti pour le préfet apostolique, II, 17. — Aux fêtes païennes, 47. — Fait ouvrir une pagode, 46. — Attitude dans le procès des révoltés de Karikal, 83. — Met obstacle à l'arrivée du ministre protestant Thomson, à Karikal, 84. — Refuse aux protestants l'autorisation de bâtir des temples, III, 247.

Saint-Thomas. Projet d'une Congrégation par Bonnand, III, 192. — Statuts, 193-201.

Saint-Viatique. Doit être administré à celui qui est jugé digne de l'absolu-

tion, (synode de 1844), II, 293. — Doit
être porté solennellement si possible.
(Coutumier du Maïssour), 687.

Saint-Vincent de Paul (Société de). A
Pondichéry, III, 177. — Acceptation
de la léproserie, 179, 184. — Fin de
cette société à Pondichéry, IV, 154.

Sainte-Anne Confrérie au Coorg, I, LXIX.
— La procession en son honneur à
Virajendrapett, LXXIII. — Dévotion
dans l'île de Ceylan, III, 396.

Sainte-Anne (F.-Xavier de). Carme à Sun-
keri, I, LXXIV. — Evêque d'Amat,
LXXIV. — Visite du Coorg, actes et
réglements, LXXV, 475.

Sainte-Anne (Congrégation religieuse de).
Historique de sa fondation, II, 521. —
Ecoles, 523.; III, 557. — Remplacées
à Mysore par les sœurs du Bon-Pasteur, IV, 269. — Nombre en 1896, 457.

Sainte-Enfance. Les missionnaires doivent
tâcher d'établir cette œuvre (synode
de 1844), II, 284. — Luquet chargé
des démarches en France pour son
établissement dans la mission de Pondichéry, 304. — Allocation à la mission de Pondichéry pour les écoles,
620. — Secours envoyés au Maïssour,
à Pondichéry, III, 95-97, 164. — Circulaire de Bonnand, 96. — Etablissement de l'œuvre dans la mission de
Pondichéry, à Karikal, 159-161. —
L'œuvre établie au Maïssour, au Coïmbatour, 162. — Mémoire adressé à
l'œuvre par Charbonnaux, 165. —
Allocations qui en sont la suite, 166.
— Circulaire de Jarrige sur l'emploi
des fonds de la Sainte-Enfance, 167.
— Etablie au Coïmbatour en 1882, IV,
130. — Faits édifiants rapportés par
les missionnaires, III, 480. — Exhortations aux missionnaires pour la dé-
velopper, 489, 692.

Sainte-Eugénie (Ecole). Fondation IV,
258.

Sainte-Marthe (Hôpital). Fondation de
l'hôpital en 1884. — Description, IV,
158, 159. — Difficultés, les religieuses
renoncent à l'appui du gouvernement,
160. — Etat de l'œuvre en 1896, 457,
532. — Hôpital, (grav.) V, LI.

Sainte-Vierge. Presque toutes les églises
de l'ancienne mission malabare lui
sont dédiées, I, 64. — Dévotion des
chrétiens de Yeriur, II, 102. — Dévotion qu'ont pour elle les missionnaires (synode de 1844), 282. — Inauguration de la dévotion du mois de
Marie, en 1847, à la cathédrale de Pondichéry, III, 150. — Dévotion à N.-D.
de Lourdes, IV, 120. — Voir : Immaculée Conception, Lourdes, Notre-
Dame.

Salamaneri. Chrétienté, I, VII.

Salambady. Chapelle, IV, 83.

Salamben. Conversion, IV, 16.

Saldanha (duc de). Réponse au nonce sur
les difficultés dans l'Inde, III, 654.

Salem (district civil). Fait partie du territoire actuel de la mission de Pondi-

chéry, I, I. — Compris dans l'ancienne
mission du Maduré, III. — Les chrétientés relevaient de l'archevêché de
Cranganor. IV. — Evangélisé par de
Nobili, XIV. — Notes sur les anciennes chrétientés, LXIV. — Visite
pastorale de Champenois, Dubois, 168.
— Détails sur le district, 190, 282. —
Visites par M. Bonnand, 405, 423; III,
158. — Goust tableau d'administration en 1837, II, 68. — Eglise et presbytère en 1842, 98. — Ecoles de garçons, 141. — Etat du district en 1843,
380. — Relations entre les chrétiens
de Salem et ceux de Karumattampatty, 376. — Gouyon y fonde des
écoles de filles, succès, 488. — Question de délimitation entre le Maïssour et Pondichéry, 721. — Eglise et
presbytère, III, 112, 121, 708. — District, II, 741. — Gouyon de nouveau
chargé du district, III, 136; IV, 427.
Conversions, 74, 86, 463. — Prieur y
prêche une retraite, 455. — Mouve-
ments de conversions vers 1864, 463.
— De l'apostolat de la prière, 565. —
Dons pour le denier de Saint-Pierre,
592. — Godelle, 667. — Brisard, IV, 31,
59, 423, 431. — Beauté, 59. — Hautière
413. — Nécessité d'une école anglaise,
231. — Ecole de filles par Thirion,
261. — Orphelinat pour les filles après
la famine, 131. — Visite pastorale de
Laouënan, III, 684. — Réunion des
évêques Bonnand, Charbonnaux, Desflèches, pour la révision du règlement
de la Société, 368. — Propagande
protestante, II, 123. — Etablissement industriel des protestants, 614.
— Population catholique en 1884, IV,
446. — Tombeau de Hautière (grav.)
V, XLII.

Salisbury. Autorise le Portugal à traiter
la question du Patronat avec le Saint-
Siège sans restriction, IV, 344.

Salmon. Départ pour les missions, I, 238.

Samachimpallé. Défauts des chrétiens, I,
415.

Sambarey. Révolte, IV, 327.

Saminada. Dévouement à la mission de
Kumbakonam, II, 107.

Samyaier. Dévouement aux cholériques,
mort, IV, 16.

Sanatorium. Projet d'un sanatorium au
Servamaley, III, 187, 684. — A Yercaud, IV, 171. — A Coonoor, 172.

Sandamangalam. Conversion d'un frère
du roi de cette ville, I, XIV.

Sandanader, prêtre. Mort, I, 441.

Sandanader, prêtre de Pondichéry. Ordination, III, 449. — Mort, IV, 432.

Sandaripullé. Un des promoteurs de l'é-
cole Calvé, III, 544.

Sandjivamuna. Vie édifiante, III, 91.

Sandur. Ancienne chrétienté, I, LXII. —
Chrétiens en fuite, 142.

Sangandy. Révolte, IV, 327.

Sanguidimalé. Chapelle, III, 119.

Saniasimadham. Apostasie des chrétiens, III, 59.

San Iago. Prêtre à Capinagati, I, LXIV.

Samanhally. Desaint construit l'église, III, 498 ; IV, 86.

Sansanhally. Ancienne chrétienté, I, LXII.

Santa-Clara (Joan Domingo de). Vic. apost. du Grand Mogol, donne juridiction aux prêtres du Coorg, I, LXVI.

Santa-Maria (Vittorio de). Vic. apost. du Grand Mogol, I, LXVIII.

Santavasel. Fondation de la chrétienté, I, 283.

Santhaley. Chrétienté, I, VII.

Santhappa (Clément), prêtre du Maïssour. Ordination, III, 444. — Prend part à la construction de l'église de Blackpally, IV, 87.

Santimana, vicaire général de Cochin. Refuse de reconnaître l'autorité de Bonnand comme visiteur apostolique, III, 378. — Pousse les chrétiens de Verapoly au schisme, 652.

Sartine (de). Réponse sur la question de la mission malabare, I, 16. — Presse de Reverseaux de terminer les négociations, 20. — Action dans la remise de la mission malabare aux Missions Étrangères, 26, 28. — Propose à Davoust le supériorat de la mission malabare, 35. — Lettre de Bellecombe sur la conduite à tenir envers les jésuites et l'évêque de San-Thomé, 51.

Sarugany. État de la chrétienté en 1833, I, 420. — Suprès, 421. — Bonnand, 422. — Requête adressée par les principaux chrétiens au Souverain-Pontife, 425. — Mousset et Mehay, 428. — Bonnand y passe dans sa visite apostolique, III, 375.

Sarvacarepally. Chapelle et presbytère, III, 708.

Sarveikarpatty. Chapelle, III, 110, 112, 114.

Sattampatty. Église, III, 706.

Sattenur. Chrétienté, I, VII.

Sattiamangalam. De là partent les jésuites pour le Maïssour, I, 49. — Commencement de la chrétienté, Balthazar da Costa, LXXXIV. — Conversions et persécution en 1648, LXXXV. — Origine chrétienne de ce nom, LXXXV. — Arcolini, persécutions, LXXXVII. — Division du district en 1666, LXXXVII. — Des chrétiens de ce district s'établissent à Karumattampatty, XC. — Dubois, 197. — Chapelle, III, 502. — Conversions, IV, 18.

Sattipattu. Chapelle, III, 709.

Sattiramanay. Chapelle, III, 708.

Sattivam. Chapelle, III, 712. — Église et presbytère, 707.

Sattupattu. Visite pastorale de Bonnand, III, LVIII.

Saumanapallé. Chapelle, II, 112.

Savadiur. Chapelle et presbytère, III, 708.

Saveriar, prêtre de Pondichéry. Sa mort, I, 442.

Saveriacutty (Barthélemy). Aide à la fondation de l'école des pariates à Pondichéry, II, 495.

Saveriammal. Carmélite, II, 469, 471.

Saveriarchery. Église, III, 112, 706.

Saveriarpaleam (District d'Atticodu). La révolte et le schisme, III, 294.

Saveriarpaleam (près Coïmbatore). Origine de la chrétienté, I, LXXXIII. — Les chrétiens captifs s'échappent, I, 139. — Église, 204 ; II, 121. — — En 1846, 385. — Le prêtre Xavier, 452. — District, 741. — Révolte des chrétiens, III, 35. — Église et presbytère, 711 ; IV, 89. — Quelques missionnaires du district, 444. — Église (grav.), V, LXXXVII.

Saveriarpaleam (district d'Erichambady). Fondation de la chrétienté, I, 285. — Joachim y préside des processions, II, 180. — Fondation du village, 122. — Révolte des chrétiens, III, 643. — Fait extraordinaire arrivé à Graby, 479. — Chapelle, 502, 711. — Église (grav.) V, XCI.

Saveriarpaleam (District de Matur). Chapelle, III, 502. — Église (grav.) V, XCIX.

Saveriarpaleam (District de Palghat). Fondé par les chrétiens vaniers, I, XCVII.

Savericopelu. Église, IV, 89.

Saverinader. Maître de cérémonie au sacre de Bonnand, I, 404. — Sa mort, I, 443.

Saverinader, prêtre de Pondichéry. A Ugur, II, 107. — A Mogur, II, 110. — Va dans une église schismatique de Madras, 412. — Mort, III, 410.

Saveripullaven. Son histoire extraordinaire, I, LXXXIX.

Sayadoré. Chapelle, III, 502.

Scandacavuden. Entraîne les païens de son village à se faire baptiser, IV, 39.

Scapulaire. Pouvoir d'ériger la confrérie et de donner le scapulaire du Mont-Carmel, II, 16.

Schwendiman, jésuite. A Karikal, I, 61. — Procureur et curé d'Ariancupam, 113. — Signe la protestation contre l'évacuation de Pondichéry par les troupes françaises, 153. — Ne peut obtenir d'indemnités des Anglais, 165. — Difficultés avec l'évêque de Maïlapur, 173. — Sa mort, 220.

Schwartz, ministre protestant. Profite du départ des jésuites pour pervertir les shanars catholiques de Tinnevelly, I, CXXIII. — Culte des Indiens pour lui, IV, 514.

Scipion. Gouverneur de Pondichéry, I, 322. — Rapports avec la mission, 361.

Sébastien (de Nevers). Supérieur des capucins de Pondichéry, I, 37. — Décret le nommant préfet apostolique, 38, 44, 482. — Lors de sa nomination, la préfecture apostolique n'avait pas été régulièrement érigée, 343. — Offre les capucins pour la mission malabare, 39. — Difficultés avec les jésuites, 41. — Seconde Vernet dans ses efforts pour la réunion des jésuites aux Missions-Etrangères, 55. — Juridiction sur Chandernagor, 76. — Demande la paroisse de Karikal qui lui est refusée, 78. — Sa mort, 79.

Sébastien, prêtre goanais d'Aur. A Trichinopoly, I, 423. — Se soumet à peu près au bref : *Multum præclare*, II, 200.

Sebole. Caractère des chrétiens, I, 107.

Sechampattu. Chapelle, III, 709.

Secrétaire du Vicariat apostolique. Nécessaire pour la régularité de l'administration, II, 667.

Secunderabad. Un Goanais y exerce sans avoir reçu la prêtrise, II, 158.

Seegmuller. A Pondichéry, III, 438. — Au collège de Cuddalore, IV, 235.

Sellampalida. Chrétienté, IV, 334. — Troubles causés par le prêtre goanais, 334.

Semambamcalavaye. Chapelle, IV, 78.

Semanhally. Eglise, IV, 88. — Guillon, 437.

Semeria. A Jaffna, traite les affaires de la mission avec Bonnand, III, 62, 375. — Mémoire sur les obstacles causés par la double juridiction, 646. — Eloge de Bonnand, 395.

Séminaire. *Mission Malabare*. Projet de fondation d'un séminaire à Pondichéry, I, 117. — Busson, Perrin, Jarric, 208. — Magny, 118. — Ordination de deux prêtres indigènes, 120. — Premier règlement, 121. — Construction d'un séminaire, 121. — Achat d'un nouvel emplacement, 122. — M. Champenois songe à le transférer à Villenur, 123. — Transféré en 1846, au lieu qu'il occupe actuellement, 123. — Grandmottet, 146. — Magny et les élèves se retirent à Tranquebar durant la tourmente révolutionnaire, 163. — Secours par le cardinal Borgia, 209. — Nombre d'élèves, ordinations, 209. — Encouragements du préfet de la Propagande, 210. — Résultats obtenus en 1811, 230. — Difficultés, 209, 230, 233. — Dubois, 233. — Ordinations, 209. — Ordinations de 1814 à 1828, 256. — Sa décadence, Bigot et Aulagne, fermé, 256. — Réouvert en 1835. — Lehodey, 257. — Subvention par un chrétien de Kumbakonam, 258. — Tesson, 273. — De Melay obtient le rétablissement, en 1834, de l'allocation de 3000 fr., 380. — Nombre d'élèves en 1841, II, 141. — Crainte de tracasseries du monopole universitaire, 270. — Améliorations proposées par le synode de 1844, 273, 275. — Y admettre toutes

les classes d'indiens (synode de 1844, note de la Progagande), 292.

Séminaire (petit). *Pondichéry*. Son établissement et son but, II, 439. — L'instruction, 440. — Godet et Henry, 440. — Congrégations des Saints Anges et de la Sainte Vierge ; affiliation à la Primaria de Rome, 442. — Projet d'un 2ᵉ petit séminaire par Bonnand, II, 455. — Etat satisfaisant de l'instruction en 1845, 545. — Exempt du contrôle de la commission d'instruction publique, 600. — Augmentation de la subvention de la colonie proposée n'aboutit pas, 603, III, 264. — Questions posées dans le plan général d'administration, II, 684. — Etat en 1853, III, 43. — Statistique en 1860, 453. — Maury, III, 397. — Motifs pour lesquels Godelle veut y mettre des Frères, 515. — Etat en 1896, IV, 536.

Séminaire (grand). *Pondichéry*. Séparé du petit, II, 275, 442. — Envoyer les Séminaristes en districts, 275. — Rien à innover, 395. — Statistique en 1845, 378. — Pas d'élèves d'autre mission et de naissance illégitime, 409. — Moyen de susciter des vocations, 257. — L'enseignement à y donner, 268, 274, — De 1816 à 1861, 423-454. — Etat en 1846, 423. — Bonnand conçoit le projet d'envoyer des séminaristes en France, 424. — Conseil du séminaire, 425. — Habitudes de caste, opinion de Luquet à ce sujet, 425. — Godelle succède à de Brésillac, 426. — Révolte causée par les innovations de Leroux, 427. — Pastorale de Bonnand pour apaiser la révolte, 429. — Dissolution du séminaire, 432. — Plaintes contre certains missionnaires, intervention malheureuse de Brésillac, 433. — Fin de la révolte, 434. — Fin de la révolte à Karikal, intervention de l'administrateur, 435. — Fin de la révolte, appréciation sur ses causes et sa durée, 435. — Construction et bénédiction du nouveau grand séminaire, 442, 443, 444. — Description du grand séminaire, 444. — Règlement des ordinations par Bonnand, 445. — Statistique de quelques ordinations, 446. — Statistique en 1860, 453. — Godelle, 750. — Sévérité à exercer envers les élèves, 580. — Projet de succursales 685. — Reconstruction, nouvelles branches d'études, IV, 90, 191. — Bergez supérieur, 256. — Etat en 1886, IV, 447. — Essai d'un séminaire pour toute la province ecclésiastique de Pondichéry, 475. — Etat en 1886, 92. — Décret exigeant des séminaires, porté par le concile de Bangolore, IV, 390.

Séminaire *Karikal*. Sa fondation, II, 586-602. — Les jésuites songent à s'installer à Karikal, 587. — Motifs pour lesquels Bonnand ne veut pas des jésuites à Karikal, 588. — Démarches des chrétiens près de Bonnand pour obtenir un établissement, 589. — Etat en 1850, 596. — Requête des chrétiens à Bonnand, demandes et promesses

591. — Bonnand expose à Paris les motifs de fonder cette maison, 592. — Règlement sur les droits du curé de Karikal et du supérieur du collège, 593. — Conseil de cet établissement, 593. — Difficultés pour la construction, 594. — Le gouvernement accorde la gratuité de correspondance entre l'établissement et l'évêque, 594. — Ouverture et débuts, 595. — Digard, premier supérieur, 596. — Introduction de l'enseignement du latin, 598. — Lettre de Bonnand à Digard sur l'exemption du collège de Karikal du contrôle de l'instruction publique, 600. — Demande d'une allocation par Lefaucheur, elle n'aboutit pas, 603. — Barbé, supérieur en 1886, IV, 114. — Etat en 1896, 536. — Gravure V, XXV.

Séminaire. Coïmbatour. Débuts, II, 449. — Métral, 449. — Premières ordinations, idées de Bresillac, 450. — A Karumattampatty, 450. — Introduction de la langue anglaise, 450. — A Coïmbatore, 451. — Ordination, 452. Statistique du grand et du petit séminaire, 453, 623 ; III, 444. — Relâchement de séminaristes, III, 147. — Etat en 1886, IV, 449. — Gravures V, LXXXV, LXXXIX.

Séminaire. Maïssour. Charbonnaux songe à construire un séminaire, II, 447. — Etudes, 448. — Chevalier et Galhot, 447. — Recrutement et ordinations de 1845 à 1859, 449. — Statistique du grand et du petit séminaire en 1860, 453. — Se transforme peu après en collège, III, 379. — Cirou, IV, 437. — Etat en 1886, IV, 448. — Gravure V, LV.

Séminaire des Missions-Etrangères, Paris. Attitude dans l'acceptation de la Mission malabare I, 20, 31, 35, 40, 42. — Conseils à Brigot pour faciliter la réunion des anciens jésuites, 49, 59. — N'approuve pas la nomination de Vernet comme directeur-procureur de la Mission malabare, 72. — Propose Champenois comme coadjuteur, 74. — Démarches pour empêcher la cession de Karikal aux capucins, 78. — Démarches pour obtenir de la part du gouvernement anglais plus de ménagements, 175. — Fait nommer Hébert coadjuteur, 217. — Relations d'Hébert avec le séminaire 237. — Demande d'allocation pour la mission malabare, 323-325. — Engage Hébert à ne pas accepter la paroisse blanche, 342. — Proteste contre les prétentions de Calmel, 348. — Eloge du synode de 1844, II, 291. — Objections au projet de la hiérarchie, 306. — Les directeurs demandent que le Maïssour soit laissé à la Société, 316. — Négociations avec le Général des jésuites sur la délimitation du Maduré et de Pondichéry, 324. — Accepte la nomination de Luquet, 368. — Désapprouve le projet de Bonnand d'envoyer des séminaristes en Europe, 425. — Envoie des secours pour le nouveau couvent du Saint et

Immaculé Cœur de Marie, 472. — Objections contre l'acceptation du collège royal, 545. — Observations de Bonnand à ce sujet, 579. — Charbonneaux voudrait des frères instituteurs agrégés à la Société. — Objections des directeurs, 624, 625. — Appréciation sur le plan général d'administration 686. — Ne veut pas de préfecture apostolique, 719. — Au sujet des démarches de Brésillac pour la réforme de la Société, 725. — Conseille aux Vicaires apostoliques de ne pas recourir à la Sainte-Enfance, III, 95. — Objections à Bonnand sur sa requête à propos de la coopération du gouvernement aux superstitions, 256. — Gratité de correspondance avec la mission de Pondichéry, 262. — Albrand à Rome pour combattre le concordat de 1857, 32. — Exhorte Bonnand à accepter la charge de visiteur, 357. — Dallet va quêter pour lui en Amérique, 419. — Félicitations à Jarrige à l'occasion de ses noces d'or, 440. — Combat le projet de Laouënan de faire nommer un certain nombre de prêtres indigènes missionnaires apostoliques, IV, 98. — Peu favorable au projet Laouënan de nommer un préfet apostolique appartenant à la Société, 351.

Séminaire général. Virampatnam. Description, I, 9. — Pigneau de Béhaine et Morvan. — Ruines, 10. — Ses biens sont exempts de redevances, 52. — Magny, 74. — Les Indiens s'opposent à ce que leurs enfants entrent à Virampatnam, 117. — Plan d'un séminaire général indigène, par Leroux, III, 188. — Ruines, (grav.) V, XV. — Un séminaire général fondé pour le clergé indigène à Ceylan par Léon XIII, 189.

Semmandapaleam. Les païens en chassent les convertis, I, XCIV.

Semmiamangalam. Chrétienté, IV, 39. — Rattachée à Polur, 41.

Sendeamangalam. Chapelle et presbytère, III, 708.

Senimalé. Etat du district en 1846, II, 385.

Sennantanguel. Eglise et presbytère, III, 709.

Sennope, prêtre syriaque, I, XCVII.

Sépulture. D'après un décret de 1837, les registres de sépulture doivent être communiqués à l'autorité civile chaque semestre, III, 602. Voir : Cimetière.

Séraphine Ducordeau, (sœur), religieuse de Saint-Joseph. Envoyée à Pondichéry, I, 333. — Mort 340. — On trouve son corps sans aucune décomposition, 341.

Seringapatam. Assiégée et prise par les Anglais, I, LXVII, 192. — Centre d'administration de la mission du Maïssour, XLIX. — Ancienneté de la chrétienté, son accroissement, LIV. — Dubois, état de la chrétienté, 195. — Allocation par les Anglais pour le prêtre-desservant, 200. — Eglise, 201. — Po-

pulation catholique en 1803, 204. — Dubois à Seringapatam, en 1811, 229. — Charbonnaux, 251 ; II, 91, 254. — Pauvreté des chrétiens, I, 276. — Bigot-Beauclair, 278. — Construction de l'église par Bigot-Beauclair, 288. — Etendue du district à cette époque, II, 88. — Visite pastorale de Bonnand, I, 416. — Mort de plusieurs prêtres indigènes, 441. — Scandale par des prêtres goanais, II, 157. — Etat du district en 1843, 382. — Visite pastorale de Charbonnaux, III, 63. — Chapelain militaire, 92. — Les protestants, 216. — Eglise, 710.

Serment de soumission à la Cⁱᵉ anglaise des Indes, I, 88. — Sur les rites malabares : n'y sont pas obligés les prêtres de passage seulement dans la mission malabare, I, 105. — Doit être prêté par tous les missionnaires destinés à la côte de Coromandel (décret de la Propagande, 5 février 1820), 238. — Pouvoir de dispenser, II, 281, 293. — Ne peut être fait sur les bibles protestantes, IV, 3.

Sérougne. Arrive dans l'Inde, II, 377. — Accompagne Bonnand, III, 60. — Appréciation, 367. — Aumônier des sœurs de Saint-Joseph à Karikal, 409. — Mort, 409. — Dét. biogr., IV, 591.

Servamaley. Visite de Bonnand, III, 60. — Achat d'un terrain pour un sanatorium, 187. — Position favorable pour un sanatorium, 684. — Chapelle et presbytère, 708.

Settihally. Origine de la chrétienté, I, LVII. — Grandmottet, 147. — l'Eglise et le presbytère, 202. — Arokiam, 277. — Situation de la chrétienté en 1833, 276. — Dépend de Seringapatam, II, 88. — Charbonnaux, 92. — Bigot-Beauclair, 112. — Petite école, 519. — Desaint, 633 ; III, 442. — Erigé en district, II, 741. — Visite pastorale de Charbonnaux, 63, 65. — Boyer, III, 116, 118. — Archiconfrérie de Notre-Dame des Victoires, 144. — Sébastien Noronha, 444. — Apostolat de la prière, 565. — Hôpital, 691. — Eglise en 1859, 711. — Gerbier, IV, 124. — Renaudin en charge, 435. — Guillon-Cirou, 437. — Bonnétraine, 532. — Population catholique en 1884, 447. — Eglise, presbytère, hôpital, couvent, (grav.), V, LXVII.

Sévelambodey. Conversion du village, IV, 39.

Sévendinadaburam. Converti par de Nobili, I, X.

Seveno. Arrivée dans la mission, I, 73. — Mort 149. — Dét. biogr., IV, 582.

Séverapudy. Conversion du village, IV, 39.

Shédapaleam. Origine de la chrétienté, I, XCIV. — Révolte, III, 39.

Shenduru. Familles de Chikballapur s'y réfugient, I, 142.

Shettiapatty. Visite pastorale de Laouénan, III, 684. — Chapelle et presbytère, 708. — Fondation du couvent et de l'é-

cole de filles, IV, 261. — Conversions durant la famine, IV, 46. — Eglise (grav.), V, XXXVII.

Shettuculi. Conversions, IV, 46.

Shimoga. Origine de la chrétienté, I, 203 — Augmentation, 284. — Chapelles, 287 ; II, 112, III, 413. — Dépend de Seringapatam, 88. — Charbonnaux, 92. — Est district, 741. — Garnier, III, 63, 411. — Lahore, 412. — Jean Noronha, 444. — Apostolat de la prière, 565. — Kleiner et Neveu, 696. — Eglises du district en 1859, 711. — Construction de l'église par Kleiner, III, 696. — IV, 86. — Visite du Maharajah à l'orphelinat catholique, 300. — Réputation de Coadou, 304. — Travaux et mort de Daviau, 436. — Population catholique en 1884, 447, 448. — Eglise (grav), V, LXIX.

Shinnapa. Catéchiste de Bonnand.

Shoolay (Bangalore). Paroisse dont dépendent les Européens, II, 689. — Eglise en 1859, III, 710. (grav.), V.

Shoranur. Dét., sur les chrétiens, I, XCVIII.

Siam. Les jésuites chassés de Siam viennent se fixer à Pondichéry, I, IV. — La révolution de 1687 oblige le procureur des Missions-Etrangères à se fixer à Pondichéry, XXX.

Siam occidental, (Presqu'île de Malacca). Le Vicaire apostolique signe, en 1870, la lettre collective, demandant l'abolition du patronat, III, 651.

Siavaram. Visite de Bonnand, I, 405.

Sicé. A Attur, IV, 430. — Mort, 430. — Dét., liogr., 592.

Siddapur. Chapelle (grav.), V, LXXV.

Sigean. A la ferme de Mariapura, IV, 142.

Sikrispaleam. Chapelle, III, 502. — Eglise, (grav.) V, XCI.

Siluvecoppalu. Eglise, I, 203 ; III, 710. — Décroissance de la chrétienté, I, 276. Visite de Charbonnaux, 63.

Siluvepaleam. Les parias refusent d'écouter Joachim, III, 299.

Silva Mirah, prêtre goanais. A Tuticorin, II, 229. — Demande la juridiction à Bonnand, 231.

Silva y Torrès (da), archevêque de Goa, II, 237. — Promet d'observer le bref Multa præclare, 237 — A Goa, approuve les actes des prêtres goanais, 239. — Blâmé par Hartmann, prend à partie tous les Vicaires apostoliques, 240. — Demande au gouverneur général de l'Inde la permission de visiter les chrétiens du territoire anglais, 240. — Administre la confirmation à Bombay et à Salsette, 243. — Accuse les Vicaires apostoliques d'avoir fabriqué de faux brefs, 242. — Circulaire contre le coadjuteur de Verapoly, 243. — Ordonne près de 600 clercs, 244. — L'étendue de sa juridiction est précisée dans une lettre

de la Propagande aux Vicaires apostoliques, 246. — Mesures prises par Rome, 247. — Envoie des prêtres dans la mission de Pondichéry, III, 289. — Le Portugal le rappelle, 1848. — Se rétracte, 302. — Coadjuteur et futur successeur de l'archevêque de Braga, 303.

Silvepura. Chapelle, IV, 88. — Ferme, IV, 135, 149. — Etat de la ferme en 1881, 136. — Orphelinat (grav.). V, LXV.

Siméoni, préfet de la Propagande. Songe à créer un évêché spécial pour le territoire de Pondichéry, IV, 359.

Simonet. Arrivée à Pondichéry, III, 438. — Dét., biogr., IV, 591.

Sincère, jésuite. A Pondichéry, I, 61. — Mort 148.

Sinderapatty. Conversions, III, 466. — famine, IV, 32.

Sindhana. Erection en Vicariat apostolique, I, 428.

Singam. Fondation de la chrétienté, I, XIX.

Singapore. Son territoire est compris dans la juridiction épiscopale de Malacca (concordat de 1857), III, 313.

Singaputtur. Conversion du village, IV, 42.

Singariur. Se révolte, IV, 327.

Singuidimalei. Eglise et presbytère, III, 711.

Singuilidurgam. Visite pastorale de Champenois, I, 168. — Chapelle et presbytère en 1857, III, 708.

Sinnadaraburam. Chapelle, III, 711.

Sinnapalam. Chapelle, III, 502. — Berthon fonde l'orphelinat agricole, 585. — Pageault succède à Berthon, 586. — Couvent de religieuses, 587, 588. — Eglise (grav.). V, XCI.

Sinnapen. Histoire, de ce catéchiste, IV, 129.

Sinnapen. Vie édifiante, II, 95.

Sinnapenpatty. Chapelle, III, 708.

Sinnasamy, prêtre de Pondichéry. Quitte le Tanjore pour Pilavandandey, II, 344.

Sira. Chrétienté du XVIII° siècle, I, LXIV. — Jarrige, 276.

Sirah (Maïssour). Chapelle, III, 116, 710.

Sirmadaraparam. Chapelle, III, 502.

Sirucadambanur. Saint François-Xavier y bâtit une chapelle, I, IV. — Jean de Britto l'administre, V.

Sirudalampundhy. Une famille chrétienne se réfugie à Amery, I, XXI.

Sirunattur. Conversions, IV, 16.

Sittamur. Eglise, IV, 84. — Origines chrétiennes de ce district, 558.

Sittur. Eglise II, 120.

Smith (Madame). Détails sur sa vie, II, 147. — Veut fonder un asile pour les filles pauvres, 148. — Reproches faits à cette institution par Bonnand, 502.

Society for the Propagation of the Gospel. Raisons de ses succès; protection du gouvernement, II, 204, 215. — Ressources pécuniaires en 1858, 217.

Soldats-catholiques (colonie française). Assistance aux fêtes païennes, I, 369; II, 33, 36. — Depuis les réclamations de Bonnand, en 1842, ne sont plus obligés d'aller aux fêtes païennes, III, 257.

Somanhally. Ferme de Mariapura, IV, 142.

Somanur. Origine de la chrétienté, I, XC. — Etat en 1842, II, 98. — Punition du catéchiste, III, 39. — Eglise, 711 (au lieu de Somelur).

Somasopady. Conversions, IV, 18.

Sonankallur (au lieu de Sumancellur). Eglise et presbytère, III, 711.

Souseipaleam. Village et orphelinat, (grav.) V, LXXVII.

South Arcot (collectorat). Fait partie du territoire actuel de la mission de Pondichéry, I, I. — Origine des chrétientés de ce district, XV.

Souza (de, appelé aussi Adeganader), prêtre de Goa. Aide Dubois au Maïssour, I, 197. — Construit l'église de Blackpally, 201, 237. — Sa mort, 411.

Soyeru. Réception faite à Bonnand, I, 406.

Srikrishna Rajah, Odiar, rajah du Maïssour. Bienveillance pour la mission, II, 114, 117, 118.

Srizier. Arrive à Pondichéry, I, 48. — Désire la séparation entre castes à l'église, 100. — A Virampatnam, 128. — Mort, 148.

Stabellini (Maurèle Maru). Au Coorg, publie un règlement pour les catéchistes, I, LXXV.

Steiner, directeur du Séminaire des M.-E. Refuse de reconnaître Vernet comme procureur de la Mission malabare, I, 72.

Steins. Mémoire sur les obstacles causés par la double juridiction, III, 646.

Strickland, jésuite. Député à Londres pour exposer l'état des catholiques dans l'Inde, III, 266. — Délégué à Rome, 307.

Studio et vigilantia. Bref du 26 août 1884, abolissant la double juridiction dans six Vicariats, IV, 337.

Suarez (Antoine Marcana). Nommé archidiacre de Goa, grand fauteur du schisme, III, 304. — Sentence portée par Pie IX contre lui, 309.

Subventions. Maïssour. Accordées par le rajah du Maïssour pour l'église de Mysore, II, 115, 117. — A Seringapatam, obtenues par Dubois, 382. — Accordées au Bon Pasteur de Bangalore, III, 554. — Obtenues pour l'orphelinat de Bangalore, 576. — A l'hôpital de Settihally, 591. — Accordée à Sainte-Marthe, IV, 159. — Pondichéry. Le rajah d'Anjalur dispense d'impôts les terres de l'église d'Yelakurichi, I, VIII. — Le Portugal les supprime, aux jésuites, CXXIII. — Exemption des redevances octroyée à Pondichéry pour les terrains possédés par le séminaire général, 52. — Données par la C° française des Indes pour rebâtir l'église et le presbytère de Karikal, 62. — De Belle-

combe accorde à Brigot une avance de 4000 rs., 66. — Brigot obtient une pension sur une abbaye de Normandie, mais n'est pas payé, 66. — A Hookote, II, 86. — A 3 églises de Salem, 380. — Le gouvernement de Louis-Philippe supprime la subvention, I, 275. — Du gouvernement français au séminaire de Pondichéry, 379. — Pour les églises et l'imprimerie, 137. — Un traitement au curé de Karikal, 380. — Subvention demandée par Bonnand pour accepter le collège royal, 558. — Pour le collège de Karikal et l'église de Kurumbagaram, 597. — Pour l'instruction et nécessité de les augmenter, 603. — A l'église de Nellitope, III, 261. — Gratuité de correspondance du Séminaire avec la mission de Pondichéry, 262. — Terrain à Bahur, 496. — Aux religieuses du Saint et Immaculé cœur de Marie pour les fondations d'école à Pondichéry et à Ariancupam, 541. — A ces mêmes religieuses pour leur faire enseigner le français, 542. — Augmentation, IV, 250, 255. — Aux religieuses de Saint-Louis de Gonzague, III, 345. — Du gouvernement anglais pour les temples, III, 271. — Du gouvernement anglais pour les églises catholiques, 271.

Sucambur. Fondation de la chrétienté, I, 284.

Sucoambaru. Devrait être rattaché à Andely, III, 60.

Successions. A l'exception des biens patrimoniaux, ce que laissent les prêtres indigènes doit revenir à la mission. (Directoire d'Hébert), I, 389. — Succession de missionnaires. Voir : Bonnand, Hébert, Manente.

Succimbar, chapelle, I, 287.

Sucenader, prêtre indigène. Dét. biog., III, 443.

Suffren. Victoires sur les Anglais. — Entrevue avec Haïder Ali, I, 132, 133.

Sugneaux. Arrivée à Pondichéry, III, 438. — Dét. biogr., IV, 592.

Sukambar. Chapelle, III, 707.

Sultan's battry. Étymologie. Origine de la chrétienté, I, 203. — Visite de Charbonnaux, III, 65. — Chapelle, 500; IV, 88.

Sumanapallé. Église, III, 710.

Sumellur (ou Suminur). Chapelle III, 711.

Sunancellur tire Sonankallur,

Sunnakallu. Chrétienté, I, LXIII.

Sunticoppa. Chapelle, IV, 89, (grav.) V, LXXIII.

Superstitions. Mandement du cardinal de Tournon, I, CVII. — Auxquelles se laissent aller les chrétiens, 59. — Défenses portées par le directoire de Hébert, nos 6, 26, I, 390. — Participation des Anglais à Ceylan, lors de la pêche des perles, 321. — Ce qu'en dit le synode de 1844, II, 280. — Il en reste

encore quelques-unes dans les cérémonies nuptiales, III, 26. — En dehors des coutumes défendues par la bulle il y en a d'autres, 30. — La Propagande condamne l'emploi d'une certaine colonne aux cérémonies du mariage, 31. — Instructions données par la Propagande, 8 septembre, 1869, IV, 4. Voir : Brésillac, Brigot, Bonnand, Champenois, Charbonnaux, Coutumes, Laouënan, Magny, Mathon, Taly.

Supriès. Départ pour les missions, I, 238. — A Karikal, 289. — Ne pas réciter les prières publiques pour Louis-Philippe, 376. — A Ariancupam, difficultés, 377. — Hébert songe à le faire nommer coadjuteur, 396. — A Saragany, 421, 425. — Projet d'aller aux îles Nicobar, 435-437. — Insuccès, 438.

Suranam. Les goanais en font expulser Supriès, I, 421. — Requête adressée par les principaux chrétiens au Souverain-Pontife, 425.

Suseipaleam. Ferme, IV, 142.

Suseyperpatam. Révolte par les goanais, IV, 333.

Swartz. Missionnaire protestant danois, I, 309.

Sylva (Gabriel de), prêtre de Goa. Sentence portée contre lui, III, 309.

Synode. Synode de 1844, II, 251, 296. — Approbations et remarques de la Propagande, 292. — Luquet chargé de le présenter à Rome, 304. — Éclaircissements sur le synode publiés par Luquet, reproches qu'il lui attire (Voir : Luquet), 367. — Observations de Bonnand, 369. — Une conséquence d'intérêt général, publication par la Propagande d'une instruction sur le clergé indigène, les catéchistes et les écoles, 295. — Conséquences du synode sur la marche des Missions, 375. — On étend certaines prescriptions à tous les Vicariats de l'Inde, IV, 4. Synode de 1849, II, 636-646. — Projet d'un synode en 1859, à Pondichéry, il n'a pas lieu, III, 364. — Réunion synodale au Maïssour en 1859, II, 626. — Question de l'enseignement, les Frères, 627. — L'imprimerie, 632. — Utilité de constitutions synodales pour la régularité de la conduite des Vicariats, 685. — Utilité des synodes provinciaux, III, 369, 384.

Syriaques. Chrétiens révoltés contre les Jésuites, I, CXII. — Prêtres de Granganor, mauvais résultats de leur administration à Coïmbatour, II, 232, 385. — Chrétienté syriaque, I, CXII.

T

Tabard. Chapelain militaire à Bangalore, IV, 76.

Tabhard. Jésuite à Pondichéry, I, XXX.

Taipaleam. Fondation de la chrétienté, VI, 88, 137.

Talaimalepatty. Église, I, 201, 287. — III, 708.

Talavani. Chrétienté, I, LXXXVII.

Talaampudur. Chapelle et presbytère, III, 711.

Tallambody. Conversions, IV, 18.

Taly. Coutumes superstitieuses signalées par Magny, I, 106. — Réponse de Champenois, 109. — Lettre de la Propagande, 111. — Crainte de superstition, 303. — L'onction des fils n'a rien de superstitieux, 305. — Remarques de Laouënan, 306. — La bulle est observée, III, 26. — La tradition du Taly pour la validité du mariage, 7.

Tamalpuram. De la mission actuelle du Coïmbatour, I, II.

Tambussamy. Sa guérison, IV, 81.

Tandangoré. Descendants de chrétiens apostats, I, X.

Tandarei. Notes sur ce district, I, XVII.

Tanjore. Le rajah concède la ville de Karikal à la Cᵉ des Indes, I, XLIV. — Ville assiégée par les Français, CXXI. — Le rajah vend Tranquebar aux Danois, 6. — Dépendance des Anglais, 61. — Ravages causés par Tippu Sahib, 131. — Ce district civil appartient en partie à la mission de Pondichéry, I. — Anciennes chrétientés, IV. — Persécution en 1685, VI. — Compris dans l'ancienne mission du Maduré, CXI. — Le rajah aide Ansaldo pour le Carmel de Pondichéry, 124. — Le supérieur de la Mission malabare y a juridiction, 420, 424. — Le catholicisme en 1804, 179. — Nécessité de deux nouveaux missionnaires (synode 1844), II, 270, 276. — On propose de l'ériger en Vicariat apostolique, 299, 309, 311, 337 — Menées des prêtres goanais, 161, 211, 346, 347; III, 293. — Villages occupés par les Goanais, IV, 327. — Sur son attribution, partie à Pondichéry, partie au Maduré, II, 313, 314, 323, 324, 329, 340. — Construction d'églises I, 7, 8. — Le concile de Trente n'y fut pas publié, III, 7, 8. — Centre du protestantisme, I, 309, 310, 315; II, 125. — Écoles de garçons en 1841, II, 141.

Tanniam. Défaite d'Haïder-Ali, I, 130.

Taranur. Se révolte, IV, 327.

Tarbès. Arrivée à Pondichéry, III, 438. — Supérieur du collège de Cuddalore, IV, 235. — Sur les résultats moraux obtenus au collège, 238. — Établit les Religieuses du Saint et Immaculé Cœur de Marie à Cuddalore, 261.

Tarkolan. Origine de la chrétienté, I, XXIV.

Tassis, jésuite. Éloge de Bonnand, III, 395.

Tassy, Missionnaire au Coïmbatour, II, 383.

Tatchambady. Conversion du village, IV, 35.

Tatchenucuritchy. Se révolte, IV, 327.

Tatchur. Origine de la chrétienté, I, XXIV. Conversions, 260, 284. — Église, II,

110. — Chapelle et presbytère, III, 709. — Visite pastorale de Laouënan, éloge des chrétiens, III, 683. — Dons pour le denier de saint Pierre, 592. — Drouillard, IV, 418. — Population catholique en 1884, 446.

Tattorukalavelchery, Droits de la mission, I, XLVIII.

Tattuvanchery. Évangélisé par de Britto, I, VI. — Fondation du district, XVII.

Tatuvapodaganader, prêtre syriaque. Travaux à Oolacamund, II, 177.

Tavarès, prêtre goanais. Agissements dans le Vicariat de Pondichéry, IV, 320, 321.

Taveni. Conversions, IV, 36, 40.

Tayenur. Conversions, IV, 18.

Tchavai Copalu. Chapelle, III, 118.

Telugus. Bonnand les préfère aux Tamuls, I, 399, 400.

Tembampatty. Travaux de Pierre, III, 467.

Tennancudy. Église et presbytère, III, 706.

Tennur. Appréciation sur les chrétiens, II, 102. — Maria-Xaverie, 456. — District, 741. — Dons pour le denier de Saint-Pierre, III, 592. — Visite pastorale, II, 102; III, 58. — Église et presbytère, 709. — Maria-Xavier, IV, 434. — Population catholique en 1884, 446.

Terconam. Chapelle, I, 286. — Église et presbytère, III, 709.

Tessier de Quéralay, procureur des Missions-Étrangères à Pondichéry. Opinion sur l'interdiction de célébrer les fêtes païennes le dimanche, I, XXXIII.

Tesson. Départ pour les missions, I, 238. — A Karikal, 256, 272. — Au Séminaire, 373. — Craintes sur l'inobservance de la bulle, 302. — Refuse de prêter serment à Louis-Philippe, 376. — Approuve l'œuvre de Mᵐᵉ Smith, II, 149. — Directeur-procureur au Séminaire des Missions-Étrangères, I, 534. — Demande à être remplacé, III, 439. — Déclare impossible pour le moment d'accéder à la demande de Godineau, 524. — Appréciation, I, 434. — Dét. biogr. IV, 590.

Texeira, évêque de San-Thomé, II, 162. — Agissements contre les décisions pontificales, 163, 165, 166, 167, 170, 180, 188, 193, et suiv., 212, 216, 233, 245, 346; III, 290, 311. — Mort, 311.

Textor de Ravisi, administrateur de Karikal. Bienveillance pour le collège, II, 601.

Teyssèdre. Arrivée à Pondichéry, III, 438. — A Covilur-Darmabury, IV, 31.

Théâtre. Goût des chrétiens pour le théâtre, IV, 489. — Utilité, 490.

Thérèsammal, supérieure du Carmel. Aide à la fondation de la communauté du Saint et Immaculé Cœur de Marie, II, 469.

Thérèse-Marie. Une des 1ᵉˢ postulantes de la communauté du Saint et Imma-

culé Cœur de Marie, II, 469, 471. — A Darmabury, III, 541. — A Viragalur, IV, 261.

Thibet. Champenois chargé de la visite apostolique de la mission du Thibet, I, 179. — Les missionnaires y allant pourraient se servir de Chandernagor comme procure, II, 714, 719.

Thirion. Arrivée dans l'Inde, II, 377. — Au sacre de Godelle, 733. — Obtient des conversions, III, 86. — Participe à la fondation d'une conférence de saint Vincent de Paul à Pondichéry, 177. — S'occupe de la léproserie, 186. — à Covilur-Darmabury, 497, IV, 31. — Chargé de Darmabury, 541. — Fonde une école de filles à Salem, IV, 261.

Thirtally. Eglise (grav.), LXXI.

Thobois. Arrivée à Pondichéry, III, 438. — A Prattacudy, IV, 78, 83, 84.

Thomas, premier prêtre indigène de Pondichéry. Ordination I, 120. — Mort, 149.

Thomas prêtre de Goa. Prend part à la construction de la chapelle de Cuddalore, I, 287.

Thomson. Ministre protestant à Negapatam, II, 84.

Thoropodey. Conversions, IV, 18.

Thuma. Famille convertie, I, XXIV.

Tiers-Ordre de St-François à Pondichéry, III, 149. — Rescrits autorisant le Vic. apost. de Pondichéry à aggréger ses communautés religieuses au Tiers-Ordre de Saint-François, IV, 559.

Tiglarahally. Chrétienté au XVIII⁰ siècle, I, LXIV.

Timothée Xaxier. Prêtre au Maïssour, I, CXXIV.

Tindivanam. Borey, IV, 31, 50, 62. — Division du district, 74. — Foltête, 432. Projet de dispensaire, 531. — Population catholique en 1884, 446. — Eglise (grav.) V, XXXVII.

Tinguiricotté. Chapelle et presbytère, III, 708.

Tinnevelly. Comprise dans l'ancienne mission du Maduré, I, III. — Apostasie des shanars, CXXIII. — Etat de la mission en 1830, 419, 427. — Statistique en 1842, II, 346. — Les protestants, I, 426; III, 206, 208, 211, 214, 216.

Tinniam. Se révolte, IV, 327.

Tippu-Sahib. Ses débuts, I, 133. — Reconquiert le Coorg, LXVI. — Envoie une ambassade à Louis XVI, 142. — Ses dernières intrigues contre les Anglais, sa mort, 192. — Appréciation, 193. — Persécute les chrétiens, LV, LXVI, CXIV, 134-148. — Partage de ses Etats, 191, 194.

Tiran. Arrivée dans l'Inde, II, 377. — Au synode de 1849, 643. — S'occupe des questions à traiter dans le plan général d'administration, 648. — Mort, III, 407. — Dét. biog., IV, 591.

Tirisur. Conversion, IV, 42.

Tirnular. Les sœurs de Saint-Joseph de Cluny y ouvrent une école, IV, 248, 249.

Tirthally. Dépend de Seringapatam, II, 88. — Visite pastorale de Charbonnaux, III, 695. — Chapelle, I, 287; III, 147, 711.

Tirucattu. Chrétienté, I, VII.

Tirucavelur. Restauration de l'église, III, 155. — Bonnand le désigne pour l'établissement d'un catéchist, 155.

Tiruucoiitur. Eglise et presbytère, III, 707.

Tirumalay. Conversion, IV, 43.

Tirumangalam. Se révolte, IV, 327.

Tirumenur. Chapelle, III, 708.

Tirupapatty. Chapelle, III, 708.

Tirupapalayur. Fondation d'une école préparatoire, IV, 237. — Etat de l'école en 1896, 537.

Tirupatur. Visite pastorale de Champenois, I, 162. — Dubois obtient des Anglais une allocation, 191. — Population catholique en 1803, 204. — Fricaud, II, 71. — Apostolat de la prière, III, 555. — Visite pastorale de Laouënan, C84. — Les Goanais cherchent à s'emparer de l'église, IV, 333.

Tiruvadi. Les Goanais, III, 289, 641. — Eglise, 496 — Amurdanader, IV, 85. — Population catholique en 1884, 446.

Tiruvalasalé. Origine de la chrétienté, I, IX. — Construction de la chapelle, IV, 83.

Tiruvannamalu. Vestiges du christianisme, I, XVII.

Tiruvelancadhu. Rattaché au district de Pillavadandey, II, 740. — Eglise, III, 112, 707.

Tiruvelucadu. Valeur des chrétiens pallys, II, 104. — Achat d'un terrain, 110.

Tiruvulansolé. Avantages à construire une chapelle, III, 59.

Tissot. Vic. apost. de Vizagapatam. Au sacre de Laouënan, III, 679. — Au concile de Bangalore pour la proclamation de la hiérarchie, IV, 383.

Tittu. La chapelle, III, 706. — Se révolte, IV, 327.

Todamadoré. Chapelle et presbytère, III, 708.

Tolurpatty. Fondation de la chrétienté, I, 284. — Eglise, III, 59, 110, 115. — Visite pastorale de Laouënan, 635. — Marie Pragassam, IV, 83. — Population catholique en 1884, IV, 446.

Tombálapatty. Chapelle et presbytère, III, 708.

Tonipaleam. Vestiges chrétiens, I, XCVII.

Tonkin. Mise en commun du viatique, II, 656.

Topas. De Pondichéry, relevant de la juridiction de Brigot (décret de la Propagande en 1778), I, 79. — Admission des Topazines dans les écoles I, 338; IV, 246-248.

Tottiam. Évangélisé par le B. Jean de Britto, I, X.

Touffreville, (de), administrateur de Karikal. Empêche un complot d'éclater parmi les troupes, J, 156.

Tour. Embellit l'église de Pallapaleam, III, 120.

Tournon (Maillard de). Mandement sur les Rites approuvé par. Clément XI avec une clause restrictive, I, CVII. — Les évêques de Goa et de Macao fulminent contre sa juridiction, 26. — Décret sur l'empêchement d'âge relatif au mariage, III, 7.

Tranquebar. Acheté au rajah de Tanjore par les Danois, cédé aux Anglais, I, 6. — Misère, 130. — Origine du district, VIII. — Statistique des chrétiens vers 1777, 68. — Champenois s'y retire durant la Révolution, 163. — Troubles excités vers 1822, 371. — Achat d'un terrain pour cimetière, II, 110. — Achat d'une maison pour presbytère, 112. — Pas de séparation pour les castes dans l'église, I, 103. — Etat du district en 1843, II, 379. — Eglise en 1857, III, 706. — Est district en 1859, II, 740. — Ecole des garçons en 1841, 141. — Les jésuites demandent à y fonder une école ; refus, 587. — Nécessité d'une école anglaise, IV, 231. — Etat de l'école anglaise en 1868, 206. Couvent, 266. — Ecole de filles, 541. Visite pastorale de Laouënan, III, 684. — Le concile de Trente y fut publié, 10. — Dons pour le denier de Saint-Pierre 592. — L. Costaz, I, 149. — Dépommier, Lazare, III, 292. — Moncourrier, 407. — Lehodey, IV, 419. — Balcou, 432. — Daugaron, le cyclone du 7 novembre 1871, III, 491. — Agissements des Goanais, II, 157, 160, 213, 215, 221, 245, 343 ; III, 289, 291, 293, 640 ; IV, 327. — Raisons de le rattacher à Pondichéry, II, 312. — Cédé définitivement à Pondichéry, II, 314, 381 ; III, 311 ; IV, 375. — Population catholique en 1884, IV, 446. — Trois sectes protestantes y sont établies, I, 117, 308, 310, 315 ; II, 125. — Eglise, (grav.), V, XXIX.

Trappistes. Dépommier cherche à les faire venir au Coïmbatour, III, 566.

Travail. Préjugés de la classe européenne et topazine contre le travail manuel, I, 338. — Ordonnances du conseil supérieur de Pondichéry contre le travail du dimanche, 459. — Observation du synode de 1844, II, 280.

Travancore. Les missionnaires pensionnés par le roi de Portugal, I, CXVII. — Nombre de jésuites qui y restent après la suppression de la Compagnie, CXXIV. — Bonnand propose de le réunir au Maduré, II, 299. — Succès protestants, III, 216.

Tremblay, jésuite. A Kortampett, I, XXII. — A Karikal, XLVI. — Epreuves des missions de l'Inde, CXIII. — Misère causée par la famine, CXIX.

Trévoux. Arrivée à Pondichéry, III, 138.

— Mort. Faits extraordinaires à son tombeau, IV, 415. — Dét. biog. IV, 592.

Triboulot. Arrivée en mission, II, 7. — Au synode de 1844, 260. — Mort, III, 406. — Dét. biog. IV, 590.

Trichinopoly, ville, district, mission. La ville prise par les Mahrattes, I, CXIX. — Assiégée par les Français, CXXI. — Dépend en partie de la mission de Pondichéry, I. — Les églises dépendent de Cranganor, IV. — Origine des chrétientés, IX. — Compris dans l'ancienne mission du Maduré, CXI. — D'Andréa, 169. — Importance de cette ville sous le rapport des chrétiens, II, 221. — Statistique en 1842, 346. — Passages de Bonnand, II, 97, 221, 233, 319 ; III, 375. — Difficultés suscitées dans la mission par les Goanais, I, 169, 170, 171, 422 ; II, 153 ; III, 290, 653 ; IV, 331. — Réunion en 1877 des évêques de l'Inde au sujet du patronage portugais, IV, 316. — Le concordat de 1886 ne le délivre pas totalement du patronat, 375. — Suffragant de Pondichéry, 388, 392. — Action des protestants, I, 310, 315, 419.

Trillard, gouverneur de Pondichéry. Attitude envers les religieuses de Saint-Louis de Gonzague, III, 545. — Réorganise l'école des Frères, IV, 179. — Modification aux formules des extraits de mariage entre chrétiens, IV, 278.

Triquet. Au Coïmbatour, 1862, III, 439. — A Valipaleam, 120. — Supérieur du Séminaire, 444. — Supérieur du collège, 596. — Dét. biog., mort, IV, 444.

Triur. Fondation de la chrétienté, I, 284.

Trousset. Agrandit la chapelle de Sunticoppa, IV, 89.

Tucunampatty. Conversions, IV, 47.

Tuffou. Au Maïssour, II, 381, 420. — Construit plusieurs chapelles, III, 498, 500. — Au Nagar, mort, IV, 436. — Dét. biogr., 592.

Tumacur. Eglise, III, 710.

Tumkur. Chapelle, III, 116 ; IV, 88. — Souvenirs de la chrétienté de Siva, I, LXIV. — Visite de Rappart au camp de la famine, IV, 43. — Population catholique en 1884, 447.

Turpin, jésuite. Conversions, I, XXXII.

Tuticorin. Les Hollandais s'en emparent et y interdisent le catholicisme, I, CXII. Le schisme : goanais, I, 427 ; II, 219, 229 ; III, 653 ; IV, 331, 334. — Eglise, II, 23 ; — Soumission du prince des paravers, entrée triomphale de Bonnand, II, 237. — Statistique en 1842, 346.

U

Ubraye (d') gouverneur de la colonie française. Sympathique à la conférence de Saint-Vincent-de-Paul, III, 177. — Pourparlers avec Bonnand au sujet du sacre de Godelle, II, 731. — Rapports avec la mission, III, 228, 232.

Signe en 1862 l'ordonnance rendant à la mission la surveillance du cimetière de Mudeliarpett, 507. — Au service funèbre de Bonnand; III, 392. — Favorable aux projets de Brunie pour confier la préfecture à la Congrégation du Saint-Esprit, IV, 350.

Ubraye (d' Mme) femme du gouverneur. Charité pour les pauvres, III, 177.

Uçur. Situation des musiciens chrétiens, III, 683. — Eglise, II, 106.

Ulgaret. Fondation de la chrétienté, I, XLVII. — Destruction de l'église, XLVIII. — Inventaire des biens des anciens jésuites, 55. — Etat de l'église en 1777, 62. — Indulgences pour les fêtes de la Purification et de Saint-André, 92. — Saint-Amour en est chargé 113. — Neuvaine pour la fête de la Purification, 211. — Biens de de la mission malabare, 233. — Eglise, 287; II, 379; III, 125, 706. — Sacre de Bonnand, 402. — Crédits nécessaires, 264. — Population en 1859, 264. — Ecole de garçons II, 541. — Ouverture d'une école de filles, III, 540; placée sous le contrôle de l'administration, IV, 250. — Les païens veulent y faire des processions malgré les défenses, I, 358. — Les chrétiens refusent de participer à la révolte au sujet du séminaire, II, 478. — Missionnaires chargés de la paroisse, I, 212; III, 125, 444, 540. — Faveur aux païens par le gouverneur Laugier, IV, 296. — Eglise (grav.) V, XV.

Ulutur. Construction de la chapelle, IV, 83.

Univers (Journal l'). Publie des correspondances de M. Gailhot, II, 136.

Université (de Madras). Constitution, facultés, IV, 207. — Etablissements d'instruction. Affiliation à l'université. Professeurs. Règlements, 214. — Ecoles normales, 217.

Unnamandel. Conversions, IV, 39.

Uppiliburam. Les valavikaravadugers se convertissent, I, XIII.

Urachicottés. Chapelle, III, 120.

Urbain VIII. Frappe d'excommunication ceux qui empêchent les religieux de passer dans les Indes, I, 25.

Urbucaram. Chrétienté à demi disparue, III, 84.

Urempaleam. Chapelle, III, 708.

Ursulines. A Pondichéry, I, XXXVII. — Texte du contrat passé avec elles en 1738, par le Conseil supérieur de Pondichéry, 457.

Ussudu (Grand étang). Chapelle, III, 113.

Uttamasojiavaram. Chapelle, III, 706.

Utramelur. Etat en 1777, I, 61.

Uttamanur. Origine de la chrétienté I, X. — du district, II, XIV. — Eglise, III, 110, 707. — Difficultés avec les goanais, I, 284; III, 289; IV, 321, 327. — Delaune, IV, 84. — Population catholique en 1884, 446.

Uvanur. Chapelle, IV, 83.

V

Vacant. Arrive dans l'Inde, II, 378. — En France. Supérieur du collège de Pondichéry, IV, 174. — Construit la chapelle de Longleypett, 86.

Vadacapattu. Chapelle, III, 110.

Vadagarei. Inondation, III, 109. — Chapelle, 707.

Vadakancherry. Origine de cette chrétienté, I, XCVII. — Pèlerinage de Saint-Ignace, II, 100. — Eglise, 387; III, 711. — Gnanapragassanader, III, 444. — Population catholique en 1884, IV, 448.

Vadakenculam. Statistique en 1842, II, 346.

Vadagaram. Valeur des chrétiens, I, 406.

Vadrampaleam. Se révolte, IV, 327.

Vaduguerpatty. Fondation du district, I, IX. — Raison de le rattacher à Pondichéry, II, 312. — Projet de division, 732. — Dons pour le denier de Saint-Pierre, III, 592. — Visite pastorale de Bonnand en 1846, 53. — Archiconfrérie de N.-D. des Victoires, 144. — Statistique en 1842, II, 346, 381; III, 707. — Missionnaires chargés de ce poste, II, 344, 569, 743; III, 86, 189, 407, 496; IV, 83. — Villages occupés par les Goanais, IV, 327. — Visite pastorale et retraite par Gandy, 69. — Population catholique en 1884, 446.

Vailamur. Conversions, III, 458; IV, 49.

Valangayamam. Chapelle, III, 497.

Valat. Arrive dans l'Inde, II, 378. — Au collège de Karikal, 595. — Construit la chapelle de Cangareypettey, III, 496. — Mort, IV, 422, 492. — Dét. biogr., 591.

Valavanur. Se révolte, IV, 327.

Valente, archevêque de Goa et successeur de Vasconcellos. Volonté de ne pas favoriser le schisme, IV, 337.

Valipaleam. Origine de la chrétienté, I, XCII. — Augmentation de la chrétienté, 285. — Chapelle et presbytère, III, 120, 711; IV, 89. — Bigot-Beauclair, IV, 89. — Paureau, 95. — Eglise (grav.) V, XCIII.

Vallam. Ecoles protestantes, II, 126.

Vanancadu. Chrétiens de la caste des vellages, I, XCVIII. — Chapelle, III, 119.

Vandaly. Chapelle, II, 109; III, 707, 711.

Vandavalur. Chapelle, III, 496.

Vandivash. Défaite des Français, I, CXXI. — Rattaché au nouveau district de Nelliankulam, IV, 74.

Vangarpaleam. Chrétienté, I, XCV. — Soumission du chef du village, III, 298.

Vanhée. Arrivée à Pondichéry, III, 438. — A Calcavery, IV, 31.

Vanimaratur. Conversions, IV, 47.

Vannars. Coopération aux fêtes païennes, II, 280.

Vanthier. Au Coïmbatour, II, 383. — Mort, III, 421. — Dét. biogr., IV, 593.

Varaur. District de Kandamangalam, I, VII.

Vasconcellos (de), archevêque de Goa. Négociations avec Laouënan sur la double juridiction, IV, 316.

Vatelan. Détourne ses compatriotes du protestantisme, IV, 39.

Vatupaleam. Chrétienté, I, XC.

Vedanattar. Conversions, IV, 17.

Vedel. Conversions, IV, 36.

Vellamangalam. Conversions, IV, 47.

Vellangaman. Chapelle, III, 707.

Vellangani. Missionnaires qui l'administrent, I, 179 ; II, 205, 209. — Troubles par les prêtres goanais, II, 199, 207, 210, 346.

Vellanur. Révolte, IV, 327.

Velantanguel. Eglise et presbytère, I, 63. Visite pastorale de Champenois, 86. — District en 1859, II, 741 ; IV, 73. — Visite pastorale de Bonnand, III, 56. — Dons pour le denier de Saint-Pierre, III, 592. — Conversions de 1873 à 1886, 8-18. — Roger, II, 72. — Roger, Darras, Marie Arokianader, IV, 38. — Population catholique en 1884, 446.

Vellodu. Chrétienté, II, 176.

Vellore. Origine de la chrétienté. Titre de possession du terrain de l'ancienne église, I, III, XXI. — Eglise et presbytère en 1777, 63. — Population catholique en 1803, 294. — Etat du district en 1843, II, 380. — Une partie du district cédé à Madras, II, 314. — District en 1859, 741. — Missionnaires, I, 61, 113, 229, 260, 411 ; II, 68 ; III, 409, 413, 575 ; IV, 37, 410, 417, 432. — Chapelain militaire jusqu'en 1888, III, 92. — Fondation faite par un catéchiste, 126. — Archiconfrérie de Notre-Dame des Victoires, III, 145. — Dons pour le denier de Saint-Pierre, 59. — Eglises, 42, 109, 709. — Ecoles, II, 141 ; IV, 206, 231. — Orphelinat, III, 165, 168, 575. — Les religieuses de Loretto, 550. — Les religieuses du Bon-Pasteur, 551. — Visites pastorales, 58, 684. — Inondation, 493. — Population catholique en 1884, IV, 446. — Propagande protestante, II, 123. — Eglises, presbytère, école (grav.), V, XXXIX.

Vellur. Chapelle, IV, 83.

Vencatiguiri. Conversions, I, CXVII. — Mal causé par les incursions des Mahrattes, CXIX. — Visite du poste par Bonnand, 399.

Vendapaleam. Chrétienté, I, XCV.

Vengalaburam. Chapelle, III, 711.

Vepery. Les sœurs de Saint-Louis de Gonzague y tiennent une école, IV, 268.

Verapoly. Dirigé par les Carmes, I, II. Le Vicaire apostolique sacre Hébert, I, 229. — Ne peut se charger du Ma-

duré, 424. — Juridiction, II, 184, 224, 712. — Le schisme goanais, II, 177, 234, 243 ; III, 317, 652. — Visite apostolique de Bonnand, 379. — Luquet l'indique comme Vicariat apostolique II, 339. — Division du Vicariat apostolique en 1853, IV, 379. — Erigé en archevêché, 1886, IV, 375. — Constitution de la province ecclésiastique, 387, 392. — Statistique des prêtres et des catholiques en 1853, III, 269. — Clergé indigène en 1875, IV, 102. — Statistique du protestantisme en 1858, III, 202.

Verchery. A Polur, IV, 60.

Verdier. Arrivée à Pondichéry, III, 438. — A Paleam, 4697. — Fonde couvent et école de filles, IV, 261. — Intercède en faveur des Goanais, 332.

Verger (Marie du Rosaire). L'une des premières religieuses du Bon Pasteur de Bangalore, II, 510. — A l'orphelinat, 516. — Mort, 521.

Vermamangalam. Chrétienté, I, VII.

Vernet jésuite. Expose le triste état de la mission de Pondichéry, I, 13. — Propose de Saint-Estevan pour Vicaire apostolique, 14. — Travaille à réunir les jésuites aux Missions-Etrangères, 53, 55. — Procureur de la mission de Pondichéry, 61. — Se plaint à de Sartine que le gouvernement favorise trop les païens, 69. — Brigot le choisit comme représentant de la mission au Séminaire de Paris, qui le refuse, 71. — Les députés de Pondichéry à l'Assemblée nationale sont autorisés à lui transmettre leurs pouvoirs, 155.

Verninac (de), amiral, gouverneur de Pondichéry. Bienveillance pour l'école du Saint et Immaculé Cœur de Marie, II, 487, 498. — Accorde à la mission un terrain pour le nouveau couvent paria, 495. — Son intervention lors des difficultés entre Digard supérieur du collège de Karikal et la commission d'instruction publique, 601. — Parrain d'un néophyte brahme, en 1853, III, 74. — Bons rapports avec la mission, 177, 228, 232, 250. — Publie un arrêté abrogeant les décrets sur l'intervention administrative dans la gestions des biens des pagodes, 259.

Vettar (fleuve du). Limite naturelle entre le Maduré et Pondichéry, II, 324. — La Propagande l'accepte comme limite, 331.

Vettavalam. Origine du district, I, XVIII. — Eglise et presbytère, III, 116, 709. — Origine du mouvement de conversions vers 1871, IV, 8. — Visite pastorale, III, 683. — Difficultés du rajah avec Darras, IV, 8. — Population catholique en 1884, IV, 446. — Eglise, chapelle (grav.), X, XXXV.

Vettupaleam. Chapelle, III, 711. — Eglise (grav.), V, CI.

Vettuvaleam. Punition imposée par Ravel aux révoltés, III, 38.

Veuves. Etat social inférieur, IV, 493.

Veylet. Dét. biogr., IV, 426, 592.

Viatique (saint). Observation du Synode de 1844, II, 280, 293.

Viatique (Paiement). Mode de versement, II, 393. — Projet de mise en commun, 655-658. — Cas dans lesquels les missionnaires doivent y renoncer, (coutumier du Maïssour), 655, 695. — La question du viatique des missionnaires et les fluctuations du change, 1874 à 1885, IV, 291. — Raisons de l'infériorité de celui des prêtres indigènes, II, 464.

Vicaires apostoliques. Clément X déclare qu'ils sont exempts de la juridiction des évêques portugais, I, 25. — Pouvoirs que possèdent les supérieurs de la mission de Pondichéry, et en général les Vicaires apostoliques, 85. — Sont traités d'évêques de Turquie par le vicaire général de Cochin, 427. — Le concordat de 1857 les sacrifie aux schismatiques, III, 314, 319, 325, 340, 342, 346. — Par le bref Probe nostis, Pie IX confirme leur autorité exclusive dans les territoires confiés à leurs soins, 309. — Mémoire de six d'entr'eux sur les obstacles de la double juridiction avec les Goanais, 646. — Le mémoire de Strickland et Persico expose les avantages qu'il y aurait à leur reconnaissance officielle, 268. — En 1856, la Compagnie des Indes consent à leur donner dans la correspondance officielle leurs titres suivant leur position dans l'église romaine, 277, 280. — Différence entre les Vicaires apostoliques de l'Inde au point de vue de l'administration, 385. — Choix des Vicaires apostoliques. Lettre de la Propagande, 8 septembre 1869, IV, 3. — Qualités qui leur sont nécessaires dans l'Inde, II, 353. — Droit d'administration, II, 652. — Devoirs envers leurs missionnaires, 665. — Doivent veiller à la régularité dans la rédaction des actes administratifs, 667. — Concession des pouvoirs extraordinaires aux missionnaires, 668. — Il est bon qu'ils aient un conseil d'administration. Sa formation, ses attributions, 669, 678; IV, 3. — Défauts de leur administration dans certaines missions de l'Inde, III, 353. — Opinion de Bonnand, II, 735. — Leur rôle IV, 457.

Vicaires forains. Avantages que présenterait leur institution, IV, 454.

Vicaires généraux. Dans le plan général d'administration, II, 666. — Leurs attributions, d'après le concile de Bangalore, IV, 389.

Vicariats apostoliques. Idée d'en ériger un à Pondichéry, I, 14. — Questions relatives à leur érection, II, 297. — Grégoire XVI veut diviser toute l'Inde, 297. — Erection et délimitation (plan de Bonnand), 299. — Idées et travaux de Luquet, 237. — Erection des Vicariats, 337-344, 418-431. — Application des mesures d'organisation, 344-371. — Démarche de Bonnand pour obtenir l'érection définitive, 706. — Dé-marche collective après le synode de 1849 pour demander l'érection définitive de Pondichéry, Maïssour et Coïmbatour, 707. — Texte de la bulle érigeant les 3 Vicariats apostoliques, 709. — Conséquences de la création 711-721. — Erigés au Bengale, Madras, Ceylan et Coromandel, 183, 297. — Enumération de ceux que le concordat de 1857 soumet au patronage portugais, III, 317. — Avantages et inconvénients des Vicariats trop étendus, IV, 454.

Victoires. Origine d'une association en l'honneur de la sainte Vierge, III, 139, 143. — Voir : Notre-Dame des Victoires.

Vico. Jésuite à Moramangalam, I, X.

Vicravandhy. Conversions de 1873 à 1886, IV, 8, 20, 73. — Population catholique en 1884, 446.

Villecourt (cardinal de). Opinion sur le concordat de 1857, III, 323.

Villenur. On songe à y transférer le séminaire, I, 123 : II, 46 ; III, 229, 251, 252. — Achat d'un terrain pour l'église, IV, 79. — Inauguration de la chapelle de Notre-Dame de Lourdes, 78. — Guérison miraculeuse d'un chrétien, 81. — Couronnement de la statue, 83. — Les sœurs du Saint et Immaculé Cœur de Marie fondent une école, 260. — Du Puy réglemente l'administration de la pagode, III, 252. — Eglise, (grav.), V, XVII.

Villien. Au Coïmbatour, III, 439. — Chapelain à Ootacamund, IV, 92. — Ouvrage publié par lui, 588.

Vingadapuram. Suppression de la juridiction goanaise, IV, 375.

Viragalur. District, II, 739. — Eglise et presbytère III, 112, 114, 496, 707. — Goust, 473. — Dons pour le denier de Saint-Pierre, 592. — Visite pastorale, IV, 69. — Ecole de filles, 261. — Villages occupés par les goanais, 327. — Population catholique en 1884, 446.

Virampatnam. Séminaire général de la Société, description, I, 9, 10. — Abandonné pendant le siège de Pondichéry, 128. — Déprédation des troupes anglaises, 165. — Devient maison de campagne du collège, II, 581. — Ruines du Séminaire (grav.), V, XV.

Viranpadiapatam. Troubles causés par les goanais, IV, 332.

Virarajendra. Recouvre ses Etats du Coorg, prisonnier par Tippu, I, LXVI. — Accorde aux chrétiens des faveurs spéciales et une allocation au missionnaire, LXVII. — Autorise la procession annuelle des chrétiens en l'honneur de sainte Anne, LXXIII. — Une ordonnance rendant obligatoire le règlement dressé par d'Alcantara, LXXVII.

Virarajendrapett. Origine de la chrétienté I, LXV. — Révocation de Ribeira,

LXXV. — Visite de Francisco d'Amor Divino, règlement qu'il publie, LXXX, 479. — Divisions sous l'administration de Nunès, LXXIX. — Cédé au Maïssour, II, 723. — Nouvelle église, III, 500, 710. — Différents missionnaires qui l'administrent, II, 458; IV, 304, 437. — Prêtres goanais, III, 294. — Orphelinat, IV, 146. — Ecole de filles, 273. — Population catholique en 1884, 447. — Eglise (grav). V, LXXII. — Voir Coorg.

Virlur. Chapelle, II, 111; III, 709. — Ecole de filles, II, 487. — Goanais, III, 289. — Conversions après la famine, IV, 73. — Etat du district en 1843, 425. — Population catholique en 1884, 446.

Virot. Arrive en mission, II, 7. — Au synode de 1844, 260. — Au séminaire de Pondichéry, 426. — Sa mort, III, 406. — Dét. biogr., IV, 590.

Visapur. Centre de district, I, LXXXVII. — Compris dans l'ancienne mission du Carnate, I, 11.

Visdelou (de), ancien vicaire apostolique du Kouy-tcheou. Retiré à Pondichéry, I, CVIII.

Visite du Coorg par Raymond de Saint-Joseph en 1793, I, LXIX.

Visite apostolique. De Bonnand, III, 351-391. — Continuée par Charbonnaux, 390. — Ses résultats, témoignage de Zaleski, 391. — La Propagande s'en inspire dans son instruction du 8 septembre 1869, IV, 4.

Visites pastorales. Leur utilité, III, 53. — Caractère des visites pastorales dans l'Inde, 685. — De Champenois, I, 113, 168, 171. — De Bonnand, I, 405, 418; II, 97. — De plusieurs Vic. apost., III, 53-69. — Méthode de Bonnand, II, 414. — De Laouënan, III, 682. — De Charbonnaux, III, 63, 68, 695. — De Coadou, IV, 302, 306.

Vismanur. Conversions, IV, 36.

Vissac. Arrivée au Maïssour, III, 439. — Au collège de Saint-Joseph de Bangalore, IV, 243.

Vizagapatam. Bonnand propose son érection en Vicariat apostolique, II, 299. — Luquet l'indique comme Vicariat apostolique, 339. — Confié aux Salésiens d'Annecy, 341. — Gailhot supérieur provisoire, 342, 363. — Arrivée des premiers missionnaires, 364. — Nomination de Neyret, 366. — Un missionnaire de ce Vicariat administre Yanaon, 712. — Soumis au patronat par le concordat de 1857, III, 317. — Erection en Vicariat apostolique, IV, 379. — Erigé en évêché, 375. — Suffragant de Madras, 387, 392. — Statistique des prêtres et catholiques en 1853, III, 289. — N'a pas de clergé indigène en 1875, IV, 101. — Livres imprimés dans une œuvre par la mission protestante, III, 205. — Statistique du protestantisme en 1858, 202.

Vœux. Pouvoir d'en dispenser, II, 281, 293.

Volmat. Arrive en mission, II, 6. — Mort III, 404. — Dict. biogr. IV, 590.

Voloppur. Chapelle, III, 82.

Voyages. Manière de voyager des missionnaires, I, 207, II, 415; IV, 466.

Vuichard. Départ pour les missions, I, 238. — Eloge, 241. — Au Maïssour, 277. — Sa mort, 442. — Hébert avait songé à lui comme coadjuteur, 394, 443. — Dét. biogr. IV, 590.

Vujupuram. Chapelle, III, 709.

W

Walluvanad, taluk. Appartient à la mission actuelle du Coïmbatour, I, II.

Wellesley. Vainqueur de Tippu, I, 192.

Wesleyens. Livres qu'ils publient, III, 206. — Intolérance, IV, 528. — Situation en 1896, 528-530.

Wellington. L'apostolat de la prière, III, 565. — Chapelle et presbytère, 502. — Population catholique en 1884, IV, 448. — Chapelains militaires, III, 92, 537; IV, 76, 445. — Eglise, V, XCV.

Welter. Construit l'église de Pulambady, IV, 83.

Wheelan. Vicaire apostolique de Bombay. — Charbonnaux lui demande les chrétientés du Coorg, II, 723.

Whitefield. Eglise (grav.), V, XXIX.

Wickaert. Arrivée dans l'Inde, II, 378.

Wilson. Protège les écoles protestantes à Calcutta, II, 486.

Wontedupallé. Chrétienté, I, 276, 286, 413, 414; II, 61.

Wood (Sir Charles), vice-roi des Indes. Favorise l'éducation des filles, II, 487.

Wynaad. Une partie appartient au Maïssour, une autre à Coïmbatour, I, I, II. — Passe tout entier à la mission du Maïssour, II, 723. — Conquête par les Anglais, I, 202. — Evangélisation, III, 73; IV, 24, 302.

Wytri. Eglise, III, 118, 498, 500. (grav.), V, LXXVII.

X

Xaverimuttu. Sa femme, possédée, est délivrée, I, LIV.

Xavier, prêtre de Pondichéry. Ordination, I, 256. — Aux synodes, II, 260, 643. — Travaux, III, 112, 378.

Xavier, prêtre du Maïssour. Ouvrages publiés par lui, IV, 585.

Xavier. Prêtre du Coïmbatour, II, 383, 443, 449, 451, 452.

Xavier Tronchain (Sœur). Eloge, I, 333, 336, 340; II, 143. — Difficultés à Bangalore, 508. — Demande à entrer dans l'association de prières fondée par Pacreau, III, 141.

Y

Yanaon. Fait partie du territoire actuel de Pondichéry, I, I. — Pris par les Anglais, rendu aux Français, 128, 133, 234. — Administré par des capucins, 348. — Administré par un prêtre de Vizagapatam, II, 712, 714 ; IV, 373, 397. — Population catholique en 1884, IV, 446.

Yedapathi. Origine du district, I, XV. — Prieur y prêche une retraite, III, 455. — Chapelle, 708, 709. — Population catholique en 1884, IV, 446.

Yelakurichi. Evangélisation par Beschi, I, VIII.

Yelataguery. Chapelle et district, III, 708.

Yellamangalam. Conversion d'un brahme, I, XCIII.

Yercaud. Dons pour le denier de Saint-Pierre, III, 592. — Projet d'un sanatorium, IV, 171. — Eglise, 78. — Ecole, 537. — Population catholique en 1884, 446. — Eglise (grav), V, XXXVII.

Yercur église, III, 707. — Doit être rattaché à Pillavadandey, II, 739.

Yericulam. Chapelle et presbytère, III, 708.

Yeriur. Ecole, II, 487. — Eglise et presbytère, II, 111 ; III, 112, 114. — Visite pastorale, II, 101 ; III, 683. — Population catholique en 1884, IV, 446.

Yerragur. Eglise et presbytère, III, 709.

Yerucur. Cyclone, III, 492.

Yessanacoré. Utilité d'une chapelle, III, 59.

Z

Zaleski. Secrétaire de la délégation lors de la proclamation de la hiérarchie, IV, 383. — Délégat apostolique dans l'Inde, sentiment sur la visite apostolique de Bonnand, III, 391.

Zeigenbald, ministre protestant. A Tranquebar, I, 308.

Zuber. S'occupe des écoles régimentaires et des chapelains militaires, III, 230.

Vannes. — Imprimerie LAFOLYE Frères.

www.ingramcontent.com/pod-product-compliance
Lightning Source LLC
Chambersburg PA
CBHW051819020726
47502CB00005B/1537